STUDI E RICERCHE

Diritto

645.

GIANLUIGI PALOMBELLA

È POSSIBILE UNA LEGALITÀ GLOBALE?

Il Rule of law e la governance del mondo

IL MULINO

ISBN 978-88-15-24038-5

INDICE

INTRODUZIONE

1. *L'antefatto*

Nella descrizione della realtà globale contemporanea, alle parole chiave del vecchio mondo – stato, governo (*government*), politica – si sostituisce la *governance* globale, espressione fluida che, al di là delle specificazioni in ambiti diversi, rinvia a un mondo come tenuto in equilibrio dall'intreccio di una molteplicità di attori, di processi istituzionali e spontanei, formali e informali, di vincoli economici, tecnici, e dalla combinazione sempre aperta e mediata di interessi. Gli attori sono ben più numerosi e compositi di quanti non siano gli stati, unici protagonisti di un tempo ancora recente.

Certo sempre più invadente è la forza della contrattazione economico-finanziaria tra privati, che disegnano sofisticati telai di norme, producono *governance* attraverso l'espansione degli strumenti contrattuali. L'autoregolazione sfugge alla distinzione pubblico-privato, con riguardo ai contraenti e alla disciplina che essi concordano, che siano stati, *corporations*, ONG, imprese investitrici, settori specializzati di amministrazioni pubbliche.

Sarebbe fuorviante e unilaterale, tuttavia, rappresentare il mondo globale semplicemente spostando l'ottica dal pubblico al privato, come dallo stato al mercato. La *governance* globale richiede una rappresentazione più complessa.

Si consolidano nuove entità di decisione, autenticamente globali, fiorite in varie migliaia nell'ultimo mezzo secolo, istituzioni o agenzie finanziarie, associazioni di regolatori (di servizi, delle grandi assicurazioni, della rete bancaria, dei *providers* di telecomunicazioni, e via seguendo), organismi di controllo, di giudizio, di valutazione, di coordinazione o governo globale/regionale dello sport, del commercio internazionale, della salute pubblica, dei diritti umani, della sicurezza, dell'energia, dell'ecosistema. Non *appartengono* a nessun luogo, e impongono verticalmente i propri scopi a stati, popoli e individui. Il noto Comitato di Basilea, sorto in seno alla Banca dei Regolamenti Internazionali, nell'elaborare strategie convergenti delle istituzioni finanziarie dei più importanti paesi industrializzati, produce effetti tutt'altro che irrilevanti per popoli e individui, lavoratori e imprese sull'intero pianeta: eppure non si tratta di un'istituzione internazionale pubblica, formale, non possiede un'autorità sovranazionale che conferisca alle sue conclusioni forza legale.

Consimili organismi operano in settori e materie circoscritti, ma investendo aree territorialmente illimitate. Essi instaurano *regimi*, termine con il quale indicherò insiemi di norme, di procedure e di istituzioni: creano organi, definiscono poteri e procedimenti, dettano discipline concrete e infine individuano forme e processi per il trattamento interno delle controversie (anche istituendo corpi giudicanti). L'Organizzazione Mondiale del Commercio (WTO) è l'esempio più importante di regime di questo tipo. La *governance* globale alla quale farò riferimento è dunque vista anche da questa prospettiva verticalmente sovranazionale, invece che orizzontalmente transnazionale. Non c'è stato, governo politico che ne assuma a sua volta in ultima istanza il controllo, né soggetto privato o pubblico che ne sia immune. Questo insieme in formazione ha assunto anche il nome di diritto amministrativo globale.

Poiché non c'è gerarchia che ne stabilisca un ordine, queste autorità, che siano di origine pubblica, privata o ibrida, restano autoreferenziali (*self-observing systems*, *self-contained regimes*) e operano in prospettive non disegnate per coordinarsi tra loro in direzione di un qualche bene comune, cui debbano subordinarsi. È vero che, da un canto, *il* bene comune globale appare un'ipotesi metafisica, inquietante, di cui sarebbe impossibile definire contenuti universalmente condivisi. Ma, d'altro canto, la frammentazione delle autorità e la molteplicità dei regimi globali corrispondono al perseguimento di scopi circoscritti (da una competizione commerciale non distorta alla tutela della sicurezza internazionale); non si caratterizzano per l'attenzione al profilo complessivo della realtà, né per quel senso di *responsabilità per l'insieme* che costituisce un'idea regolativa ancora presupposta nell'orizzonte degli stati.

È da questa prospettiva che dobbiamo chiederci, ad esempio, se bisogna rassegnarsi all'evaporazione della democrazia innanzi alla costante delega verso istituzioni sovranazionali; o, infine, se dobbiamo ritenere *diritto* le penetranti norme emanate da entità che in nessuno stato costituzionale potrebbero ottenere autorità e legittimazione, e che, quando non sono autoautorizzate, comunque creano aree normative proprie che non si riducono interamente agli ordinamenti riconosciuti come quelli statali e persino a quello internazionale.

2. *Alla ricerca del diritto*

1. Presi nel loro insieme, le regole e le risoluzioni provenienti dalla Convenzione delle Nazioni Unite per il Diritto del Mare (UNCLOS), o dall'Organizzazione Mondiale del Commercio, gli standard prodotti dall'International Standard Organisation (ISO), o i protocolli dell'Internet Corporation for Assigned Names and Numbers (ICANN), sino alla Convenzione Europea per i Diritti Umani (ECHR), l'International Labour Organisation (ILO), e via seguendo, sembrano concorrere a un diritto *nuovo*, che eccede l'idea del diritto invalsa negli stati e *tra* gli stati, sino a formare uno strato di legalità *in sé e per sé*, di cui si tessono progressivamente i principi comuni soprattutto ad opera di comunità di giudici, arbitri, esperti (comunità «epistemiche», che hanno dunque in comune una competenza, un *sapere*), attraverso la contaminazione e il prestito da esperienze e ordinamenti diversi. Un diritto che tende a raccogliere e ricucire frammenti, anche sollecitando un dialogo interistituzionale. Ciò risponderebbe all'urgenza di chiarire in che modo decisioni dettate da organismi come quelli sopra richiamati siano esse stesse presidiate dal diritto, e se il diritto sia in grado di determinare i limiti del loro potere nonché le garanzie contro di esso.

Se un vero e proprio diritto globale di questo tipo esiste, quali dovrebbero essere i suoi rapporti con gli ordinamenti degli stati, delle comunità politiche in cui gli individui costruiscono e proteggono la loro identità e i progetti del bene comune? Sono rapporti di incondizionata subordinazione, fondata sulla mera tecnica giuridica (l'idea kelseniana di un ordinamento universale da cui gli ordinamenti minori discendono e dipendono) o sulla priorità degli scopi di coordinazione universale che essi perseguono?

Per affrontare tali questioni bisogna chiedersi quale sia il senso di quella *legalità* che vorremmo imporre a tecnocrazie e autorità regolatrici al di là del confine degli stati; cosa resti del diritto senza il rassicurante insieme che quel confine protegge: un territorio, un popolo, una costituzione. Abbiamo bisogno di una costituzione globale che definisca un nuovo quadro da cui far discendere norme, che sposi valori sostanziali e istituisca poteri planetari, o serve invece elaborare le forme di un confronto *tra* ordinamenti e *tra* costituzioni?

In questo volume si percorre la seconda strada, nella convinzione che la questione della legalità (posta nelle carte internazionali attraverso l'invocazione del *Rule of law*, accanto alla democrazia e ai diritti umani) attenga non solo agli stati e ai loro ordinamenti, e si riproponga in quello spazio che loro sfugge e che, in assenza di un ordine universale, ne ospita una multiforme pluralità.

Si deve poter affrontare la perdita di una componente essenziale per la nostra precomprensione del diritto, l'idea di unità e di sistema: la presupposizione secondo la quale è possibile dare un senso al diritto come tale solo se è possibile ricondurne gli elementi a un ordine chiuso, onnicomprensivo e organizzato gerarchicamente. Se il XIX e XX secolo hanno consolidato la convinzione che ogni legalità sia concepibile entro le coordinate stabilite da un corrispondente sistema giuridico (come quello statale, soprattutto), che il *software* di norme, decisioni, legislazioni, regolazioni derivi la sua concepibilità giuridica, la sua validità e la sua autorità dall'appartenenza a un qualche sistema (un *hardware* entro cui sia installato), siamo ora, per così dire, di fronte a un *software* che si è reso indipendente, a legalità che pretendono di valere nonostante che non ne sia possibile la riduzione a un sistema.

La promessa di legalità, a differenza del miraggio di un sistema, ha di conseguenza a che fare con i possibili modi di *articolare* ordini, costituzioni, normatività differenti, riconoscendone la diversità e valorizzandone il contributo, il peso relativo. Riguarda le relazioni che possono crearsi in un ambiente (un *multiverso*) comune che non appartiene a nessuno in particolare, né ricade sotto un unico prometeico potere.

2. Le pagine che seguiranno offrono, *in primis*, una teoria normativa che ricostruisce e raccomanda un'interpretazione del senso della legalità, traendola dal principio del *Rule of law* e dalle sue radici storico-istituzionali. Nonostante l'incertezza nelle sue interpretazioni, l'espressione campeggia oltre qualsiasi confine, accanto a *human rights* e *democracy*. Essa non si presta ad essere sostituita: solo pallidamente, e molto parzialmente, il suo contenuto trapassa negli equivalenti consueti, come «governo delle leggi», «stato di diritto», «principio di legalità». Pertanto, oltre la ricostruzione del diritto globale secondo le linee che ho sin qui solo suggerito, il primo obiettivo è fornire una traccia univoca del *Rule of law*: consolidatosi nell'area europea continentale solo negli ultimi sessant'anni; non assimilabile alle logiche dello stato di diritto (precostituzionale), e infine anche per questo capace di proiettarsi sul teatro globale, estendendo il filo della sua storia ormai quasi millenaria.

Come spiegherò, esso non identifica un *qualsiasi* possibile diritto, ma quegli ordinamenti che, ispirati da valori di libertà, sottraggono ai poteri sovrani un versante del diritto positivo che viene posto istituzionalmente al di fuori del loro raggio di controllo (del loro *gubernaculum*). Esso designa un ambiente che protegge da un lato la scelta del bene comune compiuta dal sovrano (maggioritaria o no), dall'altro la giustizia che, indipendentemente da quella scelta, si deve a ciascuno (la tensione tra il «giusto» e il «bene»). Nel sottrarre il diritto al monopolio del più forte, l'incarnazione del principio è storicamente visibile, per quanto vari siano gli assetti istituzionali attraverso cui avviene; gli ordinamenti degli stati liberaldemocratici occidentali hanno costruito strutture costituzionali che pongono alcune conquiste di libertà e di uguaglianza al riparo dai poteri legali delle maggioranze; nei rapporti tra stati, il diritto internazionale è andato formando nuclei di diritto inderogabili legalmente dai trattati, ed in ogni caso capaci di valere *erga omnes*, anche al di là del consenso: l'obiettivo è bilanciare la sovranità esterna degli stati con la tutela di individui, popoli, e degli interessi generali della comunità internazionale.

Questo canone di equilibrio tra lati del diritto positivo in ciascun ordine di legalità si proietta nell'arena globale delle *relazioni* tra essi. Il diritto transnazionale dei privati e dei contratti, gli ordinamenti statali, il diritto degli accordi regionali o degli ordinamenti sovranazionali come l'Unione Europea, il diritto internazionale in senso stretto, o il diritto globale amministrativo che ho richiamato, sono dotati di estensione e profondità differenti: come diverse per estensione sono le norme dell'Organizzazione Mondiale del Commercio e della Convenzione Europea per i Diritti Umani, le direttive dell'Unione Europea, o le regole del NAFTA (Accordo Nordamericano per il Libero Scambio), la legislazione dell'ordinamento italiano e le risoluzioni del Consiglio di Sicurezza delle Nazioni Unite. E legalità diverse lo sono anche in ragione del loro differente *spessore*, per genesi sociale e radicamento differenti, per destinatari e autori, in una parola per *formati*, non omologabili e tra loro concorrenti. Il peso, il valore di tali diversità può sfuggire al giurista teorico concentrato sui legami logico-formali, puri, tra norme, mentre emerge vividamente nei rapporti reali che essi disciplinano, nei casi che richiedono l'approfondimento degli aspetti sostanziali (come ad esempio innanzi alla scelta tra principi in conflitto, al loro bilanciamento in circostanze date). Le loro disposizioni sono spesso destinate a incrociarsi, a regolare contraddittoriamente gli stessi oggetti.

Le decisioni della Corte Europea di Giustizia volte a cancellare, in ossequio all'ordinamento comunitario, ogni ostacolo alle libertà di movimento nel mercato unico interferiscono spesso con le norme interne degli stati membri, e alle volte con le scelte socioeconomiche loro più peculiari, con i loro stessi valori sociali: come nel caso Volkswagen, deciso dalla Corte nel 2007, dichiarando l'illegittimità di quegli assetti societari che mantenevano una qualificata presenza statale nell'impresa a protezione di un modello di (economia sociale di mercato) partecipazione dei lavoratori alle sorti aziendali. Il regime che progressivamente si sta formando a partire dai molteplici Bilateral Investment Treaties, che contiene protocolli di regolazione degli interessi tra investitori stranieri e stati, contiene anche standard, vincoli e privilegi non concessi agli operatori economici domestici. Ma le condizioni più favorevoli che essi determinano, ispirate al proposito di privilegiare il flusso di capitali e la creazione di profitto, possono entrare in conflitto con la protezione di valori (e di norme) interni, di solidarietà, di tutela dei lavoratori, di controllo fiscale, e via seguendo. Le regole di protezione dell'ambiente proposte dalla Convenzione delle Nazioni Unite per il Diritto del Mare possono confliggere con interessi vitali degli stati alla produzione ittica o, all'opposto, con i divieti di barriere commerciali definiti dall'Organizzazione Mondiale del Commercio. Il rapporto tra legalità diverse è qui anche un rapporto tra ordinamenti che hanno una diversa ragione sociale, una diversa qualificazione politica, *formati* dunque incomparabili: al punto che il primato degli uni sugli altri, anche quando sia deducibile secondo la logica delle norme vigenti, potrebbe non esserlo quanto al merito e apparire contestabile quanto al suo significato e alle sue conseguenze.

Quando si parla di diritto globale sembra profilarsi uno spettro: un progressivo accorpamento di autorità decisorie con poteri di coordinazione tecnica, di regolazione neutra dei più disparati campi della vita e dell'azione umana, che possegga l'incondizionata priorità legale sulle resistenze dei popoli e degli individui, destinato a penetrare gli ordinamenti minori e a sussumerli a sé, in un sistema piramidale, come modellato sul noto monismo predicato da Hans Kelsen prima che l'idea stessa di un diritto globale (oltre il diritto internazionale) potesse in queste forme emergere.

Ma come abbiamo visto e come cercherò di mostrare, il cosiddetto «diritto globale» è solo *uno* tra gli strati di legalità che abitano il globo: e vi sono molte buone ragioni, giuridiche, politiche, di giustizia, innanzitutto, per resistere ai tentativi di riorganizzare il mondo sotto un'unica, onnicomprensiva legalità.

Mantenere le differenze, proteggerne l'autonomia, è possibile solo se le relazioni siano arbitrate da un principio di bilanciamento, di non-dominazione, che ha ispirato autenticamente l'ideale normativo del *Rule of law*, al di là degli usi strumentali e distorsivi cui è stato piegato. A tracciare le linee di questa conclusione dedicherò una parte importante delle pagine che seguiranno.

3. Un ultimo aspetto relativo alla ricostruzione della legalità nel mondo globale ha a che fare con l'elaborazione del profilo *pubblico* del diritto, o meglio della sua natura *essenzialmente pubblica*, che troviamo nel pensiero di autori moderni, come Jeremy Bentham, con la sua insistenza sul valore della coordinazione, prodotta da un diritto positivo al di sopra delle

parti; o come Immanuel Kant, per il quale, al di là delle libere interazioni tra individui, abbandonare un ipotetico stato di natura in cui la giustizia è assente costituisce un dovere morale inderogabile, che può essere adempiuto solo seguendo «l'imperativo del diritto pubblico».

Anche l'aspirazione a ricostruire il senso della legalità sul globo dovrebbe portare con sé le due presupposizioni del diritto: l'una relativa al fatto che la sua istituzione è connessa al superamento di uno stato in cui la giustizia è assente; l'altra che collega la conquista di *autorità e legittimazione* al crisma della legalità, e alla natura essenzialmente pubblica del diritto.

Tuttavia proprio quest'ultima fatica a legarsi alla natura frammentaria, autoreferenziale, disincarnata di entità e organismi lontani dai luoghi che ospitano i «mondi vitali», dalle comunità che alla nozione di «pubblico» offrono una sostanza, sino ad oggi implicitamente riflessa nel diritto statale. Né è sufficiente, sebbene sia auspicabile, sostituirvi migliori procedure, che rendano trasparenti le modalità di adozione delle misure del WTO o che amplino le garanzie di partecipazione o di contraddittorio innanzi agli organi del Consiglio di Sicurezza, e via seguendo. L'assunto di un diritto essenzialmente pubblico induce a tentare una *sintesi*: a includere la domanda circa l'equità e la giustizia nelle relazioni tra ordinamenti, portatori di pretese divergenti; a pensare in termini condizionati o di complementarità le relazioni tra un diritto «regolatore» (strumento delle politiche regolatrici che perseguono imperativi settoriali e specializzati) e il diritto complesso, politico, dei sistemi sociali: luoghi da cui solo dipendono in ultima istanza il senso e il valore di quei medesimi imperativi.

Ringraziamenti

Questo volume è stato scritto grazie ad una serie di opportunità di ricerca che ho raccolto negli ultimi anni, e per le quali sento il dovere di esprimere la mia gratitudine: innanzitutto allo Straus Institute for the Advanced Study of Law and Justice – nella Law School della New York University – che mi ha offerto la Inaugural Fellowship e invitato a lavorare per un anno in uno straordinario gruppo di studio dedicato alla *global governance* (2009-10); e alla Law School dell'Università di Edimburgo, cui devo la MacCormick Fellowship (2011) e il quotidiano coinvolgimento in un intenso confronto interdisciplinare. Sono grato altresì dell'invito presso l'Institute for Public Policy, che mi ha permesso di discutere, a Mosca e a San Pietroburgo, sui temi del *Rule of law* e l'evoluzione della Corte Europea dei Diritti dell'Uomo.

Oltre che nei luoghi che ho già ricordato, ho potuto presentare il mio lavoro *in itinere*, e far tesoro dei seminari di discussione, in ulteriori recenti occasioni presso lo European University Institute in Fiesole, la Faculty of Law della University of New South Wales in Sydney, The Erik Castrén Institute of International Law and Human Rights di Helsinki, e in varie sedi d'università italiane, tra le quali desidero ricordare l'Istituto Italiano di Scienze Umane di Firenze, la Scuola Superiore Sant'Anna di Pisa, il Dottorato in Diritto internazionale e interno dell'Università di Palermo, la Facoltà di Giurisprudenza di Ferrara, l'Università Suor Orsola di Napoli, cui esprimo il mio ringraziamento.

Devo infine molto, come essi ben sanno, ai colleghi con i quali ho avuto il privilegio di approfondire più volte i temi di questo libro o che ne hanno letto e commentato versioni provvisorie di alcune parti. Desidero ricordare Miriam Aziz, Paolo Carrozza, Marta Cartabia, Christine Chwaszcza, Grainne de Búrca, Giacinto Della Cananea, Andy Hurrell, Robert Kehoane, Benedict Kingsbury, Jan Klabbers, Dimitri Kochenov, David Kretzmer, Leonardo Morlino, Luigi Pannarale, Enrico Scoditti, Richard Stewart, Antonello Tancredi e, per il loro costante aiuto, Martin Krygier, Ana Vrdoljak, Neil Walker e Joseph H.H. Weiler. A me solo si devono errori ed omissioni[1].

[1] Alcuni dei capitoli di questo libro elaborano una precedente versione. Il capitolo I si avvale di *Il Rule of law. Argomenti per una teoria (giuridica) istituzionale*, in «Sociologia del diritto», 2009; il capitolo II di *Il Rule of law oltre lo Stato*, in «Rivista trimestrale di diritto pubblico», 2010.

CAPITOLO PRIMO

L'IDEALE DELLA LEGALITÀ E IL «RULE OF LAW»

1. *Una lezione al presente*

Il *Rule of law* è un modello istituzionale concernente il diritto. Data la sua natura normativa, si è ritenuto, di fatto, che significasse cose diverse in tempi e contesti diversi. La sua complessità e la sua contestabilità sono dovute a svariate cause, incluso il fondersi di significati concettuali, storici e filosofici o l'appartenenza della nozione a molteplici campi, da quello giuridico a quello etico-politico. Pertanto, una riconsiderazione sensibile a questa complessità deve avvalersi, ad un tempo, della ricostruzione storica, comparata, non meno di quella filosofica, e tener conto delle loro interrelazioni.

L'analisi può procedere lungo diverse vie: la prima, da cui muoverò, è quella semantica, in cui il *Rule of law* è tradizionalmente contrapposto al *Rule of men*[1].

Ad ogni modo una discussione del *Rule of law* che miri a comprendere il senso delle sue potenzialità nel XXI secolo deve affrontare una ricognizione orientata storicamente, attenta agli aspetti istituzionali e comparatistici. Così, il senso normativo del *Rule of law* può essere identificato riportandolo al suo più proprio, antico, scenario *istituzionale* (inglese), i cui elementi risalteranno nel *contrasto* con altre esperienze, in genere ritenute assimilabili (nel continente europeo, principalmente, lo stato di diritto: evocato, troppo spesso, senza distinzione rispetto allo stato costituzionale di diritto)[2].

[1] Partendo da Aristotele, *Politica*, in G. Gentile (a cura di), *Filosofi antichi e medievali*, Bari, Laterza, 1918, III, 16, 1287*a-b*, pp. 106-108.

[2] Scrive V. Ferrari, *Reflexiones sobra el Estado de Derecho*, Caracas, Univer-

Tale significato normativo può, poi, essere posto alla prova delle questioni che sorgono all'interno della teoria morale, della teoria del diritto o della teoria politica. Il *Rule of law* suscita fondamentalmente domande riguardanti la giustizia, la libertà e la «non-dominazione», il bilanciamento tra il giusto ed il bene e, naturalmente, la validità del diritto.

Lo scopo di questa riconsiderazione è, qui, suggerire il significato del *Rule of law* coerentemente con le sue costanti storiche (piuttosto che costruirlo su basi puramente astratte): ma traendone una definizione filosofico-giuridica e indicando in che modo essa sia estensibile alle trasformazioni istituzionali contemporanee.

L'ideale del *Rule of law* è sempre riferito a basi istituzionali che possono variare in dipendenza del tempo e del contesto: ma tutte devono avere in comune la coerenza con l'obiettivo normativo che il modello evoca. Come sosterrò, un tale modello riguarda il diritto, non direttamente il potere o l'organizzazione sociale. Esso concerne l'adeguatezza delle istituzioni giuridiche a prevenire il trasformarsi del diritto in un mero strumento di dominio, in un malleabile mezzo al servizio di chi detiene il potere politico.

Così, il *Rule of law* poggia su una struttura normativa sottostante, spesso trascurata nel dibattito teorico, in genere più impegnato a studiarne le relazioni con la validità o la moralità del diritto, o a definirne cataloghi più o meno ampi di requisiti formali o sostanziali. Tale struttura può essere riportata in superficie: qui sarà, essenzialmente, evocata attraverso espressioni quali «dualità del diritto», bilanciamento istituzionale, «non-dominazione», concepite, tuttavia, come nozioni riguardanti un ambito specificamente giuridico.

sidad Metropolitana de Caracas, 2007, che si tratta soprattutto di «astrazioni concettuali» (p. 5), il cui significato richiede sia un'indagine filosofica sia un'indagine storica (p. 4).

2. *Questioni preliminari: il «Rule of men» e il «Rule by law»*

2.1. Come modello (ideale), il *Rule of law* non racchiude soltanto un insieme di proposizioni circa ciò che è necessario perché il diritto sia, meramente, diritto. Sennonché l'ideale è spesso concepito come la *conformità alle regole* che il diritto prescrive, dando per scontato che un qualche valore sia custodito proprio nella certezza e nella prevedibilità che il rispetto di regole stabili potrebbe garantire[3]. Il senso di tale concezione sta nel valorizzare il fatto stesso che un qualche diritto esiste.

Nondimeno, questa conclusione minimalista non promette necessariamente che l'ideale chiamato *Rule of law* sia con ciò stesso realizzato. Trasformare l'esistenza di un qualche «diritto» in una condizione sufficiente finisce per contrastare con il buon senso: ad esempio, elude radicalmente ogni interrogativo circa «chi» (o «che cosa») comanda[4]. Dovessimo sottometterci ai comandi legali (e sanzionati) di un sovrano[5], ciò sarebbe, di per sé, un presupposto sufficiente perché il puro e semplice *Rule of men* sia dissolto e sostituito dal *Rule of law*?

Secondo Hayek, ad esempio, questo non basterebbe senza la separazione dei poteri:

> in quanto il legislatore non conosce tutti i casi individuali cui la legge sarà applicata, e il giudice che la applica non ha nessuna possibilità di scelta nel tirare le conclusioni (che derivano dalla legislazione vigente e dagli aspetti individuali del caso in giudizio), si può affermare che le leggi e non gli uomini governano[6].

[3] A. Scalia, *The Rule of Law as a Law of Rules*, in «University of Chicago Law Review», 56, 1989, pp. 1175-1188.

[4] Ad esempio, come scrive Stephen Holmes, «il grado di giustizia o ingiustizia dipende da chi detiene il potere e per quali scopi» (S. Holmes, *Lineages of the Rule of Law*, in J. Maravall e A. Przeworski (a cura di), *Democracy and the Rule of Law*, Cambridge, Cambridge University Press, 2003, p. 51.

[5] Il riferimento tradizionale a questo riguardo è l'opera di J. Austin, del quale cfr. R. Campbell (a cura di), *Lectures on Jurisprudence, or the Philosophy of Positive Law*, IV ed., London, John Murray, 1873, spec. pp. 93-94 e p. 356. Ed anche *The Province of Jurisprudence Determined*, London, Weidenfeld & Nicolson, 1954; trad. it. *Delimitazione del campo della giurisprudenza*, Bologna, Il Mulino, 1995.

[6] F. Hayek, *La società libera*, Formello, SEAM, 1998, p. 210.

Peraltro non si tratta della semplice forma del diritto: e quest'ultima da sola non relegherebbe in secondo piano la questione di «chi governa». Il diritto, di per sé, non promette così tanto[7]. Per quanto Aristotele pensi al diritto in modo piuttosto suggestivo, come ragione senza passione[8], esso è in grado di servire sia un potere democratico sia un potere autocratico. Si è spesso ripetuto da un lato che l'indeterminatezza stessa del diritto, in definitiva, può condurre a risultati opposti a seconda dei «venti politici»[9]; dall'altro, che la stessa tesi liberale, secondo cui il diritto costituisce un limite al potere, è insostenibile: nei fatti – si osserva – il diritto è sempre sottomesso alla volontà della classe dominante. Le aspettative di cui il diritto è caricato sono dunque destinate a soffrire di questa debolezza, se non a nascondere propositi ideologici.

In termini astratti, dunque, è difficile celebrare il «Rule of law, not men» (ossia, tradizionalmente, «il governo delle leggi e non degli uomini»), in modo del tutto innocente. Nell'ambito del suo spettro semantico, il «governo degli uomini» include ovviamente anche il «governo *per mezzo* del diritto». Ciò conduce, appunto, innanzi all'altro «avversario» del *Rule of law*, il cosiddetto *Rule by law*, il quale è inevitabilmente destinato a indicare, che lo si ammetta o no, niente di più che una manifestazione del *Rule of men*. Tuttavia, il suo senso distintivo evoca la prestazione del diritto riducendola al ruolo di uno *strumento*.

Certo, sembra semplicemente poco sensato affermare che il diritto *non* è uno strumento. Ma con il *Rule of law* si pensa a uno scenario giuridico-istituzionale cui si attribuisce anche un *valore in sé*[10].

[7] In modo molto interessante, Martin Krygier ragiona sulla *teleologia* come la chiave del *Rule of law*. M. Krygier, *The Rule of Law: Legality, Teleology, Sociology*, in G. Palombella e N. Walker (a cura di), *Relocating the Rule of Law*, Oxford, Hart Publishing, 2009.

[8] Aristotele, *Politica*, cit., III, 16, 1287*a*, p. 107.

[9] R.W. Gordon, *Critical Legal Histories*, in «Stanford Law Review», 36, 1984, p. 125.

[10] L'essere portatore di valore intrinseco è compatibile con l'essere anche un elemento costitutivo essenziale per altri valori ultimi. Cfr. J. Raz, *Right-based Morality*, in J. Waldron (a cura di), *Theories of Rights*, VII ed., Oxford, Oxford University Press, 1995, pp. 187 ss., 191 ss.

La forza evocatrice dell'alternativa *Rule by law* ha, al contrario, il senso di evidenziare e riflettere il significato più ristretto, secondo il quale il diritto è inteso *solo come uno strumento*. Come scrisse Goodhart, mentre «il *Rule by law* può costituire il mezzo più efficiente per imporre un governo tirannico, il *Rule of law* indica "il *rule under the law*", che è il fondamento essenziale della libertà. I due sono totalmente distinti»[11].

Sul fronte opposto, rispetto a questa visione delle cose, militano autorevoli alternative. Ad esempio, ispirandosi a Rousseau, Stephen Holmes[12] afferma che, poiché il diritto è solo uno strumento, è una questione di distribuzione del potere fra gruppi sociali se esso risulti giusto o ingiusto; implicitamente, Holmes presume che vi sia solo una differenza di grado tra il *Rule by law* e il *Rule of law*: e la differenza sarebbe dovuta alla distribuzione sociale del potere; essa dipenderebbe, in particolare, dallo sviluppo di una piena e completa «poliarchia».

Per quanto ciò possa essere accettabile, certamente non rende giustizia alla trasformazione qualitativa che avviene, anche *sul piano giuridico*, quando la distribuzione sociopolitica del potere cambia dal monopolio tirannico a una poliarchia. Non deve essere sottovalutato il fatto che il preteso passaggio al *Rule of law*, qualora vi fosse, dovrebbe consentire una svolta, che consisterebbe nell'emersione del diritto non *solo* come *strumento* dei gruppi sociali: il punto è che, dalla prospettiva di ciascuno di questi ultimi, il diritto dovrebbe cominciare a mostrare un'autorità grazie alla quale esso non venga percepito da nessuno semplicemente come un «proprio» strumento, su cui sia possibile esercitare un pieno ed esclusivo potere.

Perché questo accada, il diritto stesso dovrebbe aver subito mutamenti sufficienti: i quali, di per sé, non potrebbero comunque impedire alla forza materiale del potere politico di spazzare via, ad esempio, le garanzie stesse della «poliarchia», ma certo escluderebbero che ciò possa essere fatto «legalmente». Tutto considerato, se l'argomento di Holmes ruota attorno alla strumentalità del diritto (*rule «by» law*) come una costante, e

[11] A.L. Goodhart, *The Rule of Law and Absolute Sovereignty*, in «University of Pennsylvania Law Review», 106, 1958, p. 947.

[12] Holmes, *Lineages of the Rule of Law*, cit., pp. 49-51.

all'emergere del *Rule of law* come una mera questione di potere (una questione «riflessa» per così dire), allora esso trascura il senso proprio che quell'*ideale* possiede. In particolare, per quanto si debba ammettere che la spiegazione del mutamento sociogiuridico dipenda da fattori non giuridici, pure ciò non esclude che trasformazioni avvengano nel mondo del diritto, e che debbano essere rilevate. Il *Rule of law* si propone come portatore di valore in sé e non indica la strumentalità del diritto: ad esso dovrebbe attribuirsi un significato diverso dal *Rule by law* e tale da eccedere l'ambito di senso riferibile a quest'ultimo.

Anche se qui non è possibile indugiare sulla nozione di strumentalità del diritto[13], la sua lontananza rispetto al *Rule of law* suggerisce almeno un'ulteriore considerazione: dopotutto, lo si deve sottolineare, l'*estensione* della strumentalità (ossia, degli usi possibili di qualcosa) dipende dalla natura dello strumento stesso.

Certo, nel caso del diritto, qualcuno gli attribuisce la natura «sottile» di uno strumento decisamente «neutro», buono per qualsiasi cosa; altri lo definiscono in modo che sia suscettibile solo di determinati usi e possa condurre a certi risultati: ad esempio caricando il concetto di diritto di pesanti, necessari presupposti morali[14]. Contro la tesi della completa neutralità, si potrebbe obiettare che per quanto «neutro» il diritto possa essere, nemmeno esso potrebbe sfuggire al canone dell'adeguatezza dei mezzi ai fini. Non tutti gli strumenti possono essere utilizzati per qualsiasi fine: e può rivelarsi insensato far ricorso al bisturi, per quanto affilato, quando si tratti di praticare suture, anziché tagli. Questo testimonia sia della «resistenza» dello strumento verso usi che potrebbero essere irrazionali rispetto

[13] Spiegando il passaggio ad una visione strumentalistica, Morton Horwitz ha ricordato che i giudici statunitensi, prima del 1900, non interpretavano la legge in termini «funzionali o teleologici», né come uno «strumento creativo» diretto a promuovere «mutamento sociale»: M. Horwitz, *The Transformation of American Law, 1780-1860*, Cambridge, Mass., Harvard University Press, 1977, p. 253. Cfr. sul problema della strumentalità anche B. Tamanaha, *Law as Means to an End*, Cambridge, Cambridge University Press, 2006.

[14] *En passant*, questa alternativa, secondo Hart, precluderebbe, allo studio del diritto, la comprensione delle potenzialità di un sistema giuridico, organizzato secondo norme primarie e secondarie (H.L.A. Hart, *Il concetto di diritto*, nuova ed. con un *Poscritto* dell'Autore, Torino, Einaudi, 2002, p. 244).

ad esso, sia della possibilità che esso sia adottato come mezzo più appropriato, in altri casi. Nella sua spiegazione del *Doppelstaat*, Fraenkel mostrò come la dittatura nazista *mettesse da parte* le procedure legali e *sospendesse* il diritto con motivazioni del tutto arbitrarie, ogniqualvolta ciò fosse conveniente al fine di raggiungere i propri scopi[15]. Per la verità, Hobbes, d'altro canto, insegnò come, per quanto non soggetto alle leggi, e senza esserne in teoria limitato, il Leviatano comandi proprio *attraverso* il diritto, fissando regole, competenze pubbliche e procedure stabili e predeterminate[16].

Questo insieme di ambivalenze appartiene tipicamente all'ambito del *Rule by law*. Ma il suo tratto distintivo è proprio il nesso con l'idea dell'*utilizzabilità* del *diritto*, la minimizzazione delle potenzialità del *Rule of law* come «valore in sé», resistente ad ogni «uso arbitrario» e privo di flessibilità infinita verso qualsiasi scopo. In questa prospettiva, esso resta in un insanabile contrasto con il *Rule of law*.

2.2. Qual è il punto nel *rigettare* il preteso contrasto tra il *Rule of law* e il *Rule of men*?

Sotto un certo aspetto appare comprensibile la tesi secondo cui il *Rule of law* non possa essere concepito altrimenti che come *Rule of men* (ossia che quantunque «governo delle leggi», si tratti, pur sempre, di una forma del «governo degli uomini»), tesi che ricalca dunque la posizione di Hobbes più che quella di Aristotele[17].

Intanto, il *Rule of law* non può essere automaticamente interpretato come il passaggio verso una disincarnata oggettività fatta di autonomi imperativi giuridici; e nemmeno può essere privato della sua base nel diritto «positivo». Indipendentemente da quale contenuto si creda che il diritto debba (necessaria-

[15] E. Fraenkel, *Il doppio stato: contributo alla teoria della dittatura* (1941), con introduzione di N. Bobbio, Torino, Einaudi, 1983.

[16] T. Hobbes, *Leviatano*, Firenze, La Nuova Italia, 1976, cc. XXVI-XXVIII.

[17] Joseph Raz avalla la continuità tra il *Rule of law* ed il *Rule of men* (J. Raz, *The Rule of Law and Its Virtue*, in Id., *The Authority of Law*, Oxford, Clarendon Press, 1979). Ed anche Hobbes considerava l'opposizione un errore della *Politica* di Aristotele: Hobbes, *Leviatano*, cit., c. 46, par. 11, pp. 660-661.

mente) possedere, in esso semplicemente si deve ammettere un qualche ruolo attivo giocato dalle scelte e dalle convinzioni degli uomini. Questo vale tanto per Hobbes quanto per tutte le «moderne» dottrine giuscontrattualistiche del XVII e XVIII secolo, perlomeno. Del resto, il diritto è sempre norma di cui gli uomini sono *responsabili*, e sono gli uomini che «governano» mediante il diritto, non è il diritto che governa di sua iniziativa. E infine, non si potrebbe ignorare che esiste una connessione necessaria tra il diritto e il potere (un presupposto perché «gli uomini» possano governare).

In definitiva, se da un lato, il *Rule of law* suggerisce un modello che riguarda direttamente il diritto in sé e per sé, dall'altro, insistere che esso idealizzi una qualche regola «oggettiva» e indipendente dagli uomini può solo suscitare legittime preoccupazioni circa la sua funzione ideologica. Il *Rule of law* può essere ridotto, come spesso accade, a una patina per la legittimazione del potere. Esso potrebbe semplicemente nascondere proprio il *Rule by law*, piuttosto che costituire quell'«unqualified human good»[18], secondo le famose parole di Thompson, in virtù del quale i governanti finiscono per essere vincolati, o costretti, dalle leggi che loro stessi hanno promulgato[19]. Muovere dal *Rule of law*, innanzitutto attraverso il suo contrasto con il *Rule by law*, aiuta a divenire consapevoli dei limiti di ambiguità e dei rischi propri degli usi ideologici.

Ritornando alla venerabile idea del «Rule of laws, not men», l'antitesi assume significato quando ci si chieda se effettivamente un qualche diritto esiste che sia tale da acquisire una sorta di autonoma «normatività» anche nei confronti della volontà di coloro che siano in ultima istanza responsabili per la sua protezione e applicazione, e soprattutto siano dotati dei poteri normativi «ultimi» in una comunità politica. In ciò che seguirà, suggerirò dunque che il contrasto resta significativo solo se presupponiamo:

[18] E.P. Thompson, *Whigs and Hunters: The Origins of the Black Act*, New York, Pantheon Books, 1975, p. 266.
[19] *Ibidem*, pp. 264-265.

a) un *valido diritto positivo*;

b) che non è concepito interamente come mero dominio del potere del sovrano;

c) che dal punto di vista di quest'ultimo almeno in parte non appare riducibile a un suo semplice strumento.

Di conseguenza, si tratta di un quadro in cui non tutto il diritto si presenta come «disponibile» mezzo per la volontà di chi governa (*Rule by law*).

Verosimilmente, la questione generale può essere richiamata proprio con le parole di Dicey, il quale sostenne che la sovranità del Parlamento «opera in senso favorevole alla supremazia della legge del paese»[20], e che sarebbe errato considerare le soluzioni costituzionali inglesi come puramente formali o «nel migliore dei casi solo alla stregua di una sostituzione della prerogativa della Corona con il dispotismo del Parlamento»[21]. Sebbene il diritto sia comunque un artefatto prodotto dall'uomo, il *Rule of law* è riferito a un qualche altro diritto (per quanto problematico ciò possa sembrare) che non può essere ridotto alla volontà espressa in ultima istanza dal Parlamento stesso[22].

Nell'intendere le parole di Dicey, non c'è modo di ammettere un qualche diritto naturale (capace di limitare il sovrano), il cui intrinseco contenuto di giustizia sarebbe autoevidente e capace di imporsi da solo. All'interno di queste coordinate, seguire il *Rule of law* non significa che il Parlamento semplicemente si arresta innanzi al diritto naturale. Al contrario, la questione è ben più complessa perché si tratta di cercare ragioni (e imperativi) *giuridiche* (non meramente morali) capaci *come tali* di contrastare la volontà del «sovrano».

[20] A.V. Dicey, *Introduzione allo studio del diritto costituzionale. Le basi del costituzionalismo inglese*, Bologna, Il Mulino, 2003, p. 343.

[21] *Ibidem*, p. 348.

[22] Dicey scrive: «Il Parlamento è il legislatore supremo, ma dal momento in cui il Parlamento ha manifestato il suo volere in qualità di autorità legiferante, tale volere viene assoggettato all'interpretazione che è posta in essere dai giudici del paese, e a loro volta, i giudici che operano sotto l'influenza della mentalità del magistrato non meno che sotto quella dello spirito della *common law* sono inclini a interpretare le eccezioni legislative ai princìpi di *common law* secondo modalità che non riscuoterebbero l'approvazione di un collegio di funzionari della Corona, o delle Camere del Parlamento se queste fossero invitate ad interpretare le loro stesse statuizioni». Dicey, *Introduzione allo studio del diritto costituzionale*, cit., pp. 348-349.

Sarebbe un'ipotesi alquanto debole supporre che il modello del *Rule of law*, sul piano giuridico, sia tutelato senza alcuna ragione giuridicamente cogente. Nella misura in cui tutto dipende dalla volontà del Parlamento, il *Rule of law* sarebbe imprigionato all'interno di un cerchio. L'assunto che una tale concezione possa spiegare l'«idea del governo delle leggi, e non degli uomini», sarebbe infondato: in altri termini, non esiste alcun diritto che goda di un qualche autonomo *status*, almeno relativamente, indipendente. E così, quand'anche il Parlamento non interferisse, ad esempio, con alcune norme temprate dal tempo e dalla tradizione, tale *non-interferenza* sarebbe puramente contingente e non confuterebbe il fatto che qualunque diritto è sottoposto all'ordinario esercizio della sua *dominante*[23] volontà. Su queste basi, il *Rule of law* resterebbe ancora confuso entro l'area di senso definita con le altre espressioni, il «Rule of men» e il «Rule by law».

In questo quadro, il significato del *Rule of law* rischierebbe paradossalmente di ridursi alla pretesa residua che governi la Morale («Rule of morality»), l'unica che resti astrattamente in grado di far da contrasto al «governo degli uomini». Sennonché sarebbe controintuitivo che il «vero» senso del *Rule of law* sia null'altro che imporre la Morale e sostituire quest'ultima al «governo delle leggi».

Per queste ragioni, la questione teorica del *Rule of law* ha bisogno di essere inquadrata diversamente, e diversamente deve essere intesa la relazione in essa fondamentale, quella tra «uomini e leggi». Per quanto un ideale *morale* sia riconosciuto come strettamente connesso al *Rule of law*, e resti visibile nella sua radice in valori come la libertà, l'imparzialità, o anche la dignità umana, il *Rule of law* non propone direttamente obiettivi morali, ma strutture *giuridiche*. Non richiede che il diritto possegga uno specifico contenuto, «the good law», e neppure detta una particolare forma interna del potere, o del

[23] I concetti di «dominio» e «non-dominazione» (in quanto distinti da interferenza e non-interferenza, attorno a cui ruota la versione moderna della libertà) ricorrono nella teoria politica di Ph. Pettit, *Repubblicanesimo: una teoria della libertà e del governo*, Milano, Feltrinelli, 2000. Ritornerò su questo più avanti. Cfr. anche Q. Skinner, *La libertà prima del liberalismo*, Torino, Einaudi, 2001.

governo (ad esempio, che il potere debba essere organizzato *democraticamente*). Come sosterrò, sebbene il «governo degli uomini», semplicemente, non possa essere abolito o sostituito con qualcos'altro, il *Rule of law* raccomanda una particolare situazione giuridica (relativa alle istituzioni e alle forme giuridiche) nella quale il diritto *dominante* appare, sempre dal punto di vista giuridico, contrastabile grazie a norme e strutture da esso indipendenti e poste nell'interesse di ciascuno.

Una ricostruzione storica, capace di richiamare le corrispondenti «tracce» istituzionali, può dare sostegno a questa tesi. Il motivo di fondo è che il diritto può soddisfare il modello del *Rule of law* quando il «governo degli uomini» finisce per essere legalmente incanalato in modo che il potere di chi governa trovi, comunque, di fronte a sé un «altro» diritto positivo e istituzioni giuridiche così stabili da prevenire un monopolio assoluto sulla produzione e sui suoi contenuti. Di fatto, il *Rule of law* non solleva dunque pretese indifendibili (come nel caso pretendesse effettivamente che non fossero gli uomini a governare ma la legge stessa per proprio impulso). Peraltro, il contrasto non sorge certo verso il governo degli uomini *tout court* (inteso in senso lato), quanto piuttosto verso il *Rule of men* inteso, *stricto sensu*, come semplice «dominazione». Quest'ultimo emerge dove non siano disponibili, istituzionalmente, né norme positive né dispositivi giuridici, atti a bilanciare e compensare questo tratto dominante.

Il *Rule of law* contrasta dunque la possibilità che, dipendendo totalmente dal potere di governo, il diritto sia ridotto a un semplice strumento delle sue esclusive preferenze, in mancanza di qualsiasi altra «legge» che cada al di fuori della sua portata, e sia, per qualche via, riconducibile al resto (dei bisogni o degli interessi, ecc.) del corpo sociale. Poiché nella storia del diritto e nei più importanti documenti giuridici contemporanei, il *Rule of law* occupa una posizione stabile e di grande rilievo, l'ulteriore analisi sul suo senso e sul suo *status* può avvalersi del richiamo alle sue ricorrenze storiche, e non solo di argomenti d'ordine concettuale. Così ne tratteggerò i contorni lungo un percorso storico-istituzionale e concettuale. I prossimi paragrafi (dal 3 al 6) saranno principalmente dedicati a fissare un significato storico-istituzionale; i successivi (parr. dal 7 in poi) ritorneranno ad una trattazione più filosofica del modello.

3. *La ricollocazione dello stato nell'Europa continentale*

Una descrizione del più ampio panorama europeo, che richiami i caratteri principali del *Rechtsstaat* (o stato di diritto) e dei suoi equivalenti continentali, può condurre a porre meglio in luce alcune delle caratteristiche che connotano il *Rule of law* come uno specifico (distinto) concetto storico-istituzionale. Da questa ricostruzione il *Rule of law* emerge con un generale significato normativo, legato alle radici da cui si è sviluppato.

Richiamerò quindi, in primo luogo, l'esperienza continentale dello stato. Nei passi successivi sosterrò, su questo sfondo, che è possibile mostrare come il *Rule of law* sia nato e sia stato concepito sia come un modello (ideale) sia come il nome con cui indicare una speciale «relazione». Contrariamente al *Rechtsstaat*, concepito come una peculiare forma dello stato, l'ideale del *Rule of law* presupponeva che il diritto positivo fosse, *in parte*, al di fuori della disponibilità o della volontà, del re o del potere sovrano. Conformemente, in quanto «relazione», il *Rule of law* offriva un solido legame tra due campi essenziali del diritto occidentale, risalenti alla tradizione medievale evocata attraverso la coppia *jurisdictio-gubernaculum*, ad esempio giustizia e sovranità. Per quanto il *Rule of law* possa essere visto aderire ad alcuni fondamentali significati storici, ciò nonostante può essere concepito oltre i tratti contingenti che assume nelle diverse circostanze. Il concetto ha infatti natura normativa ed è dunque capace di estendersi a diversi ambiti, anche al di là dello stato; non postula né un'unica peculiare forma *dello stato* né una qualche concezione sostantiva e *a priori* di questo, sebbene, a seconda dei contesti, sia lecito ritenere che alcune forme istituzionali appaiano più adatte a soddisfare i suoi obiettivi.

Per cominciare, è di una certa importanza che l'Europa continentale non possa offrire un'espressione esattamente assimilabile a *Rule of law*, nonostante i diversi usi che si riferiscono ai cosiddetti equivalenti, come *Rechtsstaat*, *Etat de droit*, *Estado de derecho*, *Stato di diritto*. Sul piano storico, l'idea generale di uno stato «sottoposto al – o limitato dal – diritto» emerge molto chiaramente attraverso il modello del *Rechtsstaat*. La nozione contrapposta era stata quella del *Polizeistaat*, o dell'*Etat de police*, ossia lo sfondo concreto contro il quale il *Rechtsstaat* sviluppò la sua differente identità. Nella cultura francese, Carré de Malberg sottolineò che mentre l'*Etat de police* aveva titolo a porre in essere qualsiasi decisione discrezionale riguardo alla vita dei cittadini, e volta al loro benessere, l'*Etat de droit* entrava in relazione con i suoi «soggetti» solamente sottomettendo se stesso al diritto, e dunque a *regole*[24]: la qual cosa avveniva tutelando diritti riservati agli individui e prevedendo in anticipo i mezzi e i modi cui lo stato avrebbe dovuto attenersi per perseguire i propri scopi.

Il concetto generale elaborato dalla giuspubblicistica tedesca[25] identifica alcuni tratti, come i fini pubblici dello stato, la protezione dell'ordine pubblico (contro minacce interne o esterne), l'astensione dall'interferire nella sfera individuale (per quanto riguarda la felicità o la salvezza religiosa), ed anche il perseguimento di alcuni obiettivi di benessere sociale[26]. In un certo senso, il punto di partenza, che vorrebbe distaccarsi dall'assolutismo illuminato (o dal paternalismo di stato), sembra posto nel passaggio dal *diritto del potere* al *potere del diritto*. Il teorico tedesco la cui definizione venne seguita maggiormente in altri paesi, come l'Italia, fu Franz Julius Stahl[27], il quale pose l'accento sulla necessità, per lo stato, di operare precisamente, assoggettandosi a meccanismi prefissati e a regole predefinite, e autolimitando, con ciò, il proprio stesso potere attraverso il diritto.

A dispetto di ciò, tuttavia, lo stato è un'entità dotata di volontà, di una sua «voce» e di suoi *propri* obiettivi, di una sua personalità metafisica, che non sfuma in una, neutrale, struttura *giuridica*[28]. In questa trasformazione, lo stato non si

[24] R. Carré de Malberg, *Contribution à la theorie general de l'Etat*, Paris, Sirey, 1920, t. I, pp. 488-489.

[25] L'espressione stessa divenne definitivamente famosa dopo L. von Mohl, *Die Polizeiwissenschaft nach den Grundsätzen des Rechtsstaates*, Tübingen, Mohr, 1832-34, voll. I-III. Cfr. E.-W. Boeckenfoerde, *Entstehung und Wandel des Rechtsstaatsbegriffs*, in Id., *Recht, Staat, Freiheit*, Frankfurt a.M., Suhrkamp, 1991, p. 144.

[26] *Ibidem*, pp. 145 ss.

[27] F.J. Stahl, *Philosophie des Rechts*, vol. II: *Rechts und Staatslehre auf der Grundlage christlicher Weltanschauung* (1878), Hildesheim, G. Olms, 1963, pp. 137 ss.

[28] Nel XX secolo, la riduzione dello stato ad un ordinamento giuridico,

decentra, ma piuttosto si ricolloca, passando dal *Polizeistaat* al *Rechtsstaat*, senza perdere la sua persistente centralità.

Il passaggio al *Rechtsstaat* significa che il diritto è una struttura dello stato, non un limite ad esso esterno. Semmai, è al tramonto la pervasività discrezionale del *Polizeistaat*, grazie ad uno spostamento qualitativo verso la razionalità e la stretta legalità dell'azione amministrativa: la cui *supremazia* sui cittadini è preservata nonostante il riconoscimento dei diritti e dell'autonomia degli individui. Mentre consentono di rimodellare lo stato, le garanzie offerte agli individui continuano a discendere tuttavia solo dalla persistente autorità della legislazione statale. E così, la «libertà» stessa non è presupposta dal diritto ma è considerata come un *prodotto* del diritto. La modalità distintiva del *Rechtsstaat* sta nel connettersi dell'autorità di uno stato aristocratico e conservatore con la forma «legale-razionale», e nel contempo con la tutela di «nuove» libertà civili: intese innanzitutto come una «prestazione» resa o garantita attraverso lo stato[29].

L'idea del *Rechtsstaat*, com'è noto, nel suo generale significato europeo include un'organizzazione istituzionale basata sulla separazione dei poteri e sul cosiddetto principio di legalità, secondo il quale nessuna autorità può esistere che non sia istituita e attribuita dalla legge. Il risultato concreto è il governo dello *stato sulla società*. Ciò che secondo Georg Jellinek sono i «diritti pubblici subiettivi», ossia una *auto-obbligazione* del sovrano, e cioè dello stato[30], testimonia che quest'ultimo è pronto a riconoscere che gli individui hanno diritti e titolo all'uguaglianza davanti alla legge, ma che la sovranità dello stato è la fonte di ciò che deve valere come *diritto*.

Lo sviluppo dello stato come potere amministrativo, nel XIX e XX secolo, fu decisivo nel modellare i contorni del

ad opera della teoria kelseniana, fu, di fatto, il rovescio dell'attuale riduzione del diritto allo stato (per quanto nascosta nei termini dello stato vincolato dal diritto). Cfr. H. Kelsen, *La dottrina pura del diritto*, Torino, Einaudi, 1967, in special modo capp. VI-VII.

[29] Cfr. L. Krieger, *The German Idea of Freedom*, Boston, Mass., Beacon Press, 1957, p. 14. Per i riferimenti alla teoria del *Rechtsstaat* di von Mohl, *ibidem*, pp. 259 ss.

[30] G. Jellinek, *Sistema dei diritti pubblici subiettivi*, Milano, Società Editrice Libraria, 1912.

Rechtsstaat, nella definizione di Otto Mayer[31], come uno stato nel quale il potere amministrativo è creato dalle leggi e resta loro sottoposto in quanto prodotto dei parlamenti (com'è ovvio, largamente elitari).

Di conseguenza, il primato della legge può certo proteggere diritti individuali, ma anche subordinarli a sé; e vigendo la separazione dei poteri, l'indipendenza del «potere» giudiziario è condizionata al rigido rispetto della volontà legislativa. *Dura lex sed lex*.

Questo insieme non esprime solo la limitazione del potere che è vincolato dal diritto. È un concetto differente. Il diritto è la «voce» stessa dello stato ed esprime la sua volontà; non ne è il limite ma piuttosto semplicemente la «forma» propria.

Di fatto, la codificazione, un lungo processo che si estende dal XVIII al XX secolo, significò che il diritto comune della terra era sostituito dalla certezza della «legge». La codificazione travolse privilegi, particolarismi, incertezza ed arbitrarietà generati dal pluristratificato diritto degli ancora frammentati territori europei. Essa assegnò alla legge un destinatario unitario, universale (l'individuo *sans phrase*)[32], muovendo oltre i privilegi feudali, e impose la sua razionalità, unità e, soprattutto, la sua pretesa *completezza*: un'altra nozione cardine, peculiare alla mentalità continentale, secondo cui il diritto posto incarna una razionalità olistica e preregola, o prevede, i casi futuri[33]. Dal momento che la legge era la più alta ed esclusiva fonte del diritto, essa doveva essere per definizione esaustiva, e non mostrare alcuna lacuna. Né si dava alcuna istanza o istituzione ulteriore, alcuna reale forma di controllo sovraordinato. La sopravvenuta irrilevanza dello *jus commune*, del diritto romano, del diritto consuetudinario, del diritto naturale, che vennero come sostituiti dal bisogno d'unità, chiarezza e certezza del diritto, combinata con la natura secolarizzata del potere, concorse non solo a determinare l'idea giuridica del carattere sovrano *dello*

[31] O. Mayer, *Deutsche Verwaltungsrecht*, Leipzig, Duncker & Humblot, 1895, vol. I, pp. 64 ss.

[32] G. Tarello, *Storia della cultura giuridica moderna. Assolutismo e codificazione del diritto*, Bologna, Il Mulino, 1976.

[33] Cfr. N. Bobbio, *Teoria generale del diritto*, Torino, Giappichelli, 1993, parte II, pp. 237-274.

stato, ma anche quella della sua autoreferenzialità, cioè il suo fondarsi solo su se stesso.

La legalità, quindi, offre e garantisce la legittimità, mira a ricomprenderla in sé, come anche Carl Schmitt ricordava[34]. Ma come presto divenne chiaro, la semplice legalità si dimostrava priva di ogni significato per coloro che potevano decidere nello «stato d'eccezione». La «forma della legge» non poteva certo costituire un reale limite, e non conteneva alcun vincolo indipendente (capace di valere di per sé) alla libertà nei fini della decisione politica[35], ma ne offriva piuttosto la legalizzazione.

Il punto che qui deve essere sottolineato non è la pretesa vacuità – o l'«indifferenza per il contenuto» – del positivismo giuridico nel suo acme: si tratta di una questione alquanto diversa. È che non c'è nulla dietro o prima della legge, *das Gesetz, la Loi*. La debolezza sta nella mancanza di una pluralità di protagonisti ed attori, ossia di fonti, istanze, istituzioni giuridiche che aspirino a uguale rilevanza sulla scena (istituzionale).

4. *Diritti v. legislazione*

Non c'è alcun dubbio che in tempi di codificazione del diritto, gli stati abbiano «illuminato» progressivamente le idee autoritarie accogliendo elementi tipicamente liberali, e consacrando oltre le libertà civili, il diritto di proprietà e l'autonomia negoziale. La «sacralità» accordata nel Codice napoleonico all'autonomia contrattuale ed alla proprietà privata prova come a queste fosse attribuito un valore ultimo così elevato quanto quello assegnato alle nuove istituzioni politiche. Tuttavia, i processi in corso sono più complessi di quanto non dica la conquistata tutela delle libertà economiche. La forza «sovversiva» delle Carte dei Diritti, come la Dichiarazione dei Diritti dell'Uomo e del Cittadino del 1789, ha segnato uno

[34] C. Schmitt, *Legalität und Legitimität* (1932) e *Das Problem der Legalität* (1950), in *Verfassungsrechtliche Aufsätze aus den Jahren 1924-1954. Materialien zu einer Verfassungslehre*, Berlin, Duncker & Humblot, 1958; trad. it. parz. in G. Miglio (a cura di), *Le categorie del politico*, Bologna, Il Mulino, 1972.

[35] C. Schmitt, *Il problema della sovranità come problema della forma giuridica e della decisione*, *ibidem*, pp. 43 ss.

spartiacque nel diritto francese, oltre che la fine dell'*Ancien Régime*. Immediatamente dopo, una volta emanate le Tavole della Legge, giuristi e riformatori francesi si sforzarono di proteggere il nuovo diritto «legale», positivo, dall'instabilità, dal mutamento e dagli attacchi del diritto naturale[36]. Questa dinamica venne generalmente ripetuta nel resto d'Europa, dalla Spagna all'Italia e, alla fine, pure in Germania, sebbene solo dopo il *Bürgerliches Gesetzbuch* del 1900, garantendo così un *corpus* unitario e (logicamente) ordinato di regole universalmente valide (con riguardo ai sudditi ed ai territori).

La principale preoccupazione francese divenne preservare la natura autenticamente «democratica» delle istituzioni (secondo l'ispirazione di Sieyès e Rousseau), piuttosto che dare spazio alla ragione naturale e alle dispute in materia di diritti naturali, o garantire a questi ultimi forza giuridica equivalente a quella della volontà della nazione, ossia alla «legge». La giustificazione politica offre alla *Loi* medesima il carattere della sovranità, attraverso l'assemblea nazionale e il mito legittimante della nazione.

Considerando il modello francese di stato, nel primo Novecento, Carré de Malberg[37] sottolineò che il monopolio parlamentare sulla sovranità dello stato costituiva, potenzialmente, un pericolo per le libertà francesi. Non solo, si deve aggiungere la tradizionale ostilità francese verso il governo dei giudici (*le gouvernement des juges*) ed, infine, il fatto che il Parlamento aveva assunto, data la sua radice nella legittimazione popolare, la duplice natura di potere costituente e di potere costituito. La *Loi* è intesa come espressione della norma suprema, che non ha pari. Si può aggiungere il *pendant*, tedesco, *die Herrschaft des Gesetzes*; in un contesto differente, *das Gesetz* è ugualmente fonte ultima del diritto, capace di porsi al di sopra del contrastato dualismo tra re e rappresentanti.

Questo stato «fondato sul diritto» che venne ad esistenza

[36] Com'era insegnato dalla scuola francese dell'Esegesi, il cui unico obiettivo non era certo proclamare la priorità di un numero aperto di diritti naturali, ma piuttosto l'intangibilità del Codice napoleonico. Sugli aspetti di questa dinamica, posso rimandare al mio *Filosofia del diritto*, Padova, CEDAM, 1996, in particolare pp. 112-127.

[37] Carré de Malberg, *Contribution à la theorie general de l'Etat*, cit., p. 140.

in Europa non era basato né sul *Rule of law* né sulla pratica istituzionale del «costituzionalismo moderno», come si sviluppò, in concreto, successivamente alla Costituzione statunitense del 1787. In esso divenne, in generale, prevalente l'idea di sovranità, radicata nella nazione francese o nel *Volksgeist*, anziché il vessillo dei diritti. Non esiste nulla che possa essere reale a meno che non sia nella legge. Lo stato liberale, naturalmente, proteggeva le libertà borghesi del tardo XVIII secolo; ed il *Code Napoléon* era uno strumento di diritto privato così alto e solenne da essere definito la «costituzione della borghesia». Ma la lotta tra diritti individuali e potere pubblico doveva essere decisa solo mediante la legge; conformemente a ciò, la concezione secondo cui lo stato può solo autolimitarsi si affermò nel senso che al di fuori di tale autolimitazione nulla di esterno o autonomo può essere riconosciuto in termini giuridici, nemmeno i «diritti»[38]. Questi ultimi non potevano essere intesi come espressione di un limite esterno *contro* l'onnipotenza della legge.

Questo persistente timbro legalistico qui può solo riflettere un'idea sostanzialmente residuale di libertà (come ciò che è legalmente indifferente per il diritto). Come scrisse, a metà del XIX secolo (quando già la concezione e la realtà del *Rule of law* si erano diffuse fino negli Stati Uniti e ne avevano permeato la struttura costituzionale), il giurista tedesco von Gerber, i diritti dipendono dallo stato che lascia «libera, fuori dalla sua cerchia di influenza, quella parte della persona umana la quale non può essere assoggettata all'azione coercitiva della volontà generale secondo le idee proprie della vita popolare germanica»[39]. È dunque vero che i diritti non consistevano di alcuna sostanza, ma solamente di una «forma» (la forma legale della *riserva di legge*)[40]. In ultima analisi, questa è proprio la concezione secondo cui il «diritto è solo quello che lo stato stabilisce che sia» e i diritti individuali

sono, e devono essere, definiti dallo stato e di conseguenza dipendono necessariamente da esso. Secondo questa visione della realtà, lo stato in sé, con tutti i suoi organi e le sue istituzioni, non è soggetto ad

[38] Cfr. Jellinek, *Sistema dei diritti pubblici subiettivi*, cit.
[39] C.F. von Gerber, *Diritto pubblico* (1913), Milano, Giuffrè, 1971, p. 67.
[40] Cfr. G. Zagrebelsky, *Il diritto mite*, Torino, Einaudi, 1992, p. 59.

alcuna regola al di fuori di quelle implicite nei suoi limiti naturali [e in essa non vi è] posto per un ruolo significativo della costituzione[41].

Nella storia del continente europeo la base collettiva della comunità e soprattutto l'idea del *benessere comune* hanno guadagnato priorità sulle stesse idee di *giustizia*. L'Europa continentale riconosceva alla «certezza» delle istituzioni pubbliche, attraverso lo stato, un valore intrinseco ed ultimo. La protezione dei diritti individuali, dunque, più che nelle corti, più che in un qualche *common law* o nei cataloghi di diritto naturale, e ben prima di tutto questo, sembrava potesse essere (illuministicamente) nella legislazione.

La dichiarazione d'indipendenza dei diritti dalla legislazione statale fu redatta solo quando le costituzioni contemporanee vennero scritte, cioè nel XX secolo. È stata la costituzione – e non la legge – a consentire questa autonomia, attesa tanto a lungo nell'Europa continentale. Le norme e i principi costituzionali riuscirono a garantire ai diritti fondamentali un rango protetto: attraverso una costituzione efficace, i diritti individuali vennero ad essere posti su un piano concorrente rispetto al bene delle istituzioni comuni (*salus publica suprema lex*). Prima di tutto ciò, sarebbe stato impossibile in Europa seguire la logica inscritta nel *Rule of law*.

5. *La specificità del «Rule of law»*

Se si seguono le linee tracciate dall'influente definizione di Dicey, il *Rule of law* in definitiva sembra dipendere da una centralità *del diritto* che non si ripropone nello stesso senso nel *Rechtsstaat*, o nello stato di diritto, il quale ha il suo fulcro nella supremazia *dello stato*. Il *Rule of law* implica l'idea della limitazione del potere materiale degli uomini, una limitazione che è visibile non solo nella subordinazione di ogni cittadino al potere della magistratura ordinaria (con

41 La definizione ad opera di James Buchanan, pur adatta alla concezione tedesca del diritto, tra il XIX ed il XX secolo, è riferita dall'autore, in modo troppo lato e imprecisato, al positivismo giuridico puro e semplice: J. Buchanan, *Libertà nel contratto costituzionale*, Milano, Il Saggiatore, 1990, p. 292.

nessuna eccezione per i funzionari), ma anche nel fatto, sottolineato da Dicey, che

> in molti paesi stranieri i diritti individuali, come ad esempio quello di libertà personale, dipendono dal dettato costituzionale, mentre in Inghilterra il diritto costituzionale è poco più che una generalizzazione dei diritti che le corti garantiscono agli individui[42].

Leggendo Dicey, il *Rule of law* appare consistere di una storia di convenzioni istituzionali, consuetudini e prassi sociali attraverso cui il diritto è connesso con un *particolare* sistema di potere. Anche se la supremazia del Parlamento inglese è oltre ogni dubbio, la sua dipendenza da (ed inclusione in) un quadro più ampio di coerenze istituzionali è intrinseca alle *cose stesse*. I principi ereditati[43] lungo la linea che unisce Henry de Bracton (cfr. la coppia *gubernaculum/jurisdictio*) ed Edward Coke (cfr. *Bonham's case*) ai *Federalist Papers* e finalmente alla statunitense *judicial review* sono – nonostante le loro differenze – prova di una più generale logica unitaria.

C'è una pluralità di fonti che concorrono a determinare l'intrinseca diversità del *law of the land*. Questa rende possibile che il carattere giuridicamente autonomo dei diritti sia preservato. A ciò, si possono aggiungere almeno tre rilevanti, conseguenti considerazioni.

Per iniziare, il diritto include *anche* la sovranità del Parlamento, cioè l'illimitata autorità della legge, l'assunto che, in termini di diritto astratto, la legge può anche violare diritti[44]: questo è il motivo della grottesca espressione (che Dicey cita da De Lolme) secondo la quale il Parlamento inglese «possa fare di tutto, tranne trasformare una donna in uomo e un uomo in donna»[45]. Tuttavia, la sovranità è complessa, condivisa tra la Corona, i Lord e i Comuni ed il diritto ha orizzonti più ampi:

[42] Dicey, *Introduzione allo studio del diritto costituzionale*, cit., p. 166.

[43] Cfr., in generale, N. Matteucci, *Lo Stato moderno*, Bologna, Il Mulino, 1993, pp. 157-158.

[44] Idea che proviene dai *Commentaries* di Blackstone, che riportano le famosissime parole di Edward Coke riguardo all'illimitata autorità legislativa del Parlamento. Cfr. Dicey, *Introduzione allo studio del diritto costituzionale*, cit., pp. 34-35.

[45] *Ibidem*, p. 36.

di fatto, esso comprende un secondo principale pilastro, il *common law* e le corti, le quali, per la verità, sono proprio i supremi e finali interpreti della coerenza del sistema giuridico. La complessità di questo insieme di conquiste e istituzioni «storiche» del diritto inglese – richiamate da denominazioni diverse quali *common law*, precedenti, consuetudini, convenzioni, libertà, diritti – è essenziale per la formazione del *Rule of law*; quest'ultimo, a sua volta, è un elemento «fondativo» di per se stesso, e Dicey vi rilevò tratti e proprietà squisitamente inglesi: nessuno può essere punito per ciò che non è proibito dalla legge; i diritti individuali («legali») sono quelli definiti dal giudice ordinario; e, infine, «da noi i diritti individuali sono la base, e non il risultato, del diritto costituzionale»[46].

Da ciò, una seconda considerazione. Le radici nel diritto comune della terra rendono, dunque, alcuni specifici diritti fondamento della costituzione, piuttosto che *conseguenze* della costituzione. Il che porta in dote alla costituzione e al *Rule of law* un contenuto storico di libertà: parte del diritto *positivo*, non astratta pretesa sollevata da dottrine giusnaturaliste (e tanto meno organicistiche, *et similia*). Non si tratta, evidentemente, di un appello, né alla natura né all'oscura e profonda anima del (tedesco) *Volk*.

Pur tenendo insieme le antiche tradizioni e quelle presenti, la stessa «ragionevolezza» del diritto non coincide semplicemente con una sorta di «ragione naturale». Giacomo I provò a sostenere proprio questo, ossia che, essendo basato il diritto sulla ragione, il re poteva ben essere qualificato a decidere. Ma, secondo Lord Coke, questo assunto era del tutto erroneo: i casi dovevano essere trattati in accordo con una nozione notevolmente diversa, «la ragione artificiale» del diritto che, ovviamente, mancava al re[47].

In terzo luogo, l'esperienza di un diritto che incorpora i fondamentali diritti individuali degli inglesi è, anche, testimonianza del suo carattere convenzionale, della sua natura incrementale,

[46] *Ibidem*, p. 172.

[47] Cfr. Ch. Fried, *The Artificial Reason of the Law or: What Lawyers Know*, in «Texas Law Review», 60, 1981, p. 57 e la sua citazione di E. Coke, *Reports*, 63, 65 (pt. 12, IV ed. 1738), rist. 77 Eng. Rep. 1342, 1343 (1907).

maturata attraverso l'evoluzione del giudizio giurisprudenziale. Tale tratto appare in netto contrasto rispetto all'idea formalista e autoreferenziale di «legalità», la svolta finale del *Rechtsstaat*, la vacuità della quale fu facilmente messa a nudo quando Mussolini o Hitler si proposero di occupare il potere «legalmente» e sotto l'autorità del diritto.

Le premesse istituzionali sono sostanzialmente differenti. Il *Rule of law* ricomprende libertà sostanziali e prevede garanzie procedurali (come l'*Habeas Corpus* e il *due process*)[48], e per esso, l'organizzazione dei poteri non corrisponde semplicemente al «diritto», bensì al diritto in uno specifico assetto, ossia a strutture, prassi, idee nella loro concretizzazione istituzionale. Possiamo ridurre il *diritto* ad uno strumento, forse, ma non possiamo descrivere il *Rule of law*, con il suo specifico contenuto storico-istituzionale, come riducibile a un vuoto mezzo.

Di più, se noi guardassimo al *Rule of law* come a una forma di ripresentazione dello stato incorreremmo in un grave errore. Ricorrendo a lenti istituzionali (più che di teoria giuridica), Giovanni Sartori ha sostenuto che «il *Rule of law non postula lo stato, postula, piuttosto, un diritto extrastatuale, autonomo*: il diritto comune, il *case law*, insomma il diritto dei giudici e dei giuristi»[49]. Di conseguenza, esso esiste anche senza lo stato, o meglio richiede che lo stato non monopolizzi la produzione del diritto.

In effetti, il *Rechtsstaat* generò invece lo *Staatsrecht*, come fonte unificante di diritto; le modalità di questa unificazione dipesero, per un verso, dalla centralità dello stato e per un altro dal carattere artificiale assegnato alla norma giuridica: la norma, astratta e generale, è il risultato di una costruzione scientifica, progressivamente affinata, la stessa che promosse e sostenne l'opera della codificazione[50]. Tuttavia, mentre la realtà dello stato di diritto è l'autosoggezione dello stato al suo stesso

[48] A partire, naturalmente, dall'articolo 39 della *Magna Carta* (1215).

[49] G. Sartori, *Nota sul rapporto tra Stato di diritto e Stato di giustizia*, in «Rivista internazionale di filosofia del diritto», 1964, p. 310.

[50] La capacità dello *Staatsrecht* di essere la ragione dell'obbedienza popolare al *Rechtsstaat* si condensa nella coincidenza tra legittimità e legalità, certezza e pretesa neutralità della legge al di là dei conflitti di valori.

diritto, nel caso del *Rule of law* lo stato *è soggetto ad un diritto che non è il proprio*[51].

Da tutto ciò emerge quanto il senso del *Rule of law* dipenda da una persistente continuità con il proprio passato: questo sottrae ogni fondamento ai tentativi di stabilirne una definitiva coincidenza con le pretese sostanziali di una qualche ideologia contemporanea[52]. Come ho qui cercato di mostrare, riferirsi al *Rule of law*, dopotutto, significa richiamare, con esso, una narrazione plurisecolare, intessuta di tracce, prassi e documenti, una «storia continua», antica e moderna.

In essa, almeno un ultimo cenno deve esser fatto alla gloriosa vittoria del Parlamento del XVII secolo contro l'assolutismo, la restaurazione dei diritti e dei privilegi degli inglesi contro le pretese del re. Qui emerge un parallelismo ancora più istruttivo: mentre il *Rechtsstaat* o l'*Etat de droit* sconfissero il supremo potere assoluto del re, *perché era del re*, il *Rule of law* vi si oppose *perché era assoluto*[53]. Le radici vengono, correttamente, fatte risalire al *Rule of law* medievale, del XIII secolo, quando

> emerse una notevole riluttanza a consentire alterazioni del common law, e si parlò ben presto di casi in cui ordinanze del Re furono annullate dai suoi stessi giudici [...]. Almeno in questo senso, dunque, il *Rule of law* giunse a limitare la prerogativa reale, così da impedire che l'azione del re potesse produrre mutamenti nei diritti sostanziali e procedurali dei suoi sudditi.

E ancora:

> Ma non è tutto. Il tratto più notevole di questi sviluppi fu il fatto che i diritti e i rimedi propri del common law furono ad un certo punto identificati con il *Rule of law* stesso[54].

[51] Sartori, *Nota sul rapporto tra Stato di diritto e Stato di giustizia*, cit., p. 311.

[52] Come fa Hayek per l'ideologia liberista (F. Hayek, *La via della schiavitù*, Milano, Rusconi, 1995, e Id., *La società libera*, cit.).

[53] K. Kluxen, *Geschichte und Problematik des Parlamentarismus*, Frankfurt a.M., Suhrkamp, 1983, pp. 50 ss.; Zagrebelsky, *Il diritto mite*, cit., p. 26 e la sua ricostruzione, ivi, pp. 24-29.

[54] G.L. Haskins, *Executive Justice and the Rule of Law: Some Reflections on Thirteenth-Century England*, in «Speculum», 30, ottobre 1955, pp. 535-536.

E certo è altrettanto importante, a questo riguardo, quel che Charles McIlwain afferma, a proposito della coppia concettuale *jurisdictio* e *gubernaculum*:

> Nell'ambito della *jurisdictio*, contrariamente a quello che avveniva nella sfera del *gubernaculum*, v'erano limiti al potere discrezionale del re, vincoli stabiliti da una legge positiva e coercitiva; e un atto reale, al di fuori di tali limiti, era *ultra vires*. È dunque nella sfera della *jurisdictio* piuttosto che in quella del *gubernaculum*, che troviamo la prova più evidente che nell'Inghilterra medievale la massima romana dell'assolutismo non aveva riconoscimento né teorico né pratico: in questa, infatti, il re era obbligato per giuramento a procedere secondo la legge e non altrimenti[55].

Se nel suo insieme la ricostruzione proposta sin qui è corretta, il *Rule of law* sembra costruito proprio sulla diversità e sull'indipendenza delle fonti del diritto, e può riflettere una tensione, ove sussista, quella interna alla coppia giustizia-governo: dove il primo termine, lo si ripete, si riferisce comunque al versante «positivo» del diritto (come il diritto delle corti o il *common law*: non si presenta, cioè, come un appello alla giustizia naturale o razionale, in quanto dotata di forza normativa *per sé*).

6. «*Jurisdictio*» *e* «*gubernaculum*»

Il declino dell'immagine di unità e supremazia dello stato, la trasformazione, nel XX secolo, dello *stato di diritto* in *stato costituzionale* (di diritto), insieme con le numerose svolte avvenute nel secolo «breve», hanno portato in primo piano un possibile significato transistituzionale del *Rule of law*, concetto che, naturalmente, cessa di essere ostaggio di una separazione (alle volte sopravvalutata) tra paesi di *civil law* e di *common law*. La tesi che qui sostengo intende solo trarre le conseguenze delle nozioni che abbiamo storicamente ereditato. Dal momento che il *Rule of law* è dotato di una portata istituzionale, storica, normativa, esso contiene *più* di quanto dice. Designa riferimenti

[55] Ch. McIlwain, *Costituzionalismo antico e moderno*, a cura di N. Matteucci, Bologna, Il Mulino, 1990, p. 105.

culturali determinati, ma esprime anche un senso normativo suscettibile di essere esteso, come peraltro oggi è pacifico, oltre i suoi luoghi originari. Il compito del lavoro teorico è di identificare quali significati costituiscono le migliori interpretazioni dell'antico concetto nell'orizzonte contemporaneo, in cui continuiamo a farvi ricorso. E la coppia *jurisdictio-gubernaculum* appare capace sia di riassumere efficacemente la *ratio* storico-istituzionale del *Rule of law* sia di mantenerne la potenziale «apertura», grazie al fatto che essa vi proietta il riferimento all'idea di una relazione in equilibrio, una tensione tra due termini reciprocamente «bilanciati».

In fondo, «l'aspetto più importante della *jurisdictio*» secondo la descrizione che ci offre McIlwain, è «il fatto che nella *jurisdictio*, a differenza che nel *gubernaculum*, il diritto è qualcosa di più che una mera forza direttiva»[56]. Questo aspetto del diritto è quindi *diverso* dall'espressione del potere o della volontà. Nondimeno, *non è* l'evocazione della morale. McIlwain stesso appare ben conscio della linea che divide diritto e morale. Il famoso articolo 39 della *Magna Carta*, egli scrive,

> contiene puramente e semplicemente la classica affermazione del principio su cui si era sempre insistito e che era tenuto come norma di una positiva legge coercitiva e non, come si è sempre preteso dai seguaci di Austin, come una mera massima di moralità positiva; il fondamentale principio, secondo il quale il re non può avocare a sé la definizione dei diritti, né può procedere con la forza contro nessuno per una pretesa violazione di questi diritti stessi, prima che un processo sia stato aperto contro il presunto incriminabile con un «debito processo legale» [*due process of law*][57].

Sviluppare il lato della *jurisdictio* come *parte del diritto* ha così un'importanza decisiva. Significa che è elemento essenziale del *Rule of law* una costruzione istituzionale in cui, come ho insistito, il sovrano non esaurisce l'intero diritto. Il *Rule of law* dipende da una distinzione: da un lato, quel versante del diritto che appartiene al paese, alla terra, che ne protegge l'idea *positiva* di giustizia e dà alle libertà ciò che è loro dovuto; è

[56] *Ibidem*, p. 104.
[57] *Ibidem*, p. 105.

il versante formato dalle decisioni giudiziarie, dal *common law*, dalle convenzioni costituzionali. Dall'altro lato, il *gubernaculum* e la volontà del sovrano, gli obiettivi che questi si è dato, e le sue politiche «di governo». Pertanto, da una parte si dà ciò che in concreto costituisce il tessuto delle condizioni storiche minime della coesistenza, necessarie per il rispetto dell'individualità degli esseri umani; dall'altra, la sfera del *bene* (incluso il bene «comune»), e l'evoluzione delle scelte operate da una comunità nel tempo. Il potere ultimo su una collettività sociale può (è autorizzato a) «servirsi» del diritto solamente *in parte*: quella che ricade entro la sua prerogativa sovrana. Il suo contraltare, il diritto fondamentale della terra, appare essere, dopotutto, un costrutto complesso e collettivo; ciò che si ritiene «giustizia» è esso stesso artificiale, diritto costruito da molte mani, attraverso la lentezza dei decenni o dei secoli. *Jurisdictio* si riferisce dunque al diritto: ma, in quest'ambito, si tratta di dire il diritto (*jus dicere*), e non di scegliere o di decidere. C'è, allora, una qualche parte del diritto che rimane a disposizione del sovrano; ma l'altra non è a sua disposizione, ed il sovrano è, così, vincolato ad esservi deferente[58]. E come scriveva McIlwain, nel Medioevo «il governo vero e proprio, distinto dalla *jurisdictio*, era "limitato" non da un controllo politico coercitivo, ma solo dall'esistenza, oltre esso, di diritti definibili per legge e non per mera volontà del sovrano»[59].

La sostanza di questa nozione di giustizia «indecidibile» (e «non disponibile»), ben presente nella tradizione medievale, assume un suo diverso volto nell'epoca illuministica. Come mostrano le dichiarazioni dei rivoluzionari illuministi, dal XVIII secolo, la giustizia si ritiene protegga determinate proprietà degli individui, considerate sempre più «verità di ragione». Comunque, che siano radicate nella tradizione delle istituzioni e delle leggi degli inglesi o nella «ragione naturale», le sacre *properties* degli esseri umani non sono in ogni caso concepite come qualcosa che possa mai dipendere dai parlamenti e, ancor meno, dalla «democrazia».

[58] Per il concetto di «indisponibilità» (*Unverfügbarkeit*), che qui ritengo centrale, cfr. J. Habermas, *Morale, diritto, politica*, parte I: *Diritto e Morale* (Tanner Lectures), Torino, Einaudi, 1992, pp. 55-57.

[59] McIlwain, *Costituzionalismo antico e moderno*, cit., p. 109.

7. *Equilibrio, libertà, «non-dominazione»*

7.1. Qualora fosse negata *autonomia* a quel lato del diritto che abbiamo chiamato *jurisdictio*, ciò altererebbe l'equilibrio tra le condizioni di giustizia intersoggettiva, le libertà e la prerogativa del sovrano. In termini generali, dunque, quando alcuni diritti, o le relazioni di giustizia che sono concettualmente irrelate alle scelte di un qualche sovrano (che sia il re, il Parlamento, il popolo, la nazione, ecc.), finiscono per ricadere giuridicamente sotto il potere del sovrano stesso, un intero ambito del diritto è già virtualmente venuto meno ed è stato spinto all'esterno dell'ordinamento, con il risultato che il suo contenuto normativo appartiene, al massimo, *semplicemente alla morale*. In tal caso – e ritengo che questo debba considerarsi un *caveat* – non sussiste più alcuna divisione tra *gubernaculum* e *jurisdictio*. Un tale *caveat* è parte di ciò che costituisce il cuore del *Rule of law*.

Non intendo suggerire una qualche concezione sostantiva della giustizia, che possa essere difesa sulla base di argomenti razionali di diritto naturale, com'è stato fatto da John Finnis[60]. Piuttosto, il significato del *Rule of law* così come il suo nucleo emerge specialmente dalla comparazione con l'esperienza dello stato di diritto, non comporta semplicemente l'indicazione di alcuni requisiti – procedurali o sostanziali – nella definizione generale *del diritto*, ma piuttosto la fedeltà a un'idea di «relazione», a una nozione relazionale: esso implica il rispetto – ed il mantenimento – di un'opposizione; quella tra due ambiti del diritto, con tutto ciò che essi contengono, attraverso i diversi equivalenti storici e le relative trasformazioni. Una tale «relazione» è proprio ciò che scomparve nel vecchio continente, e non a caso, con la subordinazione istituzionale dei diritti e della giustizia alla volontà del sovrano e con l'eliminazione o la marginalizzazione di ogni altra concorrente forma o fonte del diritto (*supra*, par. 4). Questa struttura dello stato di diritto produce, certamente, conseguenze; a titolo d'esempio: offre una ragione giuridica, tipica, per destituire di fondamento alcune

[60] J. Finnis, *Legge naturale e diritti naturali*, Torino, Giappichelli, 1996.

pretese (ad aver titolo o legittimazione) all'azione in giudizio: se il diritto si esaurisce nel monopolio della fonte legislativa, e se quest'ultima non pone un «diritto» soggettivo, allora nessuna violazione di esso può essere ascoltata né portata in giudizio.

L'autonomia del versante della *jurisdictio* e la sua connessione ai diritti soggettivi e a più generali principi comuni possono considerarsi oggi largamente positivizzate nelle costituzioni nazionali come nelle carte e nelle convenzioni internazionali. Questo «lato» del diritto, la pratica sociale e l'organizzazione istituzionale ad esso corrispondenti sono un requisito essenziale perché il *Rule of law* sussista come quel tipo di relazione che ho sin qui esposto. Concentrarsi su tale relazione rende possibile connotare il *Rule of law* per quello che è, e nel contempo salvarne la possibile estensibilità normativa al di là delle singole concretizzazioni e delle particolari manifestazioni territoriali.

Ad ogni modo, questa visione del *Rule of law* può essere meglio spiegata e caratterizzata, esplicitando la connessione di questa (necessaria) relazione-equilibrio, in primo luogo con l'aspetto della «non-dominazione», di cui ho parlato in apertura (*supra*, par. 3); in secondo luogo, con il binomio «morale» rappresentato dal Bene e dal Giusto, così come esso emerge nella tradizione della filosofia liberale (la quale, beninteso, non costituisce un elemento fungibile nella nozione del *Rule of law* e resta altrettanto insostituibile tra gli «ingredienti» delle nostre costituzioni liberaldemocratiche).

7.2. Secondo Dicey, il *Rule of law* esclude «l'esercizio dell'arbitrio, della prerogativa e perfino di ampie potestà discrezionali da parte del governo»[61].

Come abbiamo visto, la non-arbitrarietà risulta dal *Rule of law*. Sebbene il rispetto delle norme e delle procedure, la regolarità e la certezza, servano il *Rule of law* e combattano l'arbitrarietà, sarebbe miope ritenere che le due cose coincidano e che il primo si esaurisca nell'impedire la seconda. E a maggior ragione, qualora la non-arbitrarietà fosse intesa nei termini della mera conformità alla regola, del rispetto della «forma», cui si affidava il c.d. stato legislativo in Europa. Ciò che rende

[61] Dicey, *Introduzione allo studio del diritto costituzionale*, cit., p. 168.

possibile apprezzare la non-arbitrarietà – intesa come l'assenza di un potere con illimitata discrezionalità – ha certo a che fare con quel genere di requisiti formali, ma difficilmente potrebbe dipendere esclusivamente da essi: nel tempo hanno mostrato la propria compatibilità con il capriccio dell'Esecutivo o delle maggioranze legislative. Piuttosto, molto dipende dalla tensione fondamentale, che ho sin qui richiamato, tra il diritto «sovrano» e la *jurisdictio*. Poiché il *Rule of law* sta nell'equilibrio di questa relazione, la non-arbitrarietà converge nel *Rule of law* solo se è mantenuta all'interno di un tale ambiente giuridico-istituzionale, e non vi coincide al di fuori di quello.

Il tema del diritto che limita il potere, parte integrante del liberalismo del XVIII secolo, la libertà intesa come «il negativo» del potere rappresentano trasformazioni *successive* rispetto alla più antica radice del *Rule of law*. John Philip Reid ricorda come le idee attribuite a Bracton appartengano a una concezione ben diversa da quella del diritto come decisione, o comando, che ha una tradizione millenaria, dal diritto romano a quello consuetudinario inglese e germanico. «Ciò che conta in questa storia di libertà è che una tale teoria di un diritto *autonomo* fosse effettivamente la teoria dei giuristi e dei funzionari pubblici, che veniva usata per decidere i casi»[62]. Un diritto, inteso come espressione delle convinzioni di una comunità, godeva dunque di uno *status* proprio, autonomo, che non poteva essere sottoposto alla volontà di alcuno, neanche del potere di governo. Secondo Reid, sia pure in senso piuttosto lato, o «teoricamente attenuato», l'«ideale del diritto medievale era il *Rule of law*»[63].

In questa luce, la stessa *illegalità* di un'*interferenza arbitraria* del potere di governo (inteso in senso ampio) appare discendere dall'esistenza di un diritto «autonomo», capace di resistenza ed evoluzione, che istituisce condizioni normative sia procedurali sia sostanziali, e che si raccoglie anche nella protezione di alcuni diritti. Pertanto, si dà una ragione *giuridica* perché l'arbitrarietà non abbia luogo, né sfruttando le «forme» della legge, né il *fiat* del re.

[62] Ph. Reid, *Rule of Law. The Jurisprudence of Liberty in the Seventeenth and Eighteenth Century*, DeKalb, North Illinois University Press, 2004, p. 12.
[63] *Ibidem*, p. 13.

Non si tratta dunque, e solo, della libertà come *assenza di interferenza*: ma l'assenza di interferenza è intesa e *garantita strutturalmente*, istituzionalmente, non in modo puramente contingente, in virtù dell'esistenza di un «altro diritto» positivo. Se di questo si tratta, essa integra il più ampio *principio di non-dominazione* (qui nel senso di un ideale regolativo). L'ispirazione normativa di tale principio appare capace di contribuire alla nostra comprensione del *Rule of law*, dove essa ricorre e può essere usata in senso «debole», ossia per avanzare pretese o criteri puramente giuridici, che attengono alle istituzioni giuridiche, e non direttamente a quelle sociali o politiche.

A questo riguardo, si può trarre profitto dalla capacità euristica del binomio non-interferenza/non-dominazione, adattando la distinzione che è stata analiticamente elaborata da Philip Pettit. Egli sottolinea che il diritto non necessariamente costituisce un'offesa o un limite alla libertà; dal suo punto di vista, questo varrebbe solo se la libertà si riducesse a non-interferenza (ossia consistesse nel non subire interferenze), ma non se la libertà si concepisse come *non-dominazione*[64]. «Dominazione» risponde alle circostanze in cui è sempre possibile che altri possano esercitare su di noi un «controllo», non sottoposto a determinate ragioni, o senza doverne offrire alcuna, cosicché l'incombere di tale controllo permanga quand'anche non si verifichi alcuna interferenza. Quel che conta è proprio l'astratta possibilità di un'arbitraria (*reason-independent*) interferenza, e sin quando questa si dia, non è possibile per noi divenire «agenti liberi», anche se di fatto agiamo seguendo le nostre preferenze. La libertà come non-dominazione non richiede tanto non-interferenza, quanto assenza di controllo altrui sulle scelte fondamentali. Secondo Pettit, questo ideale, che egli concepisce come una proprietà degli individui quali persone, ha conseguenze sulla struttura del potere, ed implica che quel «controllo» non spetti a nessuno in particolare, ma sia equamente condiviso, abbia carattere civico e popolare, e sia esercitato su basi democratiche. Di conseguenza, una volta

[64] Cfr. Ph. Pettit, *Law and Liberty*, Princeton Law and Public Affairs Working Paper No. 08-010, ora in S. Besson e J.L. Marti (a cura di), *Legal Republicanism*, Oxford, Oxford University Press, 2009. Naturalmente, il lavoro generale a questo riguardo, è Pettit, *Repubblicanesimo*, cit.

assicurata la struttura della democrazia, che egli ricostruisce nel modello di una tradizione «neorepubblicana»[65], anche la legislazione cessa di apparire uno strumento di «dominazione», e i suoi contenuti non comportano limitazioni alla libertà (intesa come non-dominazione).

Sebbene questa conclusione, a mio avviso, contenga alcuni elementi normativi dell'ideale stesso del *Rule of law*, Pettit li concepisce sostanzialmente come i contenuti di un modello politico che, conseguentemente, concerne direttamente la distribuzione del potere, eguale tra i cittadini che esercitano l'autogoverno. Essi attengono al modo in cui si configura il «sovrano», e raccomandano un unico assetto politico (la democrazia neorepubblicana).

Il *Rule of law*, invece, è concettualmente compatibile con un più ampio spettro di regimi *politici*, cui, comunque, non potrebbe ridursi, visto che riguarda la configurazione *del diritto*. Nello scenario *giuridico* del *Rule of law*, lo si deve sottolineare, non è certo esclusa l'«interferenza» nella vita dei cittadini, ma sarebbe esclusa l'interferenza arbitraria e destituita di ragioni (*reason-independent*), come *legalmente impossibile*: un tale scenario diviene attuale, come sappiamo, solo quando è disponibile un «altro» diritto che rende quel tipo di controllo arbitrario, di «dominazione», inammissibile. Su questo piano, lo schema del *Rule of law* deve valere indipendentemente da quale regime politico si ritenga preferibile.

Sebbene i termini concettuali qui usati, quali interferenza e dominazione, siano quelli delineati da Pettit, dal suo punto di vista «politico» resta in ombra il profilo giuridico della non-dominazione, come elemento portante del modello del *Rule of law*. Sul piano della teoria politica la non-dominazione è possibile se il potere di governo è divenuto propriamente democratico, nel senso prescritto dal neorepubblicanesimo. Questa condizione è sufficiente, ed è causa di ogni conseguenza sul piano giuridico: in fondo, e paradossalmente, essa richiede solo che il diritto sappia essere un *fedele strumento* del (neo)potere sovrano. Il diritto semplicemente «segue» quella che dal punto di vista giuridico è solo una contingenza (politica).

[65] *Ibidem*.

Ma il *Rule of law* è un ideale diverso, che chiede al diritto qualcosa «in proprio». Ed è in tal senso che esso compare nei nostri documenti giuridici più solenni, accanto al richiamo ai diritti umani, alla libertà e alla democrazia, senza essere contenuto in questi o da essi sostituito. Esso, semmai, sostituisce il *Rule by law*, e le concezioni puramente strumentali del diritto. La tesi che sostengo è che esso prescrive le condizioni normative per la concepibilità (giuridica), l'emergere e svilupparsi, dell'ideale della «non-dominazione» sul piano – e nei termini – del diritto.

In sé e per sé, il modello riposa sulla concorrenza dei due «fianchi» del diritto (il diritto-giustizia e il diritto-sovrano; il diritto consuetudinario, giudiziario e quello legislativo; e i loro equivalenti) e maturò autonomamente proprio attraverso la consuetudine e la giurisprudenza inglese. Ma il suo spettro normativo può trovare incarnazioni equivalenti. Esso ebbe una più complessa espressione istituzionale nell'architettura costituzionale degli Stati Uniti d'America, e una diversa realizzazione nelle stesse costituzioni europee del XX secolo, come ho già ricordato.

Significativamente, come questi stessi esempi insegnano, anche dove la natura del potere è «democratica», un'area del diritto positivo appare «protetta» nei confronti degli stessi poteri (democratici) costituiti. Quest'area mostra dunque una sua «resistenza», una consistente capacità di attrito verso chi esercita il potere «sovrano». Se quest'ultimo potesse arbitrariamente (ossia in modo *reason-independent*) sovrascrivere *questo diritto*, varcherebbe sul piano formale e sostanziale i confini dell'ordine giuridico esistente, così dissolvendoli. Quel tipo di esercizio del potere sarebbe illegittimo. Naturalmente, potrebbe avere successo, ma lo otterrebbe contro il diritto, come manifestazione di nuda forza (indipendentemente dal fatto che si tratti di una forza «democratica» o d'altra natura). In ciò sta dunque la «lezione» del *Rule of law*, e certo una buona ragione per la quale i più importanti testi normativi contemporanei lo menzionano esplicitamente, non limitandosi a nominare solamente la democrazia. Nemmeno al sovrano «democratico» è dunque permesso di divenire l'ultimo, e quindi assolutamente libero, «padrone» delle leggi.

8. *Il giusto e il bene*

8.1. La relazione ricordata tra la sovranità e – come anche possiamo indicarlo – il regno dei diritti ha certamente un volto «filosofico» nelle premesse stesse delle dottrine liberali, e non a caso, visto che, come John Rawls scrisse, il *Rule of law* «ovviamente è strettamente legato alla libertà»[66]. Tale relazione suggerisce la propria affinità con termini quali giustizia ed etica. Il *Rule of law*, in un certo senso, comporta un riferimento all'estensione concettuale sia del bene sia del giusto, che congiuntamente sembrano in grado di fornire elementi di spiegazione dei caratteri costanti della sua evoluzione storica.

In effetti, quando il diritto giunge a distruggere questa relazione e la sua vitalità, esso cade in balia della completa «eticizzazione» del sistema giuridico, che è una caratteristica saliente dei regimi totalitari. Scrivendo alla metà del secolo scorso, un grande studioso di storia costituzionale vide nei suoi tempi

> una costante minaccia contro tutti quei diritti della persona che noi teniamo più cari, come la libertà di pensiero ed espressione e l'immunità, per le persone accusate, dall'imprigionamento arbitrario e da ogni forma di trattamento crudele e illegale[67].

Egli definì tali circostanze notando che «mai la *jurisdictio* è stata messa in più gravi difficoltà dal *gubernaculum*»; e seguendo le linee della sua storia istituzionale, giunge a concludere che «[S]e la *jurisdictio* è essenziale alla libertà – e la *jurisdictio* è parte del diritto – è il diritto che deve essere difeso contro l'arbitrio»[68].

Di nuovo, la *jurisdictio* è associata con la preservazione del diritto, e non di una moralità esterna, e quel che essenzialmente la definisce, al di là di ogni altro contenuto, è che essa incorpora di fatto quel lato del diritto positivo la cui sostanza ha a che fare con il «giusto», non con il «bene» (quale sovrana scelta politica). Dove il *Rule of law* è assente, la giustizia, o il «giu-

[66] J. Rawls, *Una teoria della giustizia*, Milano, Feltrinelli, 1984, p. 203.
[67] McIlwain, *Costituzionalismo antico e moderno*, cit., p. 161.
[68] *Ibidem*, pp. 161-162.

sto», non ha un luogo positivo, non ha scudo, e non è capace di alcun filtro contro la contingenza o l'assolutezza dell'etica, ossia contro (nel famoso titolo di Carl Schmitt) la «tirannia dei valori»[69] (che può essere, ed è stata, anche totalitaria).

8.2. In quanto questione di filosofia politica e morale, questa opposizione è stata una parte importante dell'opera di John Rawls, innanzitutto nella sua *Teoria della giustizia* e successivamente in *Liberalismo politico*[70]. Come egli scrisse: «I principi di diritto e della giustizia limitano le soddisfazioni cui si dà valore, impongono restrizioni sulle concezioni ragionevoli del proprio bene». I principi della giustizia «specificano i confini che il sistema dei fini umani deve rispettare»[71]; gli interessi che conducono alla loro violazione sono privi di alcun valore. Il che vale anche per l'azione politica, volta a perseguire obiettivi designati dai gruppi o dagli interessi maggioritari. Nella costruzione di Rawls, la giustizia precede il bene, e concorre a definire le prospettive e le scelte – circa il «bene» – da ritenersi ammissibili.

Questa visione è legata, come Rawls sa, alla *Critica della ragion pratica*, nella quale Kant sostiene che il nostro concetto di «bene» non dovrebbe determinare ciò che è «giusto» e definire ciò che vale come «legge morale», ma al contrario «è la legge morale che anzitutto determina e rende possibile il concetto del bene»[72]. La legislazione morale richiede il riconoscimento degli esseri umani come coesistenti sotto una legge universale

[69] C. Schmitt, *La tirannia dei valori* (1959), Brescia, Morcelliana, 2008.

[70] Rawls, *Una teoria della giustizia*, cit., *supra*, n. 66, e Id., *Liberalismo politico*, Milano, Edizioni di Comunità, 1994.

[71] Rawls, *Una teoria della giustizia*, cit., pp. 42-43. Successivamente, Rawls, nel suo *Liberalismo politico*, cit., sottolinea la priorità del giusto come concezione politica, ossia come concezione della giustizia (*ibidem*, p. 30) che costituisce un limite da rispettare per le idee del bene ammissibili (*ibidem*, p. 197). La priorità del giusto compare dunque in *Liberalismo politico* nel suo «significato particolare», ossia connesso alla sola concezione politica, in virtù del quale «le concezioni comprensive del bene sono ammissibili, ovvero possono essere seguite entro la società, solo se il seguirle si conforma alla concezione politica della giustizia (non viola i suoi principi di giustizia)» (*ibidem*, p. 333).

[72] I. Kant, *Critica della ragion pratica*, Roma-Bari, Laterza, 1982, p. 79.

di libertà. Essa concerne la giustizia, non il bene e nemmeno la «felicità»:

> Nessuno può costringermi a essere felice a suo modo (nel modo cioè in cui egli si immagina il benessere degli altri uomini), ma a ognuno è lecito ricercare la propria felicità per la via che a lui sembra buona, purché alla libertà degli altri di tendere ad analogo scopo, la quale può coesistere con la libertà di ogni altro secondo una possibile legge universale, egli non rechi pregiudizio alcuno (cioè non pregiudichi questo diritto degli altri)[73].

Proprio queste condizioni di coesistenza possono essere sostenute dalla coercizione attraverso il diritto. E tuttavia, in Kant, il ruolo del diritto resta rimuovere gli ostacoli alla libertà[74]: ossia la garanzia della sfera individuale privata, della libertà «esterna», una garanzia che precede l'etica e non comporta alcuna confusione con essa. Così la validità morale e razionale di un precetto non dipende dalla sua conformità a un'etica particolare o da alcuna visione del bene e della felicità. In Kant, dunque, la legislazione razionale e il diritto in senso stretto sono qualcosa cui «non è frammischiato alcun elemento derivato dall'etica»[75].

La protezione delle sfere di libertà (e di possesso) di ciascuno è una questione di giustizia. Questo è evidente anche nella tesi kantiana secondo la quale gli uomini mancherebbero *verso la giustizia* se essi non creassero uno stato civile in cui «il mio e il tuo» possano essere preservati: in assenza di uno stato civile,

> gli uomini non commettono alcuna ingiustizia *l'uno verso l'altro*, se reciprocamente essi si combattono [...]; in linea generale però commettono un'ingiustizia al massimo grado nel voler essere e nel rimanere in uno stato che non è giuridico, nel quale cioè nessuno è certo del suo contro la prepotenza degli altri[76].

[73] I. Kant, *Sul detto comune «Questo può essere giusto in teoria, ma non vale per la pratica»* (1793), in Id., *Scritti politici e di filosofia della storia e del diritto*, Torino, UTET, 1956, pp. 253-254.

[74] Secondo Kant, il diritto è «giusto» in quanto «impedisce un ostacolo fatto alla libertà»: I. Kant, *La metafisica dei costumi*, Roma-Bari, Laterza, 1983, p. 36.

[75] *Ibidem*, pp. 36-37.

[76] *Ibidem*, pp. 134-135. Estenderò quest'analisi e richiamerò questo punto più avanti, nel capitolo V.

Da questo passo, di straordinaria importanza, emerge come al diritto e alla giustizia sia concettualmente necessario ricorrere proprio per sfuggire alla condizione in cui non vi sarebbe alcuna obiezione possibile contro l'abuso e la violazione della libertà delle persone. Allo stesso tempo, è vero che la giustizia nel diritto è qui *separata* dall'etica: qualunque valore o concezione sociale giunga a prevalere, essa deve potersi collocare, in modo compatibile, entro le coordinate di una giustizia essenziale, minima, nei confronti di ciascun essere umano. La distinzione concettuale dipende da un ideale trascendentale di diritto, che lo concepisce come condizione di coesistenza attraverso la libertà, prima che qualsiasi obiettivo ritenuto eticamente meritevole possa essere effettivamente perseguito attraverso i mezzi del diritto positivo.

C'è una necessaria distinzione dunque, ma anche una necessaria connessione, tra la giustizia e le scelte etico-politiche. Uno dei più gravi rischi che il diritto può correre (dal punto di vista del *Rule of law*) è la scomparsa di quello scenario istituzionale, delle garanzie sociali e l'obsolescenza di quelle strutture della vita pratica che possono proteggere i termini di tale relazione e costituirne un'equilibrata articolazione nelle diverse società e in diversi ordini giuridici.

8.3. Allo stesso modo, la libertà (negativa) è una tipica precondizione giuridica per la tutela della facoltà morale (*moral agency*), e perché l'autonomia personale giunga a sviluppare il bene secondo una propria scala di valori sostanziali[77]. Il punto è che per Kant non si può raggiungere il «bene» in qualsiasi forma a detrimento del «giusto», in quanto venga coinvolta la sfera di vita di altri soggetti «meritevoli». Ciò non dice nulla contro il «bene», ovviamente, ma impone di tener conto della tensione vitale in cui esso è inserito (con il «giusto»).

[77] I dibattiti degli ultimi decenni tra *liberals* e *communitarians* illustrano ogni aspetto della questione, in cui il giusto e il bene si confrontano. Mi appare sempre molto significativo, nella prospettiva comunitarista, il contributo di Michael Sandel, il quale peraltro pur riconoscendo che una certa idea del soggetto morale è un presupposto del primato del giusto, d'altro lato sostiene che una teoria morale deve fornire una spiegazione non solo del giusto ma anche del bene (M.J. Sandel, *Liberalism and the Limits of Justice*, Cambridge, Cambridge University Press, 1982; trad. it. *Il liberalismo e i limiti della giustizia*, Milano, Feltrinelli, 1994).

Sulla base di premesse differenti, Tommaso d'Aquino argomentava, tra l'altro, suggerendo una metafora: se il compito principale del comandante di una nave fosse semplicemente quello di preservarla, egli farebbe bene a tenerla ancorata in porto per sempre: tuttavia, la nave deve navigare, ed è questo il vero scopo che il comandante deve perseguire[78]. *Mutatis mutandis*, la giustizia non è tutto ciò che conta per gli esseri umani, e non basterebbe. Una società... deve navigare. E persegue il bene comune. Tuttavia – si può osservare – se dovesse seguire solo questa seconda strada, avrebbe bisogno di una condivisa, unanime e unitaria visione di un qualche oggettivo bene comune, che è andata scolorendo proprio attraverso la secolarizzazione del pensiero e del diritto.

Ed è stato Jürgen Habermas a elaborare questa duplicità non ignorando la possibilità di una distinzione tra morale (rispetto individuale e coesistenza delle sfere private) ed etica (i valori concepiti dagli individui o quelli comuni, raggiunti attraverso processi deliberativi). Moralità si riferisce a giustizia nel senso che richiede che le nostre pretese siano *giustificate*, e procedano al vaglio di un principio di universalizzazione[79]. Al weberiano conflitto tra valori si offre un quadro comune di confronto e di riferimento: Habermas, com'è noto, intende un «sistema» di diritti fondamentali degli individui anche come struttura di condizioni procedurali capace di incanalare e garantire l'esercizio deliberativo della sovranità (popolare). Ciò grazie alla tesi della co-originarietà tra sistema dei diritti e sovranità popolare[80]. Il primo diventa peraltro la via attraverso cui la

[78] T. d'Aquino, *Summa Teologica*, I-II, q. 2, to. 5, Bologna, Edizione Leonina, 1985, vol. VIII, p. 73.

[79] Habermas rielabora l'imperativo categorico kantiano («agisci solo secondo quella massima mediante la quale tu possa volere nel contempo che essa divenga una legge universale») anche in direzione del principio che governa l'«etica del discorso» («sono valide soltanto le norme d'azione che tutti i potenziali interessati potrebbero approvare partecipando a discorsi razionali» (J. Habermas, *Fatti e norme*, Milano, Guerini associati, 1996, p. 131).

[80] Si noti comunque che Habermas mira a preservare i diritti dall'arena delle etiche dei valori, ossia a proteggere i diritti dalla mera assimilazione ai valori: «Trasformare concettualmente i diritti fondamentali in valori fondamentali significa mascherare teleologicamente i diritti, fino al punto da mistificare il ruolo diverso che nei contesti di fondazione norme e valori assumono sul piano dell'argomentazione logica» (*ibidem*, p. 309).

seconda può essere indirizzata verso le sole decisioni che siano compatibili con il rispetto dei diritti e che preservino la libera ed equa partecipazione alla razionalità del discorso pubblico. Conseguentemente, autonomia pubblica e autonomia privata sono viste come capaci di sostenersi l'un l'altra. In un certo senso, il ruolo della distinzione tra il «giusto» e il «bene» è più quello di offrire una grammatica della giustizia (secondo la logica dell'universalizzabilità), ossia di salvaguardare il principio di giustificazione delle pretese, che quello di produrre una qualche definita (o obbligata) conclusione sostanziale attraverso le sponde preregolate della correttezza procedurale.

Nel modello di Rawls, il concetto di giustizia appare chiamato in causa anche come condizione selettiva nei confronti di diverse concezioni del bene, quelle atte ad incontrarsi per «sovrapposizione» sui requisiti istituzionali di una concezione «liberale» della giustizia «politica»[81]. Naturalmente, il percorso suggerito da Habermas impone che, all'interno del diritto, il contenuto relativo ai diritti individuali sia rielaborato attraverso i vincoli procedurali della democrazia deliberativa[82]. Al di là di significative differenze, sia Rawls sia Habermas premettono comunque ai propri argomenti una sensibile consapevolezza della distinzione tra il giusto e il bene[83]. Certamente – potremmo concluderne – essi testimoniano che la tensione tra questi due «poli» può essere protetta attraverso dispositivi istituzionali. E il diritto, concepito nella direzione ideale del *Rule of law*, costruisce le condizioni interne per l'indisponibilità della giustizia da parte del potere sovrano.

[81] Cfr. Rawls, *Liberalismo politico*, cit.

[82] Oltre a *Fatti e norme*, cit., cfr., a questo riguardo, J. Habermas, *Lotta di riconoscimento nello stato democratico di diritto*, in J. Habermas e Ch. Taylor, *Multiculturalismo. Lotte per il riconoscimento*, Milano, Feltrinelli, 1998, pp. 81 ss. Con riguardo ai rischi di circolarità e al tentativo di evitarli, rimando anche al mio *Diritti umani e diritti fondamentali. Una distinzione concettuale*, in «Sociologia del diritto», 2, 2004, pp. 61-106.

[83] Kant, Habermas e Rawls non si riferiscono ad un unico modello di sistema sociale. Tuttavia Rawls e Habermas teorizzano sullo stato liberaldemocratico.

9. *La definizione del «Rule of law» attraverso i «requisiti» e la validità giuridica*

9.1. Quando si è occupata del *Rule of law* la teoria del diritto tipicamente ha finito per concentrarsi sul diverso problema dei caratteri che il diritto deve possedere (per essere diritto)[84]. E la questione di quali siano tali caratteri è ampiamente discussa, quanto controversa. Nondimeno, una generale attenzione è stata rivolta agli otto requisiti esposti da Lon Fuller[85] e al forse altrettanto influente contributo offerto da Joseph Raz: per quest'ultimo, non-retroattività, pubblicità, chiarezza, stabilità, generalità delle norme sono necessarie insieme a condizioni istituzionali capaci di garantire l'indipendenza dell'ordine giudiziario, al rispetto di principi di giustizia naturale (imparzialità, diritto ad essere ascoltati, contraddittorio), alla creazione di corti accessibili ai cittadini, e alla limitazione del potere discrezionale delle autorità che hanno il compito di perseguire i crimini[86]. Tutti questi prerequisiti discendono dall'obiettivo essenziale del diritto che sarebbe quello di guidare i comportamenti[87]. Questa *ratio* comune sta alla base sia della separazione dei poteri sia della loro subordinazione al diritto. Poiché essi sono considerati solo come mezzi efficaci per raggiungere quell'obiettivo, sono anche moralmente neutri, cosa del tutto coerente con lo schema della filosofia giuridica positivista. Per quest'ultima, infatti, la validità giuridica non riposa sulla moralità delle norme, ma solo su fonti sociali: la c.d. «source thesis» esclude la possibilità che la natura morale di una norma possa essere una ragione della sua giuridicità[88].

[84] Ben diversamente dalle analisi che concentrandosi sulla sostanza dello *stato di diritto* (costituzionale) ne pongono alla prova la coerenza rispetto alle proprie premesse di valore (cfr. Ferrari, *Reflexiones sobra el Estado de Derecho*, cit., pp. 5 ss.).

[85] Generalità, chiarezza, promulgazione, stabilità, coerenza tra regole «dichiarate» e «atti ufficiali», non retroattività, non contraddittorietà delle regole, non richiedere l'impossibile: L. Fuller, *La moralità del diritto*, Milano, Giuffrè, 1986, pp. 65-122 (per la trattazione di ciascuno di essi).

[86] Raz, *The Rule of Law and its Virtue*, cit., pp. 214-218.

[87] *Ibidem*, p. 214.

[88] Cfr. Raz, *The Authority of Law*, cit., pp. 47 ss.; Id., *Ethics in the Public Domain*, Oxford, Oxford University Press, 1996, pp. 210 ss., spec. pp. 230 ss.

Conseguentemente, da tale neutralità discende la possibilità che diritti fondamentali o la stessa «dignità» umana possano essere offesi, anche se tali requisiti del *Rule of law* venissero soddisfatti. Ciò significa dunque che il diritto può violare la dignità umana, il che è anche storicamente provato. Ma, cosa non meno importante, anche che ciò possa avvenire nonostante il *Rule of law* (così come inteso da Raz).

Con riguardo alla questione se il diritto possa violare diritti fondamentali ed essere ingiusto, la principale alternativa rispetto allo schema positivista e a quello di Raz è ovviamente quella giusnaturalistica, che eleva la morale a criterio ultimo della validità giuridica, al punto da considerare il diritto ingiusto come non-diritto[89]. Questo diverso itinerario si snoda almeno dalla tesi di Gustav Radbruch sull'«estrema ingiustizia» a quella del «caso speciale», avanzata da Robert Alexy, la quale appunto assume che il «discorso giuridico sia un caso speciale del generale discorso pratico»[90]. Grande influenza, naturalmente, ha avuto anche la teoria del diritto di Dworkin come *adjudication* e la sua lettura «morale» del diritto costituzionale[91], ma anche il positivismo è da sé giunto ad accogliere standard morali, attraverso le tesi del «positivismo inclusivo»[92].

[89] Cfr. R. Alexy, *The Argument from Injustice: A Reply to Legal Positivism*, Oxford, Oxford University Press, 2004, che rielabora il concetto – di Radbruch – di «estrema ingiustizia».

[90] R. Alexy, *The Special Case Thesis*, in «Ratio Juris», 4, 12, 1999, pp. 374-384. Come tale essa «solleva una pretesa di correttezza» (*ibidem*, p. 375).

[91] R. Dworkin, *Freedom's Law. The Moral Reading of the American Constitution*, Cambridge, Mass., Harvard University Press, 1996.

[92] J. Coleman, *Constraints on the Criteria of Legality*, in «Legal Theory», 6, 2, 2000, p. 175: «Se la moralità è o no condizione di validità in un particolare sistema giuridico dipende da una norma sociale convenzionale, e cioè la norma di riconoscimento [...]. Se la regola di riconoscimento non contiene alcun principio morale, comunque, nessun principio di quel tipo figurerà allora tra i criteri di validità». W.J. Waluchow, *Herculean Positivism*, in «Oxford Journal of Legal Studies», 2, 5, 1985, p. 194, sostenne che se principi morali possono esplicitamente essere incorporati nella regola di riconoscimento di un sistema giuridico, allora la validità di una norma X non può essere solo una funzione della sua fonte, ma anche del suo contenuto, considerato che essa deve essere vista pure in relazione alla sua potenziale violazione di un principio di giustizia. Sebbene sia la norma X e il principio «morale» dipendano dal loro *pedigree*, resta il fatto, comunque «che nel determinare la validità di X, rileva qualcosa di più che il suo pedigree».

Nella variante raziana, è apparso discutibile se la definizione (*via* requisiti) offra contenuto effettivamente «neutro». Raz sostiene l'autorità del diritto sulla base della sua *service conception*: la capacità del diritto di offrire ragioni per l'azione, e dunque di guidare i comportamenti, è connessa con la *dependence conception* che per la verità richiede che sussista un qualche legame tra quelle ragioni per l'azione da un lato e, d'altro lato, le aspettative e le ragioni di cui gli individui sono portatori[93]. Questa connessione mostra perché l'autorità del diritto non sia mero potere coercitivo, bensì espressione di una pretesa interna di legittimità[94]. In questa luce, anche l'importante riferimento fatto da Raz alla «giustizia naturale», requisito fondamentale del *Rule of law*, dovrebbe, intuitivamente, comprendere premesse ulteriori, come il ripudio della mera violenza, della tortura, del genocidio, della schiavitù, della discriminazione. Ed è rimasta sospesa la domanda se alcune aspettative morali possano essere considerate compatibili con il punto di vista positivistico sul diritto[95].

Tuttavia, non porrò questa controversia al centro del discorso. Quel che qui ha maggiore importanza, piuttosto che la disputa sui requisiti che definiscono «il concetto di diritto», è il significato normativo del *Rule of law* (come modello sorto e sviluppato entro la civiltà giuridica occidentale). Ciò nonostante, Raz sembra aver ragione nel sottolineare la differenza tra una definizione concettuale del *Rule of law* ed ogni altra che semplicemente raccomandi le nostre preferenze etico-politiche. È

[93] Ci si aspetta che ciascuna norma giuridica capace di esercitare autorità consegua alla considerazione delle ragioni date ed esistenti, che essa non sia emanata senza riguardo al merito (*dependence thesis*): J. Raz, *The Morality of Freedom*, Oxford, Oxford University Press, 1986, p. 47.

[94] Cfr. Raz, *Authority, Law, and Morality*, in Id., *Ethics in the Public Domain*, cit.

[95] Intende chiarire la questione Andrei Marmor, secondo il quale Hart e Raz «sbagliano nella loro critica a Fuller» poiché «la maggior parte delle virtù del *Rule of law*, sebbene fondamentalmente funzionali, costituiscono anche virtù politico-morali», dal momento che anch'esse sostengono «certi beni che abbiamo ragioni per valorizzare al di là del loro merito funzionale. Se il diritto manca di soddisfare quelle condizioni, esso non solo fallisce nel guidare il comportamento dei suoi potenziali destinatari, ma fallisce anche moralmente», A. Marmor, *The Rule of Law and its Limits*, in «Law and Philosophy», 1, 23, 2004, p. 39.

vero infatti che il *Rule of law* deve essere tenuto ben distinto dal c.d. «rule of the good law»[96].

Ora – si può aggiungere – ciò dovrebbe valere anche per ragioni diverse da quelle indicate da Raz. Per quest'ultimo, la distinzione è vera perché il (diritto) *Rule of law* consiste di ingredienti d'ordine tecnico: la sua «virtù» è l'efficienza[97] nella guida dei comportamenti, senza riguardo alla bontà degli scopi cui il diritto possa servire. Perciò è contraddittorio aspettarsi che concettualmente il *Rule of law* soddisfi la nostra idea di «buon diritto» o «buona legge» e simili – che sia fondata su principi liberali o di *welfare*. È quindi ben discutibile che il *Rule of law*, come sostiene Hayek, sia connesso necessariamente non solo con la nozione di libertà, ma anche con un'economia capitalistica e liberale, al punto da essere incompatibile con il *welfare state*[98]. La meritevolezza etica, e dunque la «bontà», del diritto dipende semmai dai suoi fini *esterni*, che sono in ultima istanza formulati e decisi da chi giunge a disporre del relativo potere.

Nella prospettiva che ho delineato sin qui, questa tesi (che separa il *Rule of law* dal «rule of the good law») può anche essere giustificata diversamente: l'ideale del *Rule of law* non prescrive una specifica idea del «bene» della comunità politica, da imputarsi, invece, per definizione alle scelte dei suoi organi sovrani. Esso infatti presuppone solo che il diritto sia configurato in un certo modo (non, direttamente, che possegga un certo contenuto «etico-politico»), che sia tale da proteggere la costante distinzione, e la tensione, tra giustizia e deliberazione politica. E un tale senso, visibile con continuità negli ultimi secoli (simbolicamente evocato da *jurisdictio* e *gubernaculum*), verrebbe cancellato dalla confusione con il «rule of the good law».

Questo argomento tuttavia ci porta anche oltre la tesi di Raz. Il *Rule of law*, infatti, non è semplicemente una nozione

[96] Raz, *The Rule of Law and its Virtue*, cit., p. 267.

[97] *Ibidem*, p. 226.

[98] Hayek, *La via della schiavitù*, cit. I commenti di Raz in *The Rule of Law and its Virtue*, cit., pp. 227-228; cfr. anche W. Scheuerman, *The Rule of Law and the Welfare State. Toward a New Synthesis*, in «Politics and Society», 22, 1994, pp. 195-213.

«tecnica», aperta a una varietà di usi e scopi puramente strumentali[99]. È qui opportuno richiamare ancora brevemente le radici e il significato normativo di questo modello. Il passato delle istituzioni (e dello stato) europee ci rende consapevoli che il *Rule of law* non si risolve in una questione di mera conformità alle norme, e di riconoscimento del ruolo del «formalismo»[100]. Nonostante essi servano alla certezza e tendano a prevenire l'arbitrio, non rendono giustizia al *quid proprium* che è ragion d'essere del *Rule of law*. Il suo costante significato, originariamente posto in contrasto con l'assolutismo, suggerisce la necessità di un «diritto» capace di funzionare come contraltare rispetto al governo e alla volontà discrezionale «degli uomini». Come abbiamo visto, ciò ha ulteriori implicazioni: innanzitutto la «dualità» nella composizione interna del diritto medesimo, e cioè l'idea normativa che al diritto debbano appartenere due distinti versanti (da un lato, potremmo dire, il diritto della terra e dall'altro la volontà del sovrano); in secondo luogo, saranno compatibili con il *Rule of law* gli scenari istituzionali, quantunque diversi, che siano basati su un tale dualismo, così da prevenire la possibilità che chi legittimamente esercita il potere sovrano giunga a monopolizzare totalmente tramite la sua indiscussa volontà il diritto positivo. In definitiva, il *Rule of law* si collega a questa «dualità bilanciata» del diritto, il cui senso, come abbiamo visto, è riassunto nel versante squisitamente giuridico del concetto di non-dominazione. Se il *Rule of law* ha un concreto significato istituzionale, non si esaurisce nei requisiti perché un qualche diritto esista come autorità efficace, ma ha una portata normativa che chiama in causa il contesto storico-istituzionale e la sua moralità politica[101].

[99] È tra i limiti dell'approccio in base ai «requisiti» che Krygier chiama approccio «anatomico» sottovalutare la portata del *Rule of law* o al contrario aspettarsi troppo dal fatto che quelle condizioni vengano soddisfatte, senza tener conto delle istituzioni sociali che sarebbero necessarie: cfr. Krygier, *The Rule of Law: Legality, Teleology, Sociology*, cit.

[100] Cfr. ad esempio F. Schauer, *Formalism*, in «Yale Law Journal», 97, 1988, pp. 509 ss.

[101] Noi partiamo dal fatto che la formula derivi il suo significato dall'incorporare una logica istituzionale, infedelmente assimilata all'esperienza del *Rechtsstaat* precostituzionale.

9.2. Se il *Rule of law* è un ideale cui si chiede di misurare il diritto vigente, il suo senso non coincide semplicemente con le norme «valide». Naturalmente, sebbene non si identifichi con una definizione concettuale di ciò che *il diritto è*, esso presuppone almeno un concetto di diritto che non sia incompatibile con le sue aspirazioni normative. Pertanto, non intendo sostenere che il *Rule of law* avanzi di per sé una pretesa circa la natura *essenziale* del diritto, a parte quella circa la suscettibilità del diritto di sviluppare modalità coerenti con il *Rule of law*.

Nondimeno, come abbiamo visto, di solito si assume che proprio i requisiti del *Rule of law* coincidano con quelli atti a definire la natura stessa del diritto e la concepibilità della sua esistenza. Ciò vale in definitiva anche per Fuller[102], per il quale, oltre che possedere un valore funzionale, quei requisiti implicano anche un'«interna moralità» del diritto. E una tale connessione alla morale degli stessi principi (procedurali) che sono condizione del diritto è stata ritenuta fondata anche da teorici non giusnaturalisti[103].

In quanto ho sostenuto sin qui, non si nega certo che l'ideale del *Rule of law* includa valori morali. Non ho tuttavia posto la questione se anche la diversa nozione della *validità* del diritto debba dipendere da argomenti di natura morale. La questione del *Rule of law* può essere distinta dal problema dei criteri di validità del diritto: perché il diritto sia valido potrebbero essere necessari anche solo criteri meno esigenti di quelli che sono condizione del *Rule of law* (nella versione che ho sin qui proposto). E anche il positivismo giuridico non nega né che il diritto possa comprendere pretese morali né che esso possa corrispondere a quelle proprie dell'ideale del *Rule of law*.

Per quanto riguarda la «natura» del diritto e il problema della validità, un giuspositivista come Andrei Marmor ha giustamente sottolineato come la tesi della separazione (tra diritto e morale) semplicemente «asserisce che le condizioni della validità giuridica non dipendono dal contenuto morale

[102] Fuller, *La moralità del diritto*, cit., pp. 65-122.

[103] Ad esempio: N. MacCormick, *Rhetoric and the Rule of Law*, Oxford, Oxford University Press, 2005, p. 16 e *passim*. Cfr. anche Id., *Institutions of Law*, Oxford, Oxford University Press, 2008.

delle norme in questione». Ed ha ricordato che ciò è del tutto coerente con il considerare il diritto come qualcosa di «essenzialmente buono», e con la stessa, fondamentale intuizione di Lon Fuller, che il diritto «correttamente concepito promuove certi beni che abbiamo ragione di apprezzare indipendentemente dal loro valore puramente funzionale»[104].

Nella prospettiva che ho qui sviluppato, è necessario che il diritto sia concepito come compatibile con (e quindi suscettibile di accogliere) il significato normativo del *Rule of law*. E in quest'ottica non possono certo considerarsi negativamente le teorie che concepiscono la validità in un sistema giuridico (ad esempio il positivismo *soft* o *inclusive*[105]) come dipendente da criteri strutturali (procedurali) e sostanziali, compresi quelli che possano «servire» il *Rule of law*, e consentirne l'affermazione e la protezione: come peraltro accade nei nostri stati costituzionali. Ma vi sono, e vi sono stati, casi opposti, un'eventualità che può riproporsi anche in futuro, e che almeno le teorie positivistiche non sembrano escludere, né intendono come concettualmente impossibili.

10. *Prospettive e conclusioni*

In definitiva, il *Rule of law* non è, in fondo, né il diritto[106] (o il suo concetto) né lo stato o lo stato di diritto.

[104] Marmor, *The Rule of Law and its Limits*, cit., p. 43. Ma, a sua volta, Raz sottolinea che il positivismo giuridico può sostenere una qualche connessione tra diritto e morale. J. Raz, *The Argument from Justice, or How Not to Reply to Legal Positivism*, in G. Pavlakos (a cura di), *Law, Rights & Discourse: The Legal Philosophy of Robert Alexy*, Oxford, Hart Publishing, 2007, pp. 17-35.

[105] Cfr. *supra*, n. 92.

[106] Che vi sia una relazione tra l'uno e l'altro è ovviamente *in re*. Ma si è teso prevalentemente ad assorbire l'uno dei due termini nell'altro. Quel che ho sostenuto sin qui è che il *Rule of law* è un ideale istituzionale il cui senso richiede al diritto uno specifico assetto. Comunque, per la critica dell'assorbimento reciproco dei due termini, e per una diversa prospettazione generale (che procede da un altro punto di vista, e definisce i termini di una coappartenenza tra *Rule of law* e concetto di diritto, configurando inoltre il primo come «propriamente giuridico» e in grado di «partecipare all'idea di giustizia»), F. Viola, *Il «Rule of law» e il concetto di diritto*, in «Ragion pratica», 30, giugno 2008, pp. 151-168.

Peraltro, se pensassimo al *Rule of law* come a qualcosa che si esaurisce nella «certezza» del diritto, o in un (alquanto statico) «diritto delle regole»[107], finiremmo per svuotarne totalmente il concetto. Senza dubbio, la rigidità di un «diritto delle regole» sarebbe del tutto fuorviante, e il suo formalismo si presterebbe a essere facilmente manipolato: con il risultato di abolire in radice la tensione tra diritto-giustizia e diritto-sovrano e di fornire una sorta di scudo protettivo a chi è investito di autorità pubblica (ma anche ai privati titolari di facoltà assegnate attraverso diritti) per esercitare poteri «formalmente» garantiti ma in modi sostanzialmente ingiustificati e abusivi[108]. Ciò non significa che sia possibile semplicemente abbandonare il «diritto delle regole», o che la certezza *non* debba essere salvaguardata. Piuttosto, l'ideale del *Rule of law* non ne sarebbe per ciò stesso garantito, e pretenderebbe incarnazioni più adeguate della propria *ratio* normativa. La pura (e rigorosa) corrispondenza a «regole», ad esempio, escluderebbe la logica dei principi[109], che gli ordinamenti giuridici hanno sviluppato come naturale risposta alle società policentriche, pluralistiche, conflittuali. Qui, il diritto è chiamato a compiere scelte meno assolute o esclusive sul piano sostanziale, e ad articolarsi all'interno di coordinate costituzionali di principio, così da funzionare anche come fattore di «equilibrio»[110]. Non a caso, tra gli strumenti ormai insostituibili, la pratica della «proporzionalità» (e del bilanciamento)[111] è apparsa anche un mezzo fondamentale per preservare il *Rule of law*[112].

[107] Scalia, *The Rule of Law as a Law of Rules*, cit., pp. 1175 ss.; Id., *A Matter of Interpretation. Federal Courts and the Law*, Princeton, N.J., Princeton University Press, 1996.

[108] Cfr. A. Sajo (a cura di), *The Dark Side of Fundamental Rights*, Utrecht, Eleven Intern. Publisher, 2006, ed anche G. Palombella, *The Abuse of Rights and the Rule of Law*, ivi.

[109] Cfr., naturalmente, R. Dworkin, *I diritti presi sul serio*, Bologna, Il Mulino, 1982. E anche R. Alexy, *A Theory of Constitutional Rights*, Oxford, Oxford University Press, 2002, spec. pp. 47-50 *passim*.

[110] Ho trattato quest'argomento in G. Palombella, *Dopo la certezza. Il diritto in equilibrio tra giustizia e democrazia*, Bari, Dedalo, 2006.

[111] Fra le sue presentazioni, Alexy, *A Theory of Constitutional Rights*, cit., pp. 396-414.

[112] D.M. Beatty, *The Ultimate Rule of Law*, Oxford, Oxford University Press, 2004.

Naturalmente, in quanto tesi a determinare proprietà essenziali al diritto, come specifico modo di controllo sociale, i «requisiti» elencati da Raz o da Fuller devono essere considerati non meno importanti: appunto perché sono comunemente ritenuti condizione necessaria per l'esistenza stessa del *diritto*. Ed è altrettanto essenziale ricordare che il diritto verrebbe meno se si risolvesse in nuda e cruda violenza e brutalità[113].

Ma se si tratta invece delle condizioni che rendono possibile il modello del *Rule of law*, si devono piuttosto considerare ulteriori elementi: è vero ad esempio che entro gli stati costituzionali contemporanei sono istituite forme di protezione giuridica sia per la giustizia sia per la democrazia, sia per i diritti sia per la legislazione. Nello stato costituzionale il diritto e la corrispondente organizzazione istituzionale appaiono, in altri termini, atti a dare supporto al modello del *Rule of law*. Ciò non significa, peraltro, che quest'ultimo debba *concettualmente* essere identificato con lo stato costituzionale democratico, né con alcuna delle sue interpretazioni possibili: che ipotizzino o no, come necessaria, una più o meno ricca lista di diritti o altri benefici sostanziali per gli individui[114]. La lunga storia del *Rule of law* offre molte e diverse incarnazioni, e questa «finale» identificazione con l'ultima versione ci allontanerebbe dal senso non contingente del concetto, originatosi anche prima dell'emergere delle organizzazioni costituzionali moderne e contemporanee. Infine, esso non sembra dipendere tanto da contenuti sostanziali «esterni», né può essere equiparato sommariamente con ciò che

[113] J. Waldron, *Torture and Positive Law*, in «Columbia Law Review», 105, 2005, pp. 1681 ss. Circa l'inderogabilità di alcuni imperativi interni allo *jus cogens* e la loro appartenenza al *Rule of (International) Law*, cfr. G. Palombella, *The Rule of Law, Democracy and International Law. Learning from U.S. Experience*, in «Ratio Juris», 4, 20, 2007, pp. 456-484. Le fondamentali tutele della dignità umana sono invocate da molti come norme costituzionali dell'ordinamento internazionale: ad esempio, «l'inviolabilità dei civili» è ritenuta un principio costituzionale del diritto internazionale da A.-M. Slaughter e W. Burke-White, *An International Constitutional Moment*, in «Harvard International Law Journal», 1, 2002, p. 43.

[114] Cfr. T.R.S. Allan, *Constitutional Justice: A Liberal Theory of the Rule of Law*, Oxford, Oxford University Press, 2001. In generale, P.P. Craig, *Formal and Substantive Conceptions of the Rule of Law: An Analytical Framework*, in «Public Law», autunno, 1997, pp. 467-487.

di volta in volta definiamo «democrazia» o stato democratico. La natura dell'organizzazione politica, la struttura del sovrano, per così dire, non è, per la verità, direttamente in gioco. Ciò che conta è che sia possibile una relazione di equilibrio entro il diritto positivo e le sue fonti, che preservi il carattere aperto della normatività sociale, ponendo *sul piano puramente giuridico* le condizioni istituzionali della non-dominazione. Il punto cruciale è che le aree della giustizia e dei diritti risultino giuridicamente protette dalla mera arbitrarietà del potere costituito, ed esistano non come aspirazioni morali ma come elementi positivizzati dotati di autonome garanzie. Accanto alle decisioni delle maggioranze, infatti, noi possiamo richiamarci a seconda dei casi, a un diritto dell'equità, alla tradizione dei precedenti giurisdizionali, alla consuetudine, a un diritto costituzionale, e via seguendo.

Il *Rule of law* è una costante anche nel discorso giuridico del diritto internazionale, dove la rilevanza del diritto consuetudinario è ben significativa (cfr. art. 38 Statuto della Corte Internazionale di Giustizia), e dove ha ormai assunto pieno rilievo nella pratica di alcune corti, come la Corte Internazionale di Giustizia, o la Corte Europea dei Diritti Umani (o di organi di tipo decisorio come l'Appellate Body del WTO). E per la verità, non è questione affatto minore quella relativa alla capacità del modello di *Rule of law* di essere praticabile *oltre lo stato*, appunto nel diritto internazionale e sovranazionale. In quest'ultimo caso, la frammentazione e contemporaneamente lo sviluppo del diritto trans-statale sono contrastati dal tentativo di delineare alcune unitarie costanti giuridiche. Quanto più gli ordini giuridici e gli attori in scena appaiono moltiplicarsi, tanto più si leva l'appello per un «costituzionalismo» mondiale.

L'estensione dell'ideale del *Rule of law* nello scenario internazionale[115] fondamentalmente richiede che alcuni principi normativi essenziali siano protetti dalla mera discrezionalità del «governo degli uomini», che si tratti dei potenti network economico-finanziari o degli stati o delle organizzazioni so-

[115] A riguardo del *Rule of international law*, devo rimandare alle mie osservazioni in Palombella, *The Rule of Law, Democracy and International Law*, cit.

vranazionali: un tema questo che approfondirò più avanti[116]. Tuttavia, si può certamente ammettere che la prospettiva del *Rule of law*, ideale giuridico consistente degli elementi della dualità, dell'equilibrio e della non-dominazione (come elementi del diritto), possa avere un significativo impatto critico anche nell'ambito del diritto internazionale. Qui la concezione che ho delineato può operare come un parametro (controfattuale) di controllo normativo nei confronti di un «ambiente» in cui la questione del dominio appare vieppiù centrale. E si rivela rilevante, perché mantenga il suo senso oltre il familiare confine dello stato, che il *Rule of law* non dipenda concettualmente dal pieno sviluppo di un'organizzazione politica democratica, ed anzi sia *indipendente* da questa. È altrettanto importante che esso ruoti attorno a un «altro diritto», sottratto al raggio «legittimo» dei poteri di governo: il diritto internazionale vive oggi la problematica concorrenza di innumerevoli fonti, la controversa coordinazione di consuetudine e diritto convenzionale, e tenta di porre alcuni principi normativi «comuni» in ambiti eterogenei (come ad esempio la tutela ambientale, i diritti umani, il diritto umanitario) al riparo di uno spazio giuridico che sfugga al criterio del semplice consenso degli stati. Nonostante che, in questo scenario – lo si deve sottolineare –, il *Rule of law* resti un ideale i cui obiettivi, per quanto limitati, appaiono lontani, la sua definizione rende difficile, se il suo significato viene preso sul serio, un uso semplicemente ideologico o apologetico.

La *ratio* o il costante *fil rouge* del *Rule of law*, e cioè la disposizione del diritto a impedire che l'esercizio della volontà di governo assorba completamente la normatività sociale – sembra irriducibile a una discussione strumentale. Qualora il diritto fosse privo della sua potenziale dualità, si ricadrebbe proprio in quel che più volte ho qui caratterizzato come un insidioso equivoco e un vero e proprio contrario rispetto al *Rule of law*:

[116] Lo affronterò nei prossimi capitoli. Come linea di continuità attraverso il pluralismo giuridico internazionale, de Sousa Santos coniò il concetto di «interlegalità»: «L'interlegalità è la controparte fenomenologica del pluralismo giuridico, e un concetto chiave per una concezione postmoderna del diritto» B. de Sousa Santos, *Toward a New Common Sense-Law, Science and Politics in the Paradigmatic Transition*, London, Routledge, 1995, p. 473.

il *Rule by law*. Vi sono state e sono concepibili incarnazioni storiche del *Rule by law* che sfuggono a conflitti essenziali con requisiti del diritto come quelli posti in luce da Fuller o da Raz. Queste conclusioni, voglio ricordarlo, dipendono da un'analisi del *Rule of law* che ha tenuto conto della contrastante esperienza dello stato di diritto precostituzionale europeo.

CAPITOLO SECONDO

IL «RULE OF LAW» OLTRE LO STATO

1. *Diritto internazionale, stati e «Rule of law»: le questioni da cui muovere*

1.1. Il «*Rule of law* oltre lo stato» evoca l'estensione del diritto sullo scenario globale. Il senso complessivo della questione tuttavia non sarebbe affatto comprensibile se non disponessimo di una nozione, e di una teoria, del *Rule of law*, che sfugga alla riduzione «statalista» tipicamente eurocontinentale. Anche per questo motivo, l'itinerario compiuto nel capitolo precedente è stato necessario: tra le altre cose, ci permette di distinguere il *Rule of law* dalla sua traduzione corrente, lo stato di diritto: traduzione che appiattisce un *ideale normativo* con *al centro il diritto* su una nozione *fattuale* che ha *per centro lo stato*.

È tuttavia essenziale identificare quale diritto venga in gioco *al di là dello stato*[1], e in quale relazione esso si ponga con il modello del *Rule of law*.

Spesso, in primo piano emerge un «diritto globale», peraltro ancora incerto, quale componente di una serie di processi di *governance*[2], che si pongono fuori dal dominio e finanche dal

[1] Affronterò questo compito in questo capitolo, dal punto di vista delle relazioni tra stati e dell'uso che essi fanno del *Rule of law*; nel prossimo capitolo mi occuperò invece più da vicino del diritto globale in senso stretto.

[2] Sabino Cassese ha posto l'accento su sistemi regolatori globali, in cui si esprimono tre principali tendenze: «the states' pooling of some of their own tasks in bodies operating at a level other than their own, the need of sub-state bodies to forge relationships with each other, and increased co-operation among international organizations at the global level» (S. Cassese, *Administrative Law without the State? The Challenge of Global Regulation*, in «New York University Journal of International Law and Politics», 37, 4, 2006, p. 677). Un altro insieme di studi si concentra sulla *lex mercatoria*, e sullo sviluppo, in luogo di un *hard law* e di un diritto «formale», del *soft law*; in una ormai infinita bibliografia (e tenuto conto anche del filone della

controllo dello stato. Sebbene in modo alle volte confuso, si fa comunemente riferimento a separati «regimi» (giuridici) che si connettono attraverso meri legami eterarchici, ossia orizzontali, «tra pari»: una realtà giuridica agli antipodi rispetto alle strutture piramidali, allo *Stufenbau*, che per il più influente giurista continentale del Novecento, Hans Kelsen, tiene insieme le norme e gli ordinamenti. In effetti, vengono in evidenza *reti* cui manca comunque un «disegno unitario», e che si riproducono in insiemi privi di centro[3]. Anzi, è ricorrente la constatazione che nello spazio internazionale siano tessute «reti di reti»[4], tra attori diversi, organizzazioni non governative, imprese multinazionali[5], entità informali e istituzioni private[6], agenzie e centri di produzione normativa, cui *solo alle volte* appare pertinente una qualche definizione *territoriale*[7]. Tutte popolano una sorta di società policentrica che, irriducibile alla radice e all'autorità statale, ha da tempo richiesto una tuttora incompiuta revisione del westphaliano ordine del mondo[8].

lex mercatoria: molto per tempo se ne occupò F. Galgano, *Lex mercatoria*, Bologna, Il Mulino, 1993), H. Hillgenberger, *A Fresh Look at Soft Law*, in «European Journal of International Law», 10, 1999, n. 3. Riporto una tra le più comprensive definizioni di *governance*: «a process (or a set of processes) which embodies a transformation in the spatial organization of social relations and transactions – assessed in terms of their extensity, intensity, velocity, and impact – generating transcontinental or interregional flows and networks of activity, interaction and the exercise of power» (D. Held e A. McGrew, *The Global Transformations Reader. An Introduction to the Globalization Debate*, Cambridge, Polity Press, 2001, p. 68).

[3] Cassese, *Administrative Law without the State?*, cit., p. 677. Su tutto questo cfr. *infra*, cap. III.

[4] A.-M. Slaughter, *A New World Order*, Princeton, Princeton University Press, 2004, pp. 135 ss.

[5] In generale, R. Hofmann (a cura di), *Non-State Actors as New Subjects in International Law*, Berlin, Duncker & Humblot, 1999.

[6] Come ad esempio il Comitato di Basilea per la Cooperazione tra le Banche Centrali: cfr. A.-M. Slaughter, *Governing the Global Economy through Government Networks*, in M. Byers (a cura di), *The Role of Law in International Politics. Essays in International Relations and International Law*, Oxford, Oxford University Press, 2000, p. 177.

[7] Su questi fenomeni di sconfinamento ha concentrato l'attenzione M.R. Ferrarese, *Diritto sconfinato. Inventiva giuridica e spazi nel mondo globale*, Roma-Bari, Laterza, 2006.

[8] Utili a questo riguardo i lavori di Neil Walker, da ultimo *Beyond Boundary Disputes and Basic Grids: Mapping the Global Disorder of Normative Orders*,

Per quanto verosimili, queste descrizioni della realtà ultrastatale sono per noi l'*incipit*, ci hanno guidato sulla soglia d'ingresso, ma richiedono costante approfondimento. Nel complesso *dis*-ordine con cui la dimensione mondiale del diritto si manifesta, emerge sempre la richiesta di una *coordinazione* tra aree, strutture, istituzioni e fonti del diritto, che è ancora lontana: cerchiamo teorie o anche solo ricette per affrontare innanzitutto il tema della *frammentazione*, segno dell'obsolescenza della figura di unità consolidata nello stato, il tema del conflitto tra norme, e quello dell'attenuarsi o addirittura annullarsi nello spazio extrastatale del controllo democratico sul diritto; si coltiva da più parti il progetto di rintracciare, definire e stabilizzare norme *fondamentali* nel quadro «multilivello» del mondo internazionale, così da attribuirvi un ruolo (quasi) «costituzionale»[9].

Ora, se è vero che un denso *tessuto* «giuridico» si è sviluppato, e ben *oltre lo stato*, ciò è prevalentemente accaduto in costanza degli ordinamenti statali; si aggiunge loro, ma non li sostituisce. Anche per questo, il diritto internazionale, ossia l'ordine giuridico ruotante attorno alle relazioni tra gli stati, ne è comunque uno degli elementi. Certo, non si può concepire il «diritto globale» come un mero stadio evolutivo del diritto internazionale, che tradizionalmente abbraccia le strutture normative prodottesi nella pratica esterna degli stati e le convenzioni che mutualmente ne sanzionano la volontà[10]. È ben chiaro, ad esempio, che un diritto «amministrativo» globale si è ramificato su tutt'altro piano[11], attraversando le barriere nazionali o regionali, e grazie a nuovi e oggi non meno

in «ICON», 6, 2008, pp. 373-396. Walker pensa la «stabilità» del nuovo disordine come un mutamento qualitativo.

[9] Ad esempio, Th. Schilling, *On the Constitutionalization of General International Law*, Jean Monnet Working Papers, NYU, 06/05. Con riferimento al diritto dell'economia, E.-U. Petersmann, *State Sovereignty, Popular Sovereignty and Individual Sovereignty: From Constitutional Nationalism to Multilevel Constitutionalism in International Economic Law?*, EUI Working Papers, 2006/45.

[10] F.J. La Porta, *Globalization and the Rule of Law. Provisional Draft for discussion*, in M. Escamilla e M. Saavedra (a cura di), *Law and Justice in a Global Society*, Granada, Editorial Universidad de Granada, 2005, p. 263.

[11] Sul diritto globale cfr. in particolare *infra*, cap. III.

legittimi attori (come meglio si vedrà nel prossimo capitolo). Ma d'altro canto, lo stesso diritto internazionale si è andato trasformando grazie a gran parte di quei processi, e negli ultimi cinquant'anni ha prodotto nuovi «strati», che oltre il tradizionale piano «pattizio» o convenzionale includono quello «regolativo» (o amministrativo, derivante specialmente dalle molte agenzie o organismi di regolazione in materie determinate) e, infine, quello «comunitario», un diritto (forse) oltre il consenso, ossia relativamente *resistente* al recesso delle parti, o *rectius*, un diritto *super partes*[12]. E del resto, all'interno del «vecchio» diritto internazionale, che a non altri si rivolge che agli stati, e dove nessun altro soggetto è stato visto in superficie, gli *individui* hanno preso a comparire sempre più intensamente e ad essere interessati, se non anche colpiti, dal diritto *internazionale* in attuazione di norme convenzionali, risoluzioni o altre decisioni assunte anche da organismi sovranazionali (come, primo fra tutti, il Consiglio di Sicurezza dell'ONU).

In questo complesso (e incerto) ambiente giuridico, ci si deve chiedere quale sia il ruolo che la nozione di *Rule of law* può svolgere[13] (e come), una volta che si debba sradicarla dal territorio della sovranità statale, dal quadro «domestico» dei

[12] Cfr. *infra*, cap. III. A. Cassese, *International Law*, II ed., Oxford, Oxford University Press, 2005, p. 217. J.H.H. Weiler, *The Geology of International Law. Global, Democracy and Legitimacy*, in «Zeitschrift für ausländisches öffentliches Recht und Völkerrecht», 64, 2004, pp. 547-562. G. Palombella, *The Rule of Law, Democracy, and International Law. Learning from the US Experience*, in «Ratio Juris», 20, 4, 2007, pp. 456-484.

[13] Sabino Cassese ha scritto sull'estensione dei principi di un diritto amministrativo globale. Tra l'altro, egli ha sottolineato (Cassese, *Administrative Law without the State*, cit., pp. 683, 690 ss.) la prestazione di *rights globalization*, specie con riguardo alle garanzie per i destinatari delle norme e dei provvedimenti: innanzitutto diritti di partecipazione e di difesa, che erano stati già sviluppati all'interno del diritto amministrativo tradizionale. Nell'arena globale, ha preso corpo un insieme di principi generali, quali il principio di legalità, il diritto a partecipare alla formazione delle norme, il diritto ad essere ascoltato, il dovere di consultazione, il diritto di accesso ai documenti amministrativi, il diritto a decisioni basate su elementi verificabili, e il principio di proporzionalità. Al quale fenomeno si aggiunge lo sviluppo di corti di diritto amministrativo globale. Cfr. anche Id., *Oltre lo Stato*, Roma-Bari, Laterza, 2006. Più recentemente, sulla formazione e sulla raccolta, anche da fonti e tradizioni diverse, di principi generali nel diritto sovranazionale, G. Della Cananea, *Al di là dei confini statuali. Principi di giustizia procedurale*, Bologna, Il Mulino, 2009.

diritti fondamentali, dalla tutela delle democrazie costituzionali, e proiettarne il contenuto normativo in un universo incommensurabile rispetto a quello ad essa familiare, in cui è stata formata e coltivata.

In questo capitolo, tra le più ampie questioni sorte con le ricordate trasformazioni, ne sceglierò una, relativamente circoscritta, che resta nell'ambito della costruzione del diritto internazionale e delle sue componenti statali, e riserverò invece ai prossimi capitoli l'approfondimento del diritto globale, della pluralità dei livelli di legalità sul globo, al di sotto e al di là degli stati.

Uno dei problemi più urgenti – ben prima della preoccupazione per l'assenza di un qualsiasi *controllo democratico* sulle decisioni degli attori sovranazionali – riguarda le conseguenze per gli *individui* e le garanzie dei diritti delle persone innanzi all'esercizio del potere. Attori privati[14], così come istituzioni «pubbliche» (e un impressionante novero di agenzie o organismi amministrativi), hanno «diffuso» la capacità di produrre violazioni dei diritti anche fondamentali, in questo ben affiancati dalle stesse «autorità» sovranazionali. Affrontare questo problema non è possibile senza porre in primo piano il *Rule of law*, senza un processo di rielaborazione, chiarificazione, giustificazione, la cui urgenza si evince innanzitutto dalla contraddittorietà del *case law* nazionale e internazionale, e sembra emergere direttamente nel diritto «in azione».

Come ho spiegato nelle pagine che precedono, il *Rule of law* esprime un ideale, il più pertinente ideale che può essere invocato quando si tratti del ruolo, delle strutture e della qualità del diritto; esso logicamente precede la domanda costituzionale e, storicamente, lo sviluppo stesso del costituzionalismo moderno. Sebbene l'appello a un costituzionalismo mondiale sproni oggi le più ambiziose costruzioni della scienza giuridica, il *Rule of law*, nondimeno, figura tra le condizioni elementari di un dignitoso ambiente giuridico, per quanto esso possa estendersi oltre lo stato. E dopotutto, problemi come il c.d.

[14] G. Teubner, *Globalised Society, Fragmented Justice: Human Rights Violations by «Private» Transnational Actors*, in Escamilla e Saavedra, *Law and Justice in a Global Society*, cit., pp. 547-562.

Rule of international law appaiono più immediati della costruzione di una repubblica cosmopolitica o di un'organizzazione democratica del potere globale.

Certamente, in quanto la democrazia e il *Rule of law* possono rafforzarsi l'un l'altra, essi sono totalmente compatibili, ed entrambi desiderabili. Ciò nonostante, il *Rule of law*, di per sé, richiede «solo» che si dia uno spazio normativo, interno al diritto positivo, posto a limitare o controbilanciare l'altra area del diritto genericamente evocabile come «diritto politico». Per questa ragione, esso è dotato di un'*indipendenza concettuale* anche dalla democrazia, come dalla forma, organizzazione e titolarità del potere in generale. A sua volta, assume diverse incarnazioni nel tempo e nei luoghi[15], anche in ragione delle trasformazioni e della varietà delle strutture sociopolitiche. Pertanto, poiché il *Rule of law* concerne il diritto, non muoverò da alcuna concezione che, preliminarmente, ne presupponga un'intrinseca relazione allo stato, mentre lo considererò come inteso, essenzialmente, a contrastare il *monopolio* del (diritto in capo al) potere[16].

1.2. Com'è noto, lo sviluppo più imponente di quel che definisco «l'altro diritto internazionale» (quel diritto che introduce il nucleo fondamentale, strutturale, del *Rule of law* nell'ordine internazionale, costruendo un'area ritenuta in linea di principio giuridicamente indisponibile) è stato generato soprattutto successivamente alla Dichiarazione Universale del 1948, includendo trattati, patti e convenzioni[17] a protezione dei diritti umani, dei diritti civili e politici, sociali, il bando della tortura, della schiavitù, del genocidio, della discriminazione; ha consolidato il *corpus* del diritto

[15] Cfr. *supra*, cap. I.

[16] È essenziale che la nozione di *Rule of law* non sia, come spesso accade, solamente implicita o data per presupposta: per questo la riassumerò anche più avanti (*infra*, par. 3).

[17] Per menzionare solo alcuni pilastri normativi, l'International Covenant on Civil and Political Rights (1966), o la Convention against Torture and Other Cruel, Inhuman or Degrading Treatment or Punishment (1984). L'elenco aggiornato e il testo completo di tali testi e delle altre carte, dichiarazioni e protocolli si possono consultare agevolmente su www.hrweb.org/legal/undocs.html.

umanitario[18], per il quale, anche nel corso di ostilità, la *difesa* della basilare dignità degli uomini è ritenuta *inderogabile* espressione di «elementari considerazioni di umanità»[19]. Il *Rule of international law* si è esteso a comprendere obblighi degli stati – anche in mancanza di un'assunzione volontaria – verso la comunità internazionale in generale, e dunque norme applicabili *erga omnes*[20].

Alcune norme sono ascrivibili a un'area, per quanto ancora scarsamente delimitata, di *jus cogens*[21]: in particolare, vi sono comprese almeno le norme appena richiamate che pongono al bando la schiavitù, il genocidio e la discriminazione razziale, nonché la condanna della tortura, che sono divenute consuetudinarie[22], e cui è attribuita la forza di rendere nulli i trattati

[18] Nel diritto umanitario, innanzitutto le Convenzioni di Ginevra (1949, e Protocolli 1977).

[19] L'espressione è della Corte Internazionale di Giustizia con riferimento all'art. 3 «comune» delle Convenzioni di Ginevra, cfr. Nicaragua v. United States of America, Merits, Judgment of 27 June 1986, ICJ Reports 1986, par. 218. La Corte richiamava anche il suo primo uso dell'espressione nel Corfu Channel Case (United Kingdom v. Albania, 9 April 1949).

[20] Caso Barcelona Traction, Light and Power Co., Limited, Second Phase, Belgium v. Spain, 1970 ICJ 3, 1070 WL 1. CIG, sentenza del 5 febbraio 1970, parr. 33-34. Ad esempio, come la CIG ha ricordato nel caso sulla legittimità del «muro» israelo-palestinese, il diritto di autodeterminazione del popolo palestinese e alcuni derivanti dal diritto internazionale umanitario sono obblighi *erga omnes*. Si noti che *jus cogens* (cfr. nota seguente) qualifica la norma in relazione al suo contenuto come recante una forza non derogabile, laddove *erga omnes* descrive l'effetto delle norme, non il loro contenuto. Sul piano tecnico, sull'argomento, P. Picone, *La distinzione tra norme internazionali di jus cogens e norme che producono obblighi erga omnes*, in «Rivista di diritto internazionale», 1, 2008, pp. 6-38.

[21] Norme perentorie, di *jus cogens*, sono quelle che secondo le Convenzioni di Vienna sul Diritto dei Trattati (23 maggio 1969) rendono nullo un trattato in conflitto con esse. Entro l'ambito delle Convenzioni, «a peremptory norm of general international law is a norm accepted and recognized by the international community of States as a whole as a norm from which no derogation is permitted and which can be modified only by a subsequent norm of general international law having the same character» (ivi, art. 53; e cfr. art. 64 per *jus superveniens*). Secondo Cassese, *International Law*, cit., le norme che pongono al bando la schiavitù, il genocidio e la discriminazione razziale e quella che proibisce la tortura sono divenute consuetudinarie, impongono *community obligations*, ed hanno acquisito lo *status* di *jus cogens* (*ibidem*, p. 394).

[22] *Ibidem*, p. 394.

che vi contraddicano[23]. Ma il raggio di rilevanza e di influenza delle norme di *jus cogens* può variare[24].

Questo insieme ha fatto pensare all'esistenza di un'area *non strumentale* del diritto, e relativamente resistente al *Rule by will*: inoltre molte delle norme di diritto umanitario, ma anche i diritti umani, o la tutela dell'ambiente, effettivamente e a dispetto della mancanza di una vera e propria gerarchia[25], tendono ad assumere un *peso* normativo di principio maggiore rispetto alle ordinarie transazioni, un peso che induce maggiore cautela, almeno sul piano del ragionamento giuridico. In questa stessa logica, persino la sovranità deve rispondere di una specifica responsabilità, quella di proteggere popoli e individui[26], ed è di conseguenza destituita della sua tradizionale incondizionata assolutezza, divenendo essa stessa, in altri termini, un concetto condizionale[27].

[23] Si ricordi l'insistenza sul punto, sotto il profilo di norme che appartengono al diritto *di tutte le genti*, ad opera di A. Verdross, *Jus Dispositivum and Jus Cogens in International Law*, in «The American Journal of International Law», 60, 1, gennaio, 1966, pp. 55-63.

[24] Esse possono avere un semplice ruolo dissuasivo o preventivo o imporre che ci si conformi nell'interpretazione dei trattati e delle risoluzioni delle organizzazioni internazionali, o delegittimare le norme nazionali contrarie, o infine dare adito alla giurisdizione penale internazionale. Cassese, *International Law*, cit., p. 210.

[25] Cfr. D. Shelton, *Normative Hierarchy in International Law*, in «The American Journal of International Law», 100, 2, aprile, 2006, pp. 291-323.

[26] International Commission on Intervention and State Sovereignty (ICISS), *The Responsibility to Protect*, 2001, consultabile al sito www.iciss.ca/pdf/Commission-Report.pdf. A cui fa seguito: *A More Secure World: Our Shared Responsibility*, Report of the High-level Panel on Threats, Challenges and Change del 2 dicembre 2004 (UN Doc. A759/565), sub-ch. 3: *Chapter VII of the Charter of the United Nations, Internal Threats and the Responsibility to Protect*, ai parr. 199-203. E infine, cfr. la *Resolution Adopted by the General Assembly, World Summit Outcome*, UN Doc. A/RES/60/1 del 24 ottobre 2005, al par. 138: «Each individual State has the responsibility to protect its populations from genocide, war crimes, ethnic cleansing and crimes against humanity. This responsibility entails the prevention of such crimes, including their incitement, through appropriate and necessary means. We accept that responsibility and will act in accordance with it». Sul piano pratico naturalmente il principio può essere richiamato, con un qualche peso, in un ambito oggi limitato di casi, gli «extreme, conscience-shocking cases of mass atrocities» (cfr. sul punto A. Peters, *Humanity as the A and Ω of Sovereignty*, in «European Journal of International Law», 20, 3, 2009, p. 513).

[27] Pose la questione in questi termini A.-M. Slaughter, *Security Solidarity,*

Lasciando da parte le antiche dispute su qualità giuridica del diritto internazionale[28], effettività e mezzi di giustiziabilità[29], diventa determinante invece la serie di varianti che riguardano la relazione con gli ordinamenti domestici: oltre le regole che disciplinano il rango interno attribuito al diritto internazionale, le questioni più spinose sorgono circa l'applicabilità o l'effetto diretto, ad opera delle *corti nazionali*[30]. Come si può ben comprendere, sullo sfondo è sempre la questione della separatezza: per essa il diritto internazionale, in sé, è un universo non-interferente e giuridicamente altro dal diritto nazionale, e in ultima istanza, anche lo *jus cogens* è tale per il – e nel – diritto internazionale: non nel diritto nazionale. In questo quadro, qual è il senso dell'appello al *Rule of law*?

Esso svolge funzioni spesso contraddittorie. Ricorderò qualche significativa circostanza nella quale al *Rule of law* – che figura così stabilmente in fondamentali documenti normativi, statali e sovranazionali, come nelle pronunce delle corti – sembra attribuirsi una qualche «universalità»: esso può essere invocato

and Sovereignty: The Grand Themes of UN Reform, in «American Journal of International Law», 99, 2005, pp. 619 ss.

[28] Ordine primitivo per Hart: cfr. il cap. 10 de *Il concetto di diritto*, nuova ed. con un *Poscritto* dell'autore, Torino, Einaudi, 2002. Al contrario, Th.M. Franck, *Fairness in International Law and Institutions*, Oxford, Clarendon Press, 1995, p. 5 («[International law has] attained the status of a mature, complex system with rules and processes every bit as variegated as those of a nation»).

[29] Non tornerò qui sullo scetticismo e sul realismo con cui tradizionalmente alcuni versanti considerano il diritto internazionale un mero strumento, o una semplice struttura servente del potere nelle relazioni internazionali. Mi limito a sottolineare che accanto al realismo e al neorealismo, anche nelle relazioni internazionali, negli ultimi trent'anni si è sviluppata, attraverso correnti come quelle del neoistituzionalismo o del costruttivismo, un'attenzione della scienza delle relazioni internazionali verso il ruolo qualificato del diritto e la sua capacità di costituire una variabile determinante nello scenario dell'interdipendenza (il che ricorre in autori come Kehoane, Nye, Ruggie, Wendt, Hurrell, Ikenberry, Slaughter).

[30] Per il rango che i singoli ordinamenti attribuiscono al diritto internazionale, e soprattutto i meccanismi diversi con cui gli stati concludono e ratificano trattati, e adottano le norme internazionali, cfr. ad esempio B. Conforti e F. Francioni, *Enforcing International Human Rights in Domestic Courts*, The Hague, Nijhoff, 1997 e B. Conforti, *Notes on the Relationship between International Law and National Law*, in «International Law Forum du Droit International», 3, 2001, pp. 18-24. Cfr. anche *infra*, cap. IV, par. 4.

come misura di legalità, un parametro di riferimento al di sopra delle parti, e con il quale dovrebbero confrontarsi tutti i reali attori, non diversamente da quanto accade con nozioni quali la democrazia o i diritti umani. Ma per raggiungere questo obiettivo (*infra*, par. 7) è necessario un concorso di molteplici interlocutori, che giungano ad identificare e ad adottare congiuntamente norme di principio, ad usarle come parametro di riconoscimento della validità di altre norme, e a sottrarre l'evocazione del *Rule of law* alle preferenze unilaterali e alle transazioni, in sede domestica o internazionale. Che stati diversi e organizzazioni internazionali giungano a condividere cosa il *Rule of law* richiederebbe da tutti e da ciascuno è un'opportunità che può essere colta a condizione che gli attori in gioco si interroghino, tuttavia, sulla coerenza delle proprie nozioni interpretative, senza cambiare idea a seconda che si tratti di difendere il diritto «domestico» da quello «internazionale» (o viceversa), senza richiamarsi a ideali diversi in dipendenza dei contesti e degli ambiti di «giurisdizione», interni o esterni. Il che diviene cruciale specie quando in questione è la giustizia verso gli individui, la cui garanzia non può essere offerta o sottratta in dipendenza dei regimi territoriali: qui, paradigmaticamente, al *Rule of law* non sarebbe dato farsi da parte in presenza del potere, e tanto meno *in nome* del potere, che sia quello del Consiglio di Sicurezza delle Nazioni Unite o quello degli stati «democratici».

Spesso il *Rule of law* sembra generare, nell'ambito internazionale, difficoltà che restano irrisolte. Appellarsi all'unità degli ordinamenti sotto il primato del diritto internazionale, invocando ideali internazionalistici di pace, sicurezza, prosperità, contro la ritrosia e gli egoismi degli stati, può rivelarsi unilaterale e particolaristico[31]. E per converso, l'opposta scelta che tiene fede alla tradizione dualista, secondo cui nulla di esterno può valere nei confini di un ordinamento a meno che non venga

[31] Tra le critiche all'universalismo o al globalismo giuridico, devono porsi in primo piano quelle sollevate nell'ultimo decennio da Danilo Zolo e in particolare *I Signori della pace. Una critica del globalismo giuridico*, Firenze, Carocci, 1998. Ma cfr. anche Id., *Chi dice umanità. Guerra, diritto e ordine globale*, Torino, Einaudi, 2000; Id., *Cosmopolis. La prospettiva del governo mondiale*, II ed., Milano, Feltrinelli, 2002.

incorporato e da esso fatto proprio, di per sé non migliora le cose: piuttosto, può disporre a ridurre il *Rule of law* al rispetto del diritto che ciascuno stato si è dato, *right or wrong*. Tutto questo dà origine a scenari contrastati e incongruenti, proprio quando sarebbe necessario far quadrare il cerchio tra pretese diverse: specialmente, quelle degli stati v. il diritto internazionale, quelle dei diritti umani v. la volontà democratica, e così di seguito. In casi recenti, innanzi a corti sovranazionali, come la Corte Europea di Giustizia, o nazionali, come la Corte Suprema degli Stati Uniti, hanno preso corpo sullo sfondo, una volta di più, concezioni del *Rule of law* diverse per contenuto, profondità, respiro. Al di là delle questioni in giudizio, il *Rule of law* ha finito per prendere direzioni opposte, evidenziando la natura soggettiva e spesso *strumentale* del suo uso. Tracce del *dark side*[32] del *Rule of law* si fanno più evidenti: ma è solo contro il carattere *strumentale* del diritto che il *Rule of law*, di cui abbiamo ripercorso le vicende e il senso, esprime il proprio significato più credibile.

2. *Un «Rule of law» universale e unilaterale?*

Si riconosce che attraverso gli sviluppi del diritto internazionale negli ultimi sessant'anni, il «giusto» e il «bene» evocati nell'appello all'interesse generale dell'umanità abbiano ottenuto una qualche voce. Come ho ricordato, la Carta dell'ONU e la Dichiarazione dei Diritti, lo sviluppo della tutela dei diritti umani, il diritto umanitario (anche attraverso un diritto consuetudinario «consolidato») e molte altre previsioni in aree di comune salvaguardia esprimono un contenuto normativo che la prospettiva «internazionalista» vorrebbe fosse direttamen-

[32] Cfr. i capitoli inclusi in A. Sajo (a cura di), *The Dark Side of Fundamental Rights*, Utrecht, Eleven Publishers, 2006. Tra essi anche il mio *The Abuse of Rights and the Rule of Law*. Per una visione concentrata sul ruolo, spesso nascosto, del *Rule of law* come arma politica volta a legittimare la prevaricazione ad opera di attori dominanti (in particolare il *plunder*, ad esempio, «the practice of violent extraction by stronger political actors victimizing weaker ones»), cfr. U. Mattei e L. Nader, *Plunder. When the Rule of Law is Illegal*, Hoboken, N.J., Wiley-Blackwell, 2008.

te applicabile o più concretamente dotato di effetto diretto, *invocabile innanzi alle corti* nazionali o regionali europee. Dal complesso del trasformato ordine internazionale ci si aspetta dunque il controllo, la coordinazione e la limitazione sui sistemi giuridici *interni*. Di conseguenza, quanto più riusciamo a costruire un ordine mondiale comune (promosso e sospinto soprattutto dall'alto verso il basso), tanto più percepiamo che le garanzie invocate per i diritti umani, la giustizia, la libertà e la democrazia possono diffondersi. L'universalizzazione dell'ordine internazionale appare, in altri termini, obiettivo da perseguire sino all'abbattimento delle resistenze ideologiche, arroccate nei confini dei sistemi giuridici nazionali, concepiti ancora come «normativamente» chiusi. La tradizionale idea di sovranità fatica a reggersi, e a mantenere il senso dell'esclusività: ossia il dominio su un mondo (interno) sottratto all'interferenza esterna, a norme e obiettivi decisi altrove, nella sfera di un «altro» sistema giuridico (statale o internazionale che sia). In quest'ottica, ogni passo oltre la «chiusura» degli ordini giuridici (domestici) è considerato un segno di progresso. E attraverso riedizioni del monismo[33] internazionalista, l'universalismo offre di diffondere il *Rule of law*, e di porsi al servizio della dignità, della libertà e dei diritti degli esseri umani.

Sebbene l'intera linea argomentativa qui riassunta sia rilevante e spesso ispirata da condivisibili aspirazioni etiche[34], per molte ragioni essa deve essere discussa, almeno innanzi

[33] Una discussione del monismo e del dualismo in diritto internazionale è nei vari ottimi saggi contenuti nel volume di A. Nollkaemper e J.E. Nijman (a cura di), *New Perspectives on the Divide between National and International Law*, Oxford, Oxford University Press, 2007 (spec. i saggi di Arangio Ruiz e Gaja).

[34] Al di là di quelle espresse oggi, non si può dimenticare che già nel 1920, con il suo *Il problema della sovranità e la teoria del diritto internazionale: contributo per una dottrina pura del diritto* (Milano, Giuffrè, 1989), Kelsen sottolinea la diversità delle premesse *etico-politiche* che sottendono la scelta teorica tra diverse visioni del diritto internazionale, e in particolare la diversità etica tra il proprio orientamento «oggettivista» e quello «soggettivista» (cfr. *ibidem*, pp. 461 ss.). Ciò indipendentemente dal fatto che la teoria pura «scelga» proprio di neutralizzare l'influenza arbitraria delle preferenze etiche nella teoria della validità: Kelsen contrasta qui il *soggettivismo* (del «riconoscimento», o dell'auto-obbligazione, ecc.) che vede dominante nella dottrina internazionalistica, con la validità del diritto internazionale quale necessità *oggettiva*, che ricollega all'idea di una *civitas maxima*.

alle eccezioni o ai casi (difficili) nei quali la stessa apodittica coincidenza, la congruenza tra il *Rule of international law* e la tutela dei diritti appaiono insidiate, se non contraddette.

Il caso Kadi, qualche anno fa deciso dalla Corte Europea di Giustizia[35], ha giustamente suscitato un universale interesse. Il Tribunale di prima istanza (2005)[36] aveva ritenuto *legittima* la decisione europea di congelare gli assetti patrimoniali di Kadi in attuazione di una risoluzione del Consiglio di Sicurezza delle Nazioni Unite contenente misure nella lotta al terrorismo internazionale. Tale risoluzione seguiva alla formazione di liste di fiancheggiatori di Al-Qaeda, nelle quali si poteva essere inseriti senza preavviso, senza poter poi conoscere le prove, e senza disporre di un giudice presso il quale contestare l'inclusione. Il giudizio di primo grado negò così protezione ai diritti fondamentali che Kadi reclamava e riteneva violati: il diritto di proprietà, il diritto ad essere ascoltato, il diritto alla tutela di un giudice. E sebbene tale decisione sia stata poi rovesciata, essa resta istruttiva e illuminante riguardo ai limiti e alle debolezze di consimili visioni dell'ordine internazionale. Merita dunque di essere considerata in ragione dei suoi propri assunti (piuttosto che come una «semplice» decisione non confermata).

Ed infatti, se non per la sua conclusione, la pronuncia del Tribunale Europeo era pur stata apprezzata per la sua ispirazione e per il suo presupposto giustificativo, l'affermazione di un comune *Rule of law* nel mondo internazionale. Il Tribunale aveva sostenuto che le risoluzioni del Consiglio di Sicurezza, volte a preservare il valore primario della sicurezza e della pace tra i popoli, sono vincolanti non solo per gli stati (Carta dell'ONU, art. 103) ma anche per l'Unione Europea[37], che può

[35] 3 September 2008, in Joined Cases C-402/05 P (Yassin Abdullah Kadi), and C-415/05 (P Al Barakaat International Foundation).

[36] 21 September 2005, in Case T-315/01 Kadi v. Council and Commission. Nel novembre 2005 Kadi ricorse in appello contro la decisione del Tribunale di prima istanza (ricorso poi deciso dalla Corte di Giustizia, cfr. *infra*, par. 6).

[37] *Ibidem*, par. 205: la Comunità potrebbe violare gli obblighi imposti ai suoi membri dalla Carta delle Nazioni Unite o impedire l'adempimento. Tuttavia, «in the exercise of its powers it is bound, by the very Treaty by which it was established, to adopt all the measures necessary to enable its Member States to fulfil those obligations». Ed in effetti questo la Comunità fece ponendo in essere le misure restrittive contro gli individui ritenuti legati

esserne tenuta responsabile: così, e indipendentemente dalle questioni sostanziali di volta in volta in gioco, resta prioritaria l'armonizzazione tra i sistemi, stati, Comunità e Nazioni Unite. Autorevoli commentatori, sensibili a una ricostruzione «unitaria» della legalità internazionale[38], sono giunti alla conclusione che il Tribunale dovesse «essere lodato [...] per aver accolto il primato del sistema delle Nazioni Unite senza generali *caveat* restrittivi – con una sola eccezione»[39]. L'eccezione riguarda le norme di *jus cogens*, norme perentorie (ma dal contenuto ancora incerto) contro le quali nemmeno le risoluzioni del Consiglio di Sicurezza conserverebbero il proprio effetto vincolante[40]. Nel complesso, si assume che nella prospettiva di una comprensiva legalità – che includa stati, ordini giuridici sovranazionali e internazionale – debba dunque valere una gerarchia, dove una posizione sovraordinata e non contestabile sia garantita comunque alle norme internazionali[41]. Questa conclusione è, in astratto, di grande importanza. Ma deve suscitare dubbi e cautele.

ad Al-Qaeda (posizione comune 2002/402, adottata sulla base delle previsioni del Titolo V, del Trattato UE, in relazione alle risoluzioni del Consiglio di Sicurezza nn. 1267 (1999), 1333 (2000) e 1390 (2002)).

[38] Ch. Tomuschat ha commentato: «The Community can live quite well under the regime suggested by the Court, a regime which unambiguously acknowledges the primacy of those parts of the UN legal order which are binding on the Member States of the world organization» (Ch. Tomuschat, Case Law: Case T-306/01, Ahmed Ali Yusuf and Al Barakaat International Foundation v. Council and Commission, judgment of the Court of First Instance of 21 September 2005; Case T-315/01, Yassin Abdullah Kadi v. Council and Commission, judgment of the Court of First Instance of 21 September 2005, in «Common Market Law Review», 43, 2006, pp. 537-551, 543.

[39] *Ibidem*, p. 545.

[40] European Community CFI, 21 September 2005, Case T-315/01 Kadi v. Council and Commission, par. 230. Secondo la Corte (par. 231), contenuto dello *jus cogens* sono «the mandatory provisions concerning the universal protection of human rights», «intransgressible principles of international customary law». La Corte richiama la Advisory Opinion of the International Court of Justice of 8 July 1996, *The Legality of the Threat or Use of Nuclear Weapons*, Reports 1996, 226, par. 79; ed anche, a quello scopo, la Advocate General Jacobs's Opinion in *Bosphorus*. La Corte Internazionale di Giustizia a sua volta aveva affermato: «a great many rules of humanitarian law applicable in armed conflict are so fundamental [...] to be observed by all States whether or not they have ratified the Conventions that contain them» (*ICJ Advisory Opinion* of 8 July 1996, ICJ Reports, sec. 79, 1996, 8).

[41] È stato un assunto fondamentale che – con la predetta eccezione dello *jus cogens* – esistano «structural limits, imposed by general international

Mentre si sostiene correttamente che la Comunità Europea è una «comunità di diritto» basata sul *Rule of law*[42], nondimeno il *Rule of law* del più ampio sistema internazionale deve comunque (ed *a priori*) prevalere appunto sulla base di un principio di subordinazione degli ordini «minori». E a meno che non si cada nell'orbita dello *jus cogens*[43], il *Rule of international law* non consente che possa aver luogo uno scrutinio giudiziale domestico (ad esempio, verso le stesse risoluzioni del Consiglio di Sicurezza, e non solo verso le conseguenti disposizioni interne dell'UE). Peraltro, il caso escluso[44], corrispondente alla violazione di norme di *jus cogens*, di fatto non ricorre secondo il Tribunale, perché i diritti che Kadi reclama o non rientrano nella sfera di protezione delle norme non trasgredibili, o non sono stati violati[45].

Naturalmente, quel che colpisce, come in tanti hanno notato, è che il potente Consiglio di Sicurezza potesse esercitare le sue funzioni interferendo direttamente nella vita (nella sfera personale e patrimoniale) degli individui, cosa in linea di principio estranea al diritto internazionale, senza nemmeno istituire alcuna protezione «equivalente» rispetto a quella degli ordinamenti che disciplinano

law» al «judicial review» da parte della Corte Europea di Giustizia. Ciò in quanto quest'ultima esprimerebbe altrimenti un indiretto giudizio sull'illegalità delle risoluzioni del Consiglio di Sicurezza, per il quale non ha competenza, come non ha competenza a modificarne le decisioni in materia di sicurezza. (European Community CFI, 21 September 2005, in Case T-315/01 Kadi v. Council and Commission, parr. 218 ff e 225).

42 *Ibidem*, par. 209.

43 Ammesso che tale orbita sia definita. *Contra*, A. D'Amato, *It's a Bird, It's a Plane, It's Jus Cogens!*, in «Connecticut Journal of International Law», 6, 1, 1990. Tra le prime e più influenti teorizzazioni dello *jus cogens*, l'opera di Alfred Verdross, nel 1937: *Forbidden Treaties in International Law*, in «American Journal of International Law», 31, 1937, pp. 571 ss.

44 Grainne de Búrca sottolinea come sia sorprendente l'apertura del Tribunale al controllo domestico delle risoluzioni sovranazionali, nel caso di contrarietà a norme perentorie, controllo che il Tribunale ha invece in linea di principio escluso (cfr. G. de Búrca, *The European Court of Justice and the International Legal Order After Kadi*, in «Harvard International Law Journal», 51, 1, 2010, pp. 1-51). La de Búrca giudica negativamente, in ogni caso, la sentenza successiva della Corte Europea di Giustizia perché essa argomenta in un modo che si sottrae ai doveri degli stati nei confronti del diritto internazionale.

45 Dal par. 238 alla fine (292) (CFI, 21 September 2005, in Case T-315/01 Kadi v. Council and Commission) la sentenza è dedicata al rigetto delle pretese fondate sulla violazione di diritti fondamentali.

direttamente il comportamento degli individui, alcuna salvaguardia nelle strutture e nelle procedure del sistema sanzionatorio delle Nazioni Unite, alcuna garanzia dei diritti umani e dei basilari principi seguiti tra le «nazioni civili». In secondo luogo, risulta sconcertante che, oltre tutto, tali misure, così profondamente incisive sulle persone, siano ritenute immuni dal controllo di legalità ad opera delle corti nelle giurisdizioni coinvolte (e proprio in base all'argomento che ciò altrimenti permetterebbe agli stati o alla Comunità di sottrarsi al *Rule of international law*, di inficiare l'obbligatorietà del diritto internazionale).

È degno di nota che tali conclusioni non solo venissero sostenute in quanto compatibili con il *Rule of law* ma, anzi, intese, in definitiva, come *dovute* ad esso. È dunque tutt'altro che ozioso chiedersi come sia possibile che il *Rule of law* divenga addirittura una ragione per cancellare la sostanziale protezione dei diritti offerta negli ordinamenti domestici. Com'è evidente, proprio la concezione del *Rule of law* è al centro del problema.

3. *Quale «Rule of law»?*

Portata e significato diversi, assegnati alla nozione, ne esprimono livelli più o meno sostanziali, e un variabile spessore. In termini alquanto generali e concisi, a un primo livello appartiene il concetto quando vien fatto coincidere con la costante osservanza del diritto e delle sue regole («a law of rules»). In questo caso, si valorizzano l'*esistenza stessa* di un ordine giuridico stabile e la sua prestazione di *certezza*. Si tratta della prevenzione dell'esercizio arbitrario del potere, *lato sensu*, dell'importanza di sottoporre il potere a regole prefissate, e della soddisfazione di condizioni sufficienti a rendere possibile *il diritto* in sé e per sé, come efficiente guida dei comportamenti. Questo livello di significato, come abbiamo visto nel precedente capitolo, non è distante da quello a suo tempo proposto da Joseph Raz, che poggia su un insieme di requisiti, elaborati essenzialmente, con integrazioni, su quelli già indicati da Lon Fuller, sia pure senza accordarvi quell'ulteriore valore *morale* che quest'ultimo vi attribuiva[46].

[46] Come ho ricordato nel capitolo I, generalità, chiarezza, promulgazione,

Ma è vero che il *Rule of law* può essere concepito differentemente, in una scala di gradazioni, verso «livelli» più complessi e promiscui: tanto da giungere ad includere in esso, come necessaria per definizione, prima la protezione di diritti fondamentali, poi l'intero contenuto di principio delle liberaldemocrazie, e infine anche del *welfare state*[47]. Tuttavia, la mia analisi in queste pagine non presuppone nessuna di queste opposte ipotesi, e anzi si distacca sia dalla visione formale del *Rule of law* come *law of rules* sia dalla versione sostanziale, costituzionalista e democratica, come entrambe manchevoli e discutibili: in parte perché l'una e l'altra finiscono, rispettivamente, o per equiparare il *Rule of law* alla mera efficienza di funzionamento di un ordinamento giuridico in quanto tale, o al contrario, per pretendere che l'ideale del *Rule of law* incarni uno in particolare dei suoi possibili e contingenti scenari istituzionali, magari incorporando qualche obiettivo commendevole ma del tutto estraneo, come il controllo *democratico* del potere, o la soddisfazione solidale dei bisogni materiali degli individui.

In linea di principio, come ho spiegato nel capitolo I, non è credibile che l'interpretazione del *Rule of law* come osservanza di un «diritto delle regole» rifletta con una qualche fedeltà il senso che storicamente tale ideale ha espresso né le direzioni in cui si è sviluppato almeno dal XIII secolo sino all'influente

stabilità, coerenza tra norme e comportamenti delle autorità, non retroattività, non contraddittorietà delle regole, non richiedere l'impossibile: Fuller, *La moralità del diritto*, cit., cap. 2. È importante ricordare ancora una volta (cfr. cap. I, n. 104) che riconoscere anche un valore morale a requisiti che hanno lo scopo di rendere funzionale il diritto non implica un'adesione al giusnaturalismo, nonostante che così si ritenga comunemente dai giusnaturalisti (cfr. R. George, *Reason, Freedom, and the Rule of Law: Their Significance in the Natural Law Tradition*, in «American Journal of Jurisprudence», 46, 2001, pp. 249 ss.). Neil MacCormick era anch'egli pervenuto a una simile conclusione circa il valore morale del *Rule of law*, parzialmente allontanandosi da Raz e da Hart: «Where it is observed, people are confronted by a state which treats them as rational agents due some respect as such. It applies fairly whatever standards of conduct and of judgment it applies. This has real value, and independent value, even where the substance of what is done falls short of any relevant ideal of substantive justice» (N. MacCormick, *Natural Law and the Separation of Law and Morals*, in R.P. George (a cura di), *Natural Law Theory: Contemporary Essays*, Oxford, Clarendon Press, 1992, pp. 105-133, 123).

[47] Cfr. Craig, *Formal and Substantive Conceptions of the Rule of Law*, cit. e Allan, *Constitutional Justice: A Liberal Theory of the Rule of Law*, cit.

manifesto redattone da Dicey nel XIX secolo, e al dibattito a noi contemporaneo. Il filo conduttore plurisecolare è che il *Rule of law* chiede al diritto di incorporare qualità e caratteri tali da contrastare sul piano *giuridico* la tendenza monopolizzatrice del potere. Quei caratteri convergono, in definitiva, nell'esistenza di fatto di un diritto *positivo* che sia *giuridicamente* collocato al di fuori della portata del «sovrano» e della sua mera volontà. Nel dare consistenza a questo schema, quelle caratteristiche hanno sin qui incluso specialmente la separazione dei poteri, il rispetto di diritti sviluppatisi gradualmente attraverso la storia costituzionale occidentale, e la garanzia giuridica sia del diritto dei poteri costituiti a governare sia della sua limitazione. Nell'articolazione che ne ho dato, dunque, tali continuità storiche fondano la *ratio* del *Rule of law* su quella che definisco la «dualità» del diritto: grazie alla quale un «altro» diritto positivo esiste, al di là del diritto prodotto nell'esercizio del potere sovrano, che sfugge al dominio normativo di quest'ultimo. Una tale «dualità» è visibile nello stato moderno principalmente nella «coppia» costituzionale di diritti e legislazione, quando tali termini sono dotati di equiordinazione: ma proprio nell'Europa continentale, un tale traguardo, la garanzia di forza ugualmente fondamentale ai diritti oltre che all'esercizio legislativo (democratico), è relativamente recente, e pienamente raggiunto con la ristrutturazione costituzionale dello stato nella seconda metà del XX secolo. Ma, lo ribadisco, l'origine medievale e la *ratio* del *Rule of law* espongono una persistenza ed una plasticità istituzionale che impediscono di escluderne *a priori* forme inedite di realizzazione, certo anche oltre lo stato. Ciò soprattutto per il fatto che si tratta di un ideale normativo concernente il diritto (e solo indirettamente e conseguentemente lo stato), e che non coincide con l'espressione data per equivalente, *stato di diritto*. Quest'ultimo, nella sua forma precostituzionale (*Rechtsstaat* del XIX e XX secolo in Europa), non-arbitraria, weberianamente *legale-razionale*, gerarchicamente informata al principio di legalità, pur differisce qualitativamente dalla radice inglese[48]. E questa, a sua

[48] Cfr. il cap. I, ed anche il mio *The Rule of law and Its Core*, in G. Palombella e N. Walker, *Relocating the Rule of Law*, Oxford, Hart Publishing, 2008.

volta, raffrontata con la struttura degli ordinamenti europei precostituzionali (non duali), se ne distingue proprio in ciò che *previene*, la riduzione di tutto il diritto a libero (e legittimo) esercizio del *gubernaculum*, l'attribuzione di una qualità esclusivamente morale a plessi normativi che altrove costituiscono invece un «altro» diritto positivo, in grado di occupare un versante concettualmente separabile: che appartenga al *common law* come nella tradizione inglese o che riceva una fondazione sovralegislativa attraverso una costituzione (e via seguendo, comunque indipendentemente dallo strumento istituzionale da cui dipenda in concreto). Naturalmente, in questa prospettiva, il concetto attiene alla composizione e alle fonti del diritto, e come tale esso può riferirsi all'ordinamento internazionale, al diritto globale, non meno che a quello domestico.

Un'ulteriore conseguenza, rilevante ai fini di un «*Rule of law* oltre lo stato», è il rigetto della sua spesso ripetuta assimilazione al *Rule by law*, su cui ancora mi sono soffermato nel capitolo I. Da quest'ultima prospettiva, il *Rule of law*, ad esempio per il diritto internazionale, richiederebbe che i suoi destinatari, gli stati in particolare, «debbano ottemperare al diritto. Essi dovrebbero riconoscerne l'autorità e lasciare che guidi e tenga a freno le loro azioni»[49]. A una tale interpretazione, per quanto diffusa, sfugge il senso del *Rule of law*, ed essa rischia di lasciarne fraintendere la rilevanza e il valore, poiché semplicemente ignora che i «sovrani» hanno titolo, *ceteris paribus*, a «farsi la legge da soli», e dunque anche a mutarla... in ossequio alla propria volontà. Ciò, per la verità, a maggior ragione nella sfera internazionale. E appunto, questa concezione non riuscirebbe a dare un qualche credibile senso al motto: «the Rule of law, not men», il governo delle leggi e non degli uomini.

Il diritto deve mostrare una trama composita che, dal punto di vista della volontà del legislatore, non appare meramente funzionale alla sua autorità[50].

[49] M. Kumm, *International Law in National Courts: The International Rule of Law and the Limits of the Internationalist Model*, in «Virginia Journal of International Law», 44, 2003, p. 22.

[50] Semmai deve valere il contrario, come si evince finanche da A.V. Dicey, che descrisse la supremazia del Parlamento come funzionale a «favorire» il *Rule of law*. La sovranità del Parlamento «opera in senso favorevole alla

È invece proprio questo esito che lo stato legislativo-parlamentare (per usare l'espressione di Carl Schmitt), lo stato (precostituzionale) di diritto, pur tutt'altro che «arbitrario», non era per nulla attrezzato a contrastare.

4. *Casi rivelatori e analisi teorica*

4.1. Specie se considerata attraverso la nozione del *Rule of law* che sostengo, e il cui nucleo è faticosamente emerso negli ultimi decenni (cfr. *supra*, par. 1.2), la linea seguita dal Tribunale Europeo di prima istanza appare notevolmente insoddisfacente. Un mondo monolitico sotto la Carta delle Nazioni Unite, e l'«osservanza» richiesta agli stati e all'Unione Europea, sono le cose che sembrano contare di più. L'importanza della conformità, e questo genere *gerarchico d'armonia* dominano il campo. Si potrebbe rilevare che, in fondo, il Tribunale privilegia un concetto di *Rule of law* ruotante attorno alla *certezza*. Ma lo scopo della *certezza*[51] ha un profilo ambiguo, richiama il senso dell'obbligatorietà, della legalità, e persino la promessa della non-arbitrarietà, ma non aiuta a discernere oltre, non indica una qualche misura critica che più in profondità rimandi ad altre componenti del *Rule of law*, dalla limitazione del potere alle garanzie giuridiche della libertà: finisce per coincidere con l'ottemperanza alle norme fissate entro *un ordinamento* («in one jurisdiction»). In fondo, la linea di ragionamento non è poi così lontana dal motto in auge dopo la codificazione del diritto sino al «momento costituzionale» europeo del XX secolo: *dura lex sed lex*[52]. Su una simile premessa, i giudici, sovrastimando sia la certezza sia la gerarchia, sottovalutano e minimizzano il fatto che il sistema delle sanzioni del Consiglio di Sicurezza manca di ogni salvaguardia giuridica capace di proteggere gli

supremazia della legge del paese» (A.V. Dicey, *Introduzione allo studio del diritto costituzionale. Le basi del costituzionalismo inglese*, Bologna, Il Mulino, 2003, p. 343). E cfr. anche cap. I, n. 22.

[51] Ho discusso le modificazioni subite dall'obiettivo della «certezza», nel mio *Dopo la certezza. Il diritto in equilibrio tra giustizia e democrazia*, Bari, Dedalo, 2006.

[52] Cfr. G. Zagrebelsky, *Il diritto mite*, Torino, Einaudi, 1992.

individui (nonostante che abbia preso a colpirli direttamente). Per così dire, è un diritto senza *jurisdictio* (l'altro versante del diritto che, secondo la concezione suggerita sopra, è elemento ideale essenziale per la composizione del *Rule of law*, non meno del *gubernaculum*).

Per la verità, e paradossalmente, il mero imperativo che il diritto «deve essere osservato» si converte in una fonte di contraddizioni, e in più circostanze di conseguenze inaccettabili. Alla sola luce di quell'imperativo, il contenuto *normativo* del *Rule of law* si assottiglia al minimo, e il suo contenuto *materiale* è libero, variabile, sino a farne una nozione *relativa*, che cambia per ogni diverso ordinamento, per ciascun sistema giuridico: una nozione *jurisdiction-dependent.* Vi è dunque un nesso tra la visione del *Rule of law* come certezza della legalità (internazionale) e come nozione *system-relative.* È un nesso che appiattisce la forza semantica e normativa del concetto (di *Rule of law*) piegandolo al rispecchiamento del diritto positivo (senza richiedervi ulteriori qualità) di fatto vigente entro i confini di *un* ordinamento (statale o internazionale che sia). Il *Rule of international law* dovrebbe, come tale, poter imporre limiti giuridici a un potere normativo largamente indefinito e giuridicamente incontrollabile, nonostante la forza che, come nel caso del Consiglio di Sicurezza, può esprimere. Una volta ridotto a mera osservanza e a nozione *system-relative*, del *Rule of law* (nell'ordine giuridico internazionale) ovviamente non si può sostenere la pretesa universalità che pure vanta nei confronti del particolarismo degli ordinamenti statali. E nemmeno se ne può escludere la compatibilità con l'esercizio *arbitrario* del potere, con la possibilità del dominio, con la violazione della libertà.

L'*ordine* giuridico internazionale[53] – che abbia o no priorità e primato (monistici e kelseniani) – è un sistema giuridico, e non può essere confuso con il *Rule of law*, a meno che con

[53] Com'è noto, Hans Kelsen inverte il rapporto (il monismo) tra stati e ordine internazionale, facendo discendere i primi dal secondo (cfr. le pagine dedicate alla questione nel cap. IX del suo *Lineamenti di dottrina pura del diritto*, Torino, Einaudi, 2000). Ma si deve ancora sottolineare l'importanza del suo primo lavoro, del 1920: *Il problema della sovranità e la teoria del diritto internazionale*, cit.

l'espressione non si intenda proprio il diritto che vige in un sistema (seguendo la scia dell'equivalenza kelseniana tra *Rule of law*, *Rechtsstaat*, *Rechtsordnung*) in assenza di ogni altra qualificazione. Tuttavia, nel suo concreto significato storico, si pone su un piano diverso, funziona semmai come un obiettivo, un ideale normativo: e, come tale, eccede largamente i confini della questione kelseniana, poiché è esterno rispetto a questa, non termina nei limiti di una teoria pura del diritto, semmai oltre questo punto incomincia.

E infine, giova ribadirlo, si tratta di un modello normativo ma non anche di un qualche modello di diritto *naturale*, se non altro perché le condizioni e gli obiettivi che propone non costituiscono condizioni necessarie per la validità o l'esistenza di un *qualsiasi* diritto: un ordinamento può esistere anche se restasse distante dal divenire un'incarnazione accettabile del *Rule of law*.

Quest'ultimo non implica l'adesione ad alcuna inevitabile logica piramidale né richiede che gli ordinamenti domestici appaiano come logicamente «derivati» da quello internazionale. Entrambi sono però posti innanzi a un modello, cui possono corrispondere o meno. L'identificazione del *Rule of law* è dunque relativamente indipendente dalla concezione che si ha (monistica, kelseniana o dualista) delle *relazioni*[54] tra ordini, nazionali e internazionale.

Ironicamente, una concezione «ristretta» – per la quale il *Rule of law* semplicemente raccomanda il *rispetto delle norme* in ciascuna *jurisdiction* – può ben essere avanzata dal punto di vista dell'ordinamento internazionale, e divenirne l'interpretazione prevalente: anche se si tratta proprio della concezione tradizionalmente sposata dagli stati (democratici o no) che rivendicano la propria autonomia nazionale, nel senso della separatezza del proprio ordinamento, nei confronti della pretesa monista e universalista (che li vuole parti integranti) dell'ordinamento internazionale. E, non è nemmeno il caso di precisarlo, la visione «ristretta» (o relativa) del *Rule of law* unita all'approccio «dualista» (al diritto internazionale) non può

[54] Per il ruolo del *Rule of law* con riguardo alle *relazioni* tra ordini giuridici (ordinamenti statali, regionali, internazionali, regimi globali) cfr. *infra*, il cap. IV.

fornire alcuna fondazione alla superiorità logico-gerarchica del *Rule of international law* sul diritto nazionale.

In conclusione, mentre il *Rule of law*, come ideale, può essere declinato in modi diversi in contesti diversi, il suo significato normativo essenziale non cambia, e non è affatto *system-dependent*.

L'espressione comune nei paesi anglofoni, «the *Rule of law* in this jurisdiction», spesso usata anche con enfasi per sottolineare l'importanza di quanto il diritto dispone in un particolare ordinamento giuridico, a ben guardare potrebbe confondere il giurista *europeo continentale*[55]. Naturalmente, questi può ben riconoscere che (anche indipendentemente dalla presunta equivalenza linguistica) lo «stato di diritto» *costituzionale europeo* rappresenta un'approssimazione avanzata al modello ideale del *Rule of law*. Consapevole di questo, l'Unione Europea si richiama al *Rule of law* come una conquista propria, e lo traduce in criterio di giudizio dei propri interlocutori: nelle politiche di «vicinato» e nell'insieme delle sue relazioni informate al principio della «condizionalità» verso vecchi e nuovi candidati a stati membri[56]. Pertanto, l'Europa considera il *Rule of law* come un insieme di parametri ottimali per il diritto occidentale, lo include tra i propri «valori» fondamentali, accanto ai diritti umani, alla libertà o alla democrazia. E dunque come un *ideale da raccomandare*, qualunque estensione abbia l'ordine giuridico. Ovviamente, un tale atteggiamento prescrittivo sarebbe implausibile se il *Rule of law* coincidesse con il semplice imperativo dell'osservanza indiscriminata del «diritto in questa giurisdizione» di cui ho discusso qui.

Da questa prospettiva, dunque, l'espressione «the *Rule of law* in this jurisdiction», che non a caso ricorre con una certa solennità nelle significative pronunce della Corte Suprema statunitense, suscita il bisogno di una più ravvicinata attenzione.

[55] E specie se, com'è uso pacifico, il *Rule of law* venga (in questo caso ancor più erroneamente che negli altri) «tradotto» con *Etat de droit*, *Estado de derecho*, *Stato di diritto*.

[56] J.-J. Rijpma e M. Cremona, *The Extra-territorialisation of EU Migration Policies and the Rule of law*, EUI Working Papers, 2007/01. In generale, M.L. Fernandez Esteban, *The Rule of Law in the European Constitution*, The Hague, Kluwer, 1999.

Questa espressione tradisce un particolare modo d'essere, un atteggiamento culturale? E con quali conseguenze?

4.2. Un'occasione rivelatrice è stata offerta dalla nota sentenza Hamdan v. Rumsfeld (2006), grazie alla quale le Commissioni militari istituite dal presidente degli Stati Uniti furono cancellate e dichiarate incostituzionali. Secondo la Corte, lo *Uniform Code of Military Justice* (UCMJ)

> vincola l'adozione delle Commissioni militari, da parte del presidente, al rispetto non solo del comune diritto di guerra americano, ma anche delle altre previsioni dello stesso UCMJ, in quanto applicabili, e al rispetto delle regole e dei precetti del diritto delle nazioni [...] incluse *inter alia* le quattro Convenzioni di Ginevra firmate nel 1949 [...]. Le procedure che il Governo ha deciso di adottare ponendo il signor Hamdan sotto processo innanzi alle predette commissioni violano queste norme[57].

Le Commissioni non offrono ai detenuti e agli imputati garanzie minime, «riconosciute indispensabili dai popoli civili»[58]. Ma, soprattutto, nel creare tali Commissioni militari, il presidente ha usato un potere che non è il suo, non è «implicito» nella decretazione della guerra al terrorismo, e non gli è stato conferito, dovendo semmai essere deliberato e delegatogli dal Congresso. È per questo che la Corte può affermare, con consapevole gravità, che «nel sottoporre a procedimento Hamdan e nell'assoggettarlo a una sanzione penale», il potere esecutivo è tenuto a conformarsi al «*Rule of law* that prevails in this jurisdiction»[59].

[57] Hamdan v. Rumsfeld, 548 US (2006), *Opinion of the Court*, 49. Secondo la Corte, le Convenzioni di Ginevra sono *judicially enforceable* (nonostante l'opposto avviso della Corte d'Appello) *perché sono divenute parte del diritto di guerra*: e l'ottemperanza al diritto di guerra è richiesta dall'art. 21 dell'UCMJ. Al diritto di guerra appartiene l'art. 3 comune delle Convenzioni di Ginevra che è applicabile ai conflitti «non internazionali» e quindi offre garanzie anche ai combattenti di Al-Qaeda.

[58] *The Geneva Convention Relative to the Treatment of Prisoners of War*, August 12, 1949, art. 3, par. 1(d).

[59] 548 US (2006), *Opinion of the Court*, 72.

Ora, fa una qualche differenza, dunque, appellarsi al *Rule of law*, «in this jurisdiction», piuttosto che al *Rule of law*, *sans phrase*?

La decisione della Corte si muove attraverso due distinti argomenti, per quanto connessi: da un lato riconosce i diritti di Hamdan, tipicamente inerenti alle procedure giudiziali, e la doverosità del rispetto per i fondamentali principi di diritto correnti presso le nazioni civili (e ribadisce deferenza al diritto internazionale); dall'altro, dichiara che il presidente non può abusare dei suoi poteri, ossia che egli non può eccedere i limiti derivanti dalla *separazione* dei poteri. Tuttavia, la rilevanza «obbligante» delle norme internazionali e dei diritti di Hamdan non viene garantita *per sé*, ma attraverso la loro inclusione nel diritto federale, nelle *laws of the land*. La separazione dei poteri e la democrazia sono al centro della motivazione, al cuore dell'argomentazione che la maggioranza dei giudici ha fornito a sostegno di una tale promettente decisione. L'aspetto «strutturale» è allora quello prevalente, e in particolare esso spiega la decisione nel caso Hamdan, come tempestivamente si scrisse, quale decisione *democracy forcing*[60]. E ciò riemerge, chiaramente, nelle parole della *concurring opinion* del giudice Breyer:

dove, come in questo caso, non sussista alcuna emergenza che impedisca la consultazione del Congresso, l'insistenza dei giudici su tale consultazione non diminuisce la capacità della nostra Nazione di fronteggiare il pericolo. Al contrario tale insistenza rafforza la capacità della Nazione di definire – attraverso mezzi democratici – il modo migliore di procedere. La Costituzione ripone la sua fiducia in tali mezzi democratici. La nostra Corte oggi fa semplicemente la stessa cosa[61].

[60] Come Jack Balkin (*Hamdan as a Democracy-Forcing Decision*, June 29, 2006) scrisse: «What the Court has done is not so much countermajoritarian as *democracy forcing*. It has limited the President by forcing him to go back to Congress to ask for more authority than he already has, and if Congress gives it to him, then the Court will not stand in his way» (http://balkin.blogspot.com/2006/06/hamdan-as-democracy-forcing-decision.htlm, ultima visita 2 febbraio 2009).

[61] Hamdan v. Rumsfeld, cit., 2799.

Per la verità, la decisione della Corte Suprema fu molto favorevolmente accolta, quale passo fondamentale per la riaffermazione non solo della divisione dei poteri, ma anche di quella che si riteneva una tradizione di osservanza, da parte degli Stati Uniti, delle Convenzioni di Ginevra e di altre norme del diritto internazionale. Comunque, il vero obiettivo («in this jurisdiction») era stato negare la tesi del *blank check* dell'Esecutivo, ossia permettere alla deliberazione democratica di fermare l'autocrazia presidenziale. Tuttavia, ciò non toglie che la questione principale, nel profilo qui analizzato, sia un'altra: se il rispetto del *Rule of international law* (delle Convenzioni di Ginevra, ad esempio) sia questione che ricade nel dominio riservato della democrazia, intesa quale esercizio maggioritario dei poteri rappresentativi.

Si potrebbe ragionevolmente temere che il *Rule of international law* possa alla fine entrare in conflitto con il *Rule of law* «in this jurisdiction» (ossia nell'ordinamento statunitense): il quale infatti viene definito dall'esercizio dei poteri democratici, in particolare quelli legislativi del Congresso (la politica ordinaria, parlamentare, gli *ordinary politicians*[62]). La Corte Suprema ha impostato il problema proprio sul rispetto delle regole democratiche, come ha scritto il giudice Breyer. Tuttavia, la democrazia è solo uno tra gli ideali fondamentali degli stati costituzionali occidentali, e in sé e per sé esso non assorbe o garantisce automaticamente altri obiettivi, come il rispetto di alcuni diritti o del *Rule of international law*. Ed allora, può il dovere giuridico di fornire agli individui le garanzie riconosciute dalle più essenziali norme del diritto internazionale essere concepito come subordinato alla decisione del Congresso degli Stati Uniti?

Nei fatti, e sfortunatamente, il Congresso diede a questa domanda una sollecita risposta affermativa, supportando la volontà presidenziale con una nuova legge: il *Military Commissions Act* (MCA) dell'ottobre 2006 conteneva l'interpretazione del mandato ricevuto dalla Corte Suprema. E come si legge nel

[62] Il primo dei due piani costituzionali nella ormai classica definizione di Bruce Ackerman, che da questo distingue l'«higher constitutional track»: B. Ackerman, *We the People. Foundations*, New Haven, Conn., Yale University Press, 1992.

commento dello *Special Rapporteur* delle Nazioni Unite, molte previsioni del MCA «sono incompatibili con le obbligazioni internazionali degli Stati Uniti assunte nell'ambito del diritto umanitario e dei diritti umani». Il MCA contraddiceva «i principi fondamentali e universali del *fair trial* e del *due process* previsti nel comune articolo 3 delle Convenzioni di Ginevra». Attribuiva all'Esecutivo il potere di dichiarare chiunque,

> compresi i cittadini statunitensi, senza un capo d'accusa, *unlawful enemy combatant*, una definizione sconosciuta nel diritto internazionale umanitario, con il risultato di assoggettare tali detenuti alla giurisdizione di una commissione militare composta di funzionari militari *ad hoc.*

Inoltre, persino «l'ambito materiale dei crimini da giudicare con il processo militare è molto più ampio dei crimini di guerra secondo il significato da questi assunto nelle Convenzioni di Ginevra». E poiché ai detenuti era interdetto di prendere conoscenza di prove a proprio discarico se riservate all'Esecutivo come *classified information* ciò viola gravemente il diritto al *fair trial.* Infine il diniego, anche retroattivo, dell'*Habeas Corpus* a non-cittadini statunitensi (compresi i *permanent residents* che si trovano legalmente nel paese) appariva «in manifesta contraddizione con l'articolo 9, par. 4 dell'International Covenant on Civil and Political Rights»[63]. Su questo unico punto la Corte Suprema è poi intervenuta[64], con la dichiarazione di incostituzionalità: un esito prevedibile, potendo tale questione essere sollevata direttamente come di diritto interno, ricadente dunque nel dominio del «*Rule of law* in this jurisdiction» (la *Habeas Suspension Clause*: art. I, sect. 9, clause 2, US Constitution).

[63] *Special Rapporteur on the promotion and protection of human rights and fundamental freedoms while countering terrorism*, Martin Scheinin: comunicato stampa ONU, 27 ottobre 2006: consultabile all'indirizzo www.unog.ch/unog/website/news_media.nsf (ultima visita maggio 2007).

[64] Boumediene v. Bush, 553 US, 12 June 2008. Il caso dell'*Habeas Corpus* appare dunque diverso da quelli che dipendono dalla relazione con il diritto internazionale.

5. *Verso l'apprezzamento sostanziale («content dependent assessment»)*

Com'è noto, la deferenza verso le norme di diritto internazionale è disciplinata da previsioni costituzionali. Norme costituzionali svolgono una funzione «interfacciale» tra gli ordinamenti, e in paesi come l'Italia (art. 10 Cost.)[65] o la Germania (art. 25 GG)[66], ad esempio, garantiscono il rispetto delle norme e dei principi generalmente riconosciuti nel diritto internazionale, elevando la loro forza normativa al di sopra del *last in time rule*[67], che proprio nell'ordinamento statunitense li consegna comunque all'ordinaria deliberazione parlamentare.

[65] Quanto all'art. 10 della Costituzione italiana, la Corte Costituzionale nella decisione n. 278 del 1992 afferma che una volta identificata una norma di diritto internazionale generalmente riconosciuta, una norma interna contraria deve considerarsi incostituzionale, dato il principio di conformazione espresso dall'art. 10/1 Cost. Cfr. tra l'altro anche la decisione della Corte Costituzionale n. 48 del 1979. La riforma dell'art. 117 ha poi attribuito ai trattati rango sovralegislativo: cfr. le sentenze della Corte Costituzionale italiana n. 348 e n. 349 del 2007; secondo la Corte, l'art. 117 Cost. attribuisce ai trattati internazionali (o le regole di adattamento) «una maggior forza di resistenza rispetto a leggi ordinarie successive». Così, essi sono posti ad un livello più alto della legislazione ordinaria, sebbene al di sotto della Costituzione stessa.

[66] L'art. 25 della Costituzione tedesca introdusse anch'esso una speciale incorporazione automatica per le norme generali di diritto internazionale. Non assume semplicemente che tali norme fanno parte del diritto federale, ma aggiunge che «hanno precedenza sulle leggi e creeranno direttamente diritti e doveri per gli abitanti del territorio federale». Come ha scritto Ingolf Pernice, grazie a questa previsione, le norme generali del diritto internazionale sono come incorporate nel diritto nazionale e considerate in Germania al di sopra della legislazione e al di sotto della Costituzione. È da sottolineare che questa impostazione non vuol essere affatto una manifestazione di un'ideologia «monista» ma interpreta se stessa come una versione moderata dell'approccio «dualista». Peraltro, «ci sono stringenti ragioni (d'ordine storico e dogmatico), comunque, per sostenere che le regole dello Jus Cogens si collochino al di sopra del livello costituzionale» (I. Pernice, *Constitutional Law Implications for a State Participating in a Process of Regional Integration. German Constitution and «Multilevel Constitutionalism»*, in E. Riedel (a cura di), *German Reports on Public Law*, 40-66, Baden-Baden, Nomos, 1998, pp. 59-60 e n. 91. Cfr. anche Id., *Artikel 25: Voelkerrecht als Bestandteil des Bundesrechts*, in H. Dreier (a cura di), *Grundgesetz Kommentar*, Tübingen, Mohr Siebeck, 1998, vol. II).

[67] Sul quale cfr. J. Ku, *Treaties as Laws: A Defence of the Last-in-Time Rule for Treaties and Federal Statutes*, in «Indiana Law Journal», 80, 2005, pp. 319-391.

In termini sistematici, occorre richiamare il fatto che negli stati costituzionali il principio democratico (e l'esercizio dei poteri rappresentativi attraverso la regola di maggioranza[68]) è normativamente posto su un piano equiordinato a quello dei diritti fondamentali, procedurali o sostanziali. Questo equilibrio è ragione di un non illimitato esercizio dei poteri democratici parlamentari e della insuscettibilità del diritto a interamente tradursi in assoluto strumento della volontà di governo. Conseguentemente, è proprio tale «dualità» a candidare le democrazie costituzionali occidentali a soddisfacenti incarnazioni nel proprio ordine interno dell'ideale del *Rule of law*.

Ciò detto, ne discende che, poiché gli stati costituzionali in linea di principio sono deferenti nei confronti degli ideali sostanziali adottati (che includono il *Rule of law*) e non verso il mero principio formale di gerarchia a fonti/autorità *esterne*, a queste ultime si riconosce un primato che solo in parte e solo sino a un certo punto può restare automatico e incontrovertibile. Ciò vale, come accennato, nei confronti dei principi generali del diritto internazionale secondo la nostra Costituzione, e vale anche sino a riconoscere un peso e una *forza* ai trattati come sovraordinati alla legge ordinaria[69]: ma la deferenza al diritto internazionale (da parte delle democrazie costituzionali) non può tradursi in incondizionata subordinazione, qualunque esso sia. La ragione per tale deferenza non può essere cioè «content independent», irrelata ai contenuti normativi in gioco, ma sussiste, anche lì dove è celebrata da esplicite previsioni costituzionali, proprio sulla base dei traguardi raggiunti e incorporati nell'*acquis* dell'attuale ordine internazionale[70], e pertanto nella misura in cui non debba considerarsi in contrasto con essi.

La forza vincolante del diritto internazionale si lega innanzitutto al ruolo «civilizzatore» che esso ha svolto nel dare una forma allo *status naturae* dei rapporti interstatali, così offrendo

[68] Cfr., a questo riguardo, almeno E. Ruffini, *Il principio maggioritario. Profilo storico* (1927), Milano, Adelphi, 1977. Ma anche S. Cassese, *Maggioranza e minoranza. Il problema della democrazia in Italia*, Milano, Garzanti, 1995; A. Pizzorusso, *Minoranze e maggioranze*, Torino, Einaudi, 1991.

[69] Cfr. *supra*, n. 65.

[70] Cfr. *supra*, par. 1.2.

uno schema d'ordine alle relazioni internazionali[71]. Il *Rule of international law*, come ho ricordato nelle pagine precedenti, si è esteso intanto a comprendere norme fondamentali, tendenzialmente sottratte alla volontà delle parti in causa.

La tesi che la relazione (di deferenza, in linea di principio) degli ordinamenti statali all'ordine internazionale poggi su tale *acquis* esclude dunque che si tratti di una relazione fissata in modo solo formale e indipendente dal «merito» (*content independent*); inoltre, sottrae plausibilità all'idea che criteri logico-formali abbiano sempre l'ultima parola, e impone un ulteriore e concorrente livello di «riconoscimento», che apprezza i contenuti sostanziali di volta in volta in gioco. Che il riconoscimento reciproco tra ordinamenti o di norme appartenenti ad altri ordinamenti possa essere reso dipendente «anche dal merito» di tali norme, e non solo dal vincolo gerarchico formale tra loro istituito (ad esempio tra l'ordine internazionale, quello dell'UE, e quello statale), evidentemente arricchisce le relazioni tra gli interlocutori, e richiede loro vigilanza e partecipazione nell'elaborare il confronto sugli standard comuni. Sebbene la deferenza *content dependent* possa minacciare la regola aurea dell'ottemperanza (*a priori*, alle decisioni del Consiglio di Sicurezza, ad esempio), allo stesso tempo essa costruisce una connessione tra ordini giuridici che altrimenti non sussisterebbe, valorizzando il potenziale contributo di ciascuno alla ricerca e all'interpretazione di elementi normativi *comuni*. Tutto ciò tende a modificare le nostre «idee ricevute», e induce ad ulteriori riflessioni su metodi e sulle conseguenze.

Se la tutela dei diritti umani figura tra i principi fondamentali del diritto internazionale *e* di quello domestico, nessuno dei due può considerare questo impegno normativo come un mero «fatto» (nemmeno nelle relazioni reciproche). Come le pronunce richiamate nei paragrafi precedenti possono insegnare, è se non altro desiderabile una qualche coerenza tra gli impegni presi entro i confini e quelli cui uno stato intende conformarsi all'esterno. Dalla prospettiva che ho delineato sin qui, segue

[71] In generale cfr. M. Koskenniemi, *The Gentle Civilizer of Nations. The Rise and Fall of International Law 1870-1960*, Cambridge, Cambridge University Press, 2004.

semplicemente che il *Rule of law* sia da inquadrare per ciò che è, ossia una nozione unitaria nei confronti della quale gli stati si impegnano nel momento in cui l'abbiano resa parte dei propri principi giuridici fondamentali. Conseguentemente, la questione diviene se alcune norme essenziali del sistema internazionale siano comuni o trans-sistemiche, così da poter essere fili di connessione giuridica *tra i* sistemi.

In primo luogo, non dovrebbe poter esservi dubbio che un autonomo sistema giuridico eserciti (e abbia titolo ad esercitare) un legittimo controllo sul diritto valido e su quello applicabile al proprio interno[72]. È questa elementare premessa teorica a offrire ragioni *prima facie* (o se si preferisce *first order reasons*) per la visione «dualista», tra i cui meriti originari sta quello di rispondere alla preoccupazione di proteggere gli stati dagli effetti negativi di un eventuale esercizio arbitrario del potere dei governi nell'arena internazionale. E infatti, il riconoscimento del carattere «separato» degli ordinamenti può risolversi in uno strumento di protezione del *Rule of law* nel diritto interno, ponendolo così al riparo da violazioni generate all'esterno. D'altro canto, e all'opposto, se la dignità, i diritti umani o la libertà sono tutelati o no è un dato variabile e puramente contingente, e di per sé la *chiusura dei confini* dell'ordinamento, non solo non promette necessariamente di proteggerli, ma può rivelarsi uno strumento per perpetuarne la violazione. Il caso Hamdan, innanzi alla Corte Suprema, seguito dal MCA (ottobre 2006), costituisce un ottimo esempio del fatto che anche un'attitudine «dualista» non assicura di per sé migliori prospettive. Piuttosto che ad una concezione dualista o monista del diritto internazionale, la possibilità che il *Rule of law* sia elevato oltre lo stato si deve semmai alla concezione che si ha del *Rule of law* stesso, come qualcosa di irriducibile al mero rispetto delle regole purché vigenti (cfr. *supra*, par. 3).

Mentre è disagevole circoscrivere la portata del *Rule of law* alla supremazia *a priori* (*content independent*) dell'ordine inter-

[72] Cfr. le rielaborazioni della tesi dualista offerte recentemente da G. Arangio Ruiz, *International Law and Interindividual Law*, e da G. Gaja, *Dualism – Revisited*, in J. Nijman e A. Nollkaemper, *New Perspectives on the Divide between National and International Law*, Oxford, Oxford University Press, 2007.

nazionale, allo stesso tempo appare incongrua anche la visione, diversa ma essenzialmente dello stesso segno, che concepisce il *significato* e il *contenuto* del *Rule of law* come *relativo* a un sistema, e dunque dipendente dalla «giurisdizione» (cfr. *supra*, par. 4). Ciò che ci si può attendere dalla teoria del *Rule of law* è che essa lo descriva come una terza *chance*: una misura critica che viene condivisa come parametro di riferimento, o modello ideale, dai diversi ordinamenti indipendentemente.

6. *Il «Rule of law» come una terza via?*

Si deve ammettere che i mutamenti nel mondo globale sfuggono alla presa di identificabili metaregole, e di unitari paradigmi interpretativi. Nondimeno in un tale ambiente, e forse ancor di più che altrove, la necessità di alimentare l'ideale del *Rule of law* è sentita per ulteriori ragioni. La «comunicazione» di pretese normative tra attori e ordinamenti diversi tende per definizione a respingere priorità «in bianco», stilate semplicemente in ossequio a una qualche gerarchia delle fonti (e degli «interlocutori»). Essa non può semplicemente trasformare l'esigenza di *coordinazione* delle pretese in un *Diktat* non sottoposto a scrutinio. Per questa ragione, le ricordate relazioni *dipendenti dal merito* (cfr. *supra*, par. 5) sono difficilmente evitabili, con la conseguenza che agli interlocutori si apre la possibilità stessa di *scegliere*. Quel che il modello del *Rule of law* richiede, in tale contesto, è che tali scelte elaborino una continuità sostanziale tra gli ordinamenti, piuttosto che svolgersi in base a quella sorta di sdoppiamento d'identità interna/esterna (il «doppio standard») cui sono informate le relazioni tra regimi reciprocamente chiusi (*self-contained*).

Se questa tesi sembra astratta, pure se ne potrebbero portare alla luce alcune tracce, ripercorrendo l'argomentare della Corte Europea di Giustizia, nella decisione che ha finalmente cancellato la pronuncia del Tribunale di prima istanza, conseguentemente accolto le domande di Yusuf e Kadi e riconosciuto i loro diritti. L'immunità (naturalmente, rispetto al controllo della Corte Europea) della decisione di dare attuazione alla risoluzione del Consiglio di Sicurezza, secondo la Corte, non può essere fondata sul primato da accordare agli obblighi assunti sotto la Carta delle

Nazioni Unite nella «gerarchia delle norme entro l'ordine giuridico della Comunità»[73]. Anche se una tale gerarchia esistesse, il primato sul diritto comunitario «non si estenderebbe comunque al diritto primario dell'Unione, in particolare ai principi generali di cui fanno parte i diritti fondamentali»[74]. Questo significa, prima di tutto, che la *primacy* dell'ordine internazionale non è in effetti *content independent.* Essa coesiste con l'autonomia degli ordinamenti[75], ciascuno dotato di organi di controllo delle proprie decisioni, anche di quelle che dipendano, come in questo caso, da risoluzioni prese nell'ordinamento internazionale.

Comunque, sebbene si ritenga priva di titolo a sindacare direttamente la validità di risoluzioni adottate entro una sfera esterna, la CEG assume che quei provvedimenti debbano essere sottoposti a un controllo, sebbene solo allo scopo di valutare la costituzionalità della regolazione europea con cui sarebbero attuati. Così, a seguito di tale valutazione, la procedura di riesame, innanzi al Comitato per le Sanzioni del Consiglio di Sicurezza, è considerata dalla Corte e ritenuta nei fatti inadeguata a fornire sufficienti garanzie di protezione giurisdizionale[76]. I diritti di difesa «sono stati patentemente non rispettati»[77]. Eppure, essi appartengono ai principi generali del diritto comunitario[78]. Sebbene, secondo l'art. 307 EC, gli obblighi internazionali assunti prima del 1958 non cadano sotto la disciplina del Trattato EC,

[73] ECJ, 3 September 2008, in Joined Cases C-402/05 P (Yassin Abdullah Kadi), and C-415/05 (P Al Barakaat International Foundation par. 305).

[74] La Corte ritiene altresì che la propria competenza a controllare gli atti della Comunità alla luce dei diritti fondamentali costituisca una garanzia costituzionale nascente dal Trattato che non può essere pregiudicata da un accordo internazionale (ECJ, Kadi parr. 316-317).

[75] La Corte sostiene infatti, di converso (*ibidem*, par. 287): «it is not, therefore, for the Community judicature, under the exclusive jurisdiction provided for by Article 220 EC, to review the lawfulness of such a resolution adopted by an international body, even if that review were to be limited to examination of the compatibility of that resolution with jus cogens».

[76] Per gli individui colpiti dalle sue risoluzioni: *ibidem*, par. 322.

[77] *Ibidem*, par. 335.

[78] Come scrive la Corte (*ibidem*, par. 335): «stemming from the constitutional traditions common to the Member States, which has been enshrined in Articles 6 and 13 of the ECHR, this principle having furthermore been reaffirmed by Article 47 of the Charter of fundamental rights of the European Union, proclaimed on 7 December 2000 in Nice (OJ 2000 C 364, 1) (see, to this effect, Case C-432/05 Unibet [2007] ECR I-2271, paragraph 37)».

ciò nonostante – la Corte ribadisce – la supremazia del diritto delle Nazioni Unite (*ex* art. 103 della Carta ONU) non può valere anche contro i principi fondamentali della Comunità[79].

Il confronto tra ordinamenti giuridici non appare tanto una prova dell'autorità di ciascuno come fonte (interna) di diritto, ma avviene di fatto come una ponderazione o un conflitto di principi. Sebbene fonti e forme possano essere definite una volta per tutte, e così le relazioni tra diritto internazionale e domestico (principalmente grazie ad apposite norme costituzionali), la congruenza o la compatibilità tra principi normativi tutelati nei rispettivi ordinamenti richiedono una ponderazione *ripetuta nel tempo*. Ed è arduo immaginare oggi che una gerarchia delle fonti tra ordinamenti possa funzionare in sé e per sé. Infine, la relazione tra ordinamenti può svilupparsi al livello in cui sono in gioco obblighi fondamentali nella sfera internazionale, e qui deve essere perseguita una qualche coerenza, come ho accennato, con le norme interne più fondamentali.

Un simile e non meno complesso problema può essere studiato anche rileggendo alcune sentenze della Corte Europea dei Diritti Umani, tese a trovare un punto di congruenza tra la protezione dei diritti enumerati nella rispettiva Convenzione Europea e i contesti di applicazione dei paesi membri, le loro tradizioni interpretative e le loro scelte costituzionali. A questa ricerca di confronto e di equilibrio[80], ad esempio, dovrebbe essere ricondotta la *querelle* che ha visto lo stato italiano resistere innanzi alla Corte nel caso riguardante l'esposizione del crocefisso nelle scuole pubbliche, e richiedere una revisione da parte della Grand Chambre del giudizio della Corte che in tale esposizione aveva ravvisato una violazione del diritto di libertà della religione e del diritto dei genitori alla libera educazione[81]. Naturalmente, la ricerca dell'equilibrio *non* significa un'attenuazione nella protezione dei diritti umani, né indica esiti *necessariamente* più favorevoli agli stati resistenti (com'è poi accaduto nel caso menzionato), ma al contrario impone

[79] *Ibidem*, parr. 303-304.

[80] Sul punto cfr. anche *infra*, cap. III.

[81] Il caso Lautsi, ECHR, Lautsi v. Italy, n. 30814/06 (Sect. 2) (fr) – (3.11.09) su cui tornerò brevemente nel cap. IV, par. 5.

agli interlocutori di tenere in conto che la controversia si gioca sulle buone ragioni di merito, che esse devono essere prese sul serio, e che una volta che ciò sia garantito, chiusure dogmatiche, arroccate nella separatezza degli ordinamenti, non possono considerarsi legittime, né dal punto di vista dell'ordinamento interno né da quello dell'ordinamento internazionale.

Un assunto di carattere generale, elaborato negli ultimi decenni come espressione dello *European Rule of law*, ha qui una notevole rilevanza: come la Corte Costituzionale italiana sostenne in occasione del caso Frontini[82], limitazioni della sovranità entro la Comunità Europea devono essere dettate dal perseguimento di obiettivi e valori coerenti con i «principi fondamentali» dell'ordine costituzionale di uno stato membro. Anche in successive pronunce la Corte ha consolidato questo orientamento, in genere richiamato come dottrina dei «controlimiti»[83]. A sua volta, la Corte Costituzionale tedesca affermò la propria competenza rispetto agli atti normativi della Comunità Europea, rivendicandone il controllo ovviamente su basi di merito. Ma, la Corte sostenne, nella misura in cui un adeguato sistema di previsioni sostanziali e procedurali di protezione dei diritti fondamentali fosse divenuto effettivo nel diritto europeo, a un tale controllo la Corte *avrebbe potuto rinunciare*: e così fece, successivamente, nel 1986, poiché un tale sistema era ormai venuto in essere, e sin tanto che fosse rimasto tale[84].

Un ordinamento giuridico, dunque, non rinuncia ai *propri* impegni normativi. Ma – si deve notare – offrendo argomenti e ragioni ciascun ordinamento «promette» che il primato dell'ordine sovranazionale non è e non sarà solo una questione di «giurisdizione» ma anche una questione sostanziale (ad esempio di protezione dei diritti fondamentali). Poiché offrire

[82] Corte Costituzionale, decisione del 27 dicembre 1973, n. 183, *Frontini*.

[83] Nella successiva sentenza n. 232 del 1989 la Corte ha inoltre sottolineato la propria competenza «a verificare, attraverso il controllo di costituzionalità della legge di esecuzione, se una qualsiasi norma del trattato, così come essa è interpretata ed applicata dalle istituzioni e dagli organi comunitari, non venga in contrasto con i principi fondamentali del nostro ordinamento costituzionale o non attenti ai diritti inalienabili della persona umana».

[84] Si tratta della serie di argomenti ricordata come «Solange» nelle sentenze della Corte tedesca del 29 maggio 1974 e del 22 ottobre 1986: BVerfGE, May 29, 1974, 37; BVerfGE, Oct. 22, 1986, 73. Cfr. anche *infra*, cap. IV, par. 5.

ragioni (*giving reasons*)[85] significa vincolare ad esse innanzitutto se stessi, quando la motivazione subordina la deferenza verso l'ordine sovranazionale a uno standard normativo esplicito, quest'ultimo non solo condiziona tale deferenza, ma anche promette di *garantirla*.

Se proposto nel diverso dominio del diritto internazionale, un tale metodo di confronto può essere contrastato solo da una concezione «ristretta» e chiusa degli ordinamenti (internazionale o nazionale): tale da prevenire una forma razionale di comunicazione che discuta gli standard comuni; il che sarebbe più grave se tali standard, come lo stesso *Rule of law*, fossero tra quelli giuridicamente fondamentali in entrambi i sistemi interessati.

7. *La pratica del riconoscimento: uno sfondo teorico hartiano*

Questa interpretazione delle relazioni interordinamentali europee porta a un metodo di confronto che può rivelarsi utile alla formazione di standard comuni anche all'esterno dell'ordine europeo. Il suo potenziale non sta solo nel «trovare» tali standard, ma nel formarli. Si tratta, in altri termini, di un costruttivismo che punta verso comuni «norme di riconoscimento».

Le questioni riguardanti il tessuto giuridico internazionale sono in rapida evoluzione. Paradigmi relativi alla cornice generale, costituzionale, pluralista, «anarchica», e via seguendo, sono proposti di solito nel tentativo di fornire un senso univoco, e forse olistico, all'insieme. Rielaborare la prospettiva hartiana in questo campo, non annuncia, invece, alcun paradigma olistico, e nemmeno un qualche senso nostalgico di un mondo fatto solamente di stati. Nondimeno, esso comporta alcune assun-

[85] Si può rimandare a F. Schauer, *Giving Reasons*, in «Stanford Law Review», 47, aprile 1995, pp. 633 ss. Sebbene Schauer si concentri sul lavoro del giudice, il suo stesso argomento può essere esteso altrove: nel fornire ragioni – ad esempio per la non ottemperanza ad una norma (esterna) in nome di un'opposta norma interna – si produce comunque un *self commitment* basato sulla coerenza. In ipotesi, dando una ragione per l'inottemperanza, ci si impegna invece alla conformità nel caso che i criteri interni fossero soddisfatti.

zioni teoriche che devono essere rese esplicite, e che adottano la tesi della «norma di riconoscimento», concetto sviluppato, appunto, nella teoria del diritto di Herbert Hart.

Ciascun ordinamento giuridico complesso ruota attorno a metaregole, o regole secondarie, tra le quali quelle di riconoscimento controllano la validità entro il sistema e offrono una prestazione selettiva delle norme candidate a farvi parte. A questa tesi sono state date interpretazioni semplificate, tra cui quella che riduce la norma di riconoscimento a una mera indicazione delle fonti, e quindi, ad esempio, nell'ordinamento inglese, alla formula «What the Queen in Parliament enacts is law»[86]. In realtà il giuspositivismo non ha più particolari resistenze ad ammettere l'importanza che deve essere ascritta ai principi, e non solamente alle «norme». Hart confermava che la «norma di riconoscimento» a differenza di altre norme (che sono valide dal momento in cui sono emanate e anche prima di essere applicate) è un tipo di regola praticata dai giudici che esiste «solo se è accettata e praticata dalle corti nelle operazioni di individuazione e applicazione del diritto»[87]. Pur non avendolo originariamente sottolineato nel suo *Il concetto di diritto*, Hart precisò che il ruolo svolto nel ragionamento giuridico dai principi e da altri standard «aperti» non contraddice la dottrina della norma di riconoscimento (nonostante la diversa opinione di Ronald Dworkin)[88].

In alcuni

ordinamenti giuridici, come negli Stati Uniti, i criteri ultimi della validità giuridica possono esplicitamente incorporare, oltre il *pedigree*, principi di giustizia e valori morali sostanziali, e questi possono formare il contenuto di limiti costituzionali[89].

Inoltre, i principi stessi possono essere identificati attraverso il loro *pedigree* (come nel caso delle norme, tali principi

[86] Cfr. R. Alexy, *Begriff und Geltung des Rechts*, Freiburg, Verlag Karl Alber, 1992, p. 38.

[87] H.L.A. Hart, *Poscritto*, in Id. (a cura di), *Il concetto di diritto*, nuova ed., Torino, Einaudi, 2002, p. 328.

[88] *Ibidem*, p. 339.

[89] *Ibidem*, p. 318.

sono creati o adottati da una fonte di autorità riconosciuta)[90] mentre, d'altro canto, una norma di riconoscimento può contenere ulteriori criteri, oltre a quelli di *pedigree*[91] (metaregole sulla produzione, che fanno riferimento alle fonti), criteri di *merito* utili a identificare le norme valide. Questi ultimi criteri non sono estranei alla norma di riconoscimento, ma vi possono essere inclusi, sebbene in questo caso selezionino norme (e principi) sulla base del loro contenuto[92].

Tali tesi ben riflettono le trasformazioni subite da ordinamenti come quelli continentali europei, con le costituzioni del secondo dopoguerra, e pongono in primo piano il fatto che la validità di una norma non dipende da ragioni solamente formali. Come sottolinea una convergente elaborazione teorica, proposta da Luigi Ferrajoli, all'interno di ciascun ordinamento hanno luogo giudizi di vigenza (basati su requisiti formali relativi alle fonti e alle procedure di emanazione di norme) e giudizi di validità in senso stretto (basati su criteri materiali, di conformità sostanziale delle norme a principi ed altre norme sovraordinate che determinano limiti relativi al contenuto)[93].

Sebbene ormai rispecchiate nell'evoluzione della teoria del diritto, tali modificazioni, tuttavia, non sono ancora poste alla prova *al di là* degli ordinamenti «domestici». Esse producono comunque significative conseguenze, ancora da approfondire, e ciò con anche maggiore evidenza quando in gioco sia il «confronto» tra ordinamenti, un confronto di natura sostanziale (che verte ad esempio sul rispetto dei diritti). Ma un'altra buona ragione per attingere al pensiero di Hart è data dalla teoria della «norma di riconoscimento» come un *costrutto pratico* (*practice theory*). Invece di esprimere solo (o di essere necessariamente contenuti in) un insieme di regole costituzionali, i criteri selettivi della validità sono quelli effettivamente *praticati* entro il sistema istituzionale. Questo implica accettare che il *centro di gravità* dei sistemi giu-

[90] Ad esempio, il principio che nessuno può trarre beneficio da un illecito commesso è identificato, secondo Hart, da un «pedigree test», in quanto già invocato dalle corti in numerosi casi (*ibidem*, p. 338).

[91] *Ibidem*, pp. 336 ss.

[92] *Ibidem*, p. 338.

[93] L. Ferrajoli, *Diritto e ragione. Teoria del garantismo penale*, Roma-Bari, Laterza, 1989, p. 353.

ridici contemporanei non sia il loro apice, e cioè la loro tavola di norme costituzionali, ma la pratica concreta di quelle norme (e/o altre) che ne fornisce una selezione, un'interpretazione, una scala di priorità attraverso il tempo e le circostanze, e che è rilevabile per la sua *effettività* (altra cosa rispetto alla *validità* delle norme poste) e attraverso la sua progressiva attuazione[94].

Se guardiamo le cose da questa prospettiva, non siamo indotti alla costruzione di una sovra-architettura di principi, quale ad esempio quella di un costituzionalismo *mondiale*, definita solo dalla «scienza del diritto». E possiamo ritenere che sia il confronto tra attori nell'ordine internazionale a promuovere una progressiva convergenza su principi fondamentali condivisi, e sulla definizione di confini normativi in base a criteri relativi alle fonti e relativi a standard sostanziali.

Sottovalutandone la realtà in movimento, Hart riteneva che ciò non avvenisse nel diritto internazionale, che esso fosse solo un insieme non ordinato di norme, non dunque un ordinamento; che esso avesse carattere «primitivo», e fosse quasi del tutto privo delle regole secondarie (di riconoscimento, di mutamento e di giudizio) che istituiscono i confini propri di un sistema giuridico. Ma da tempo, al diritto internazionale si riconosce la maturità di un ordinamento autonomo. Gli attori sulla scena internazionale, dagli stati alle istituzioni e agli organismi sovranazionali, i Tribunali *ad hoc*, la Corte Internazionale di Giustizia, sono stati costruttori di un ordine che appare distinto, e dotato dei suoi criteri di validità[95]. Tutto questo rende meno irrealistico che anche un *Rule of law* oltre lo stato possa essere costruito, e lo sia stato in gran parte, come un modello cui l'ordinamento internazionale deve costantemente commisurarsi.

[94] Se criteri di merito vengono in superficie come criteri di validità (come accade soprattutto per vari principi costituzionali), ciò che è valido finisce per avere un rapporto con la razionalità socialmente disponibile, che può essere seguita dai giudici e dagli altri funzionari solo in una costante connessione con il diritto vivente, la forma sociale di vita, ecc.

[95] Che questo scenario non abbia tra i suoi protagonisti solo gli stati è stato detto più volte (cfr. anche *supra*, Introduzione). Si può aggiungere comunque che, a meno di non ritenere i giudici come scesi dal cielo, la pratica di riconoscimento dipende da un complesso intreccio di fattori, anche sociologicamente determinati, e che nel medio periodo essa riflette uno stato di cose «reale», che sia basato sull'etica o sul potere, che sia pluralista o meno, che esprima il dominio unilaterale di alcuni protagonisti oppure no.

La questione che oggi appare emergere è tuttavia ulteriormente complessa, rispetto a quella affrontata in questo capitolo: la dimensione dell'ordinamento internazionale non è l'unica che emerge «oltre lo stato», ma indica solo uno tra i sistemi che abitano il globo, accanto agli ordinamenti statali, o regionali, come l'ordinamento dell'Unione Europea; e come ho ricordato in apertura, al di là di questi livelli di legalità si sono sviluppati ulteriori piani di diritto sovranazionale e transnazionale che faticano ad essere ricondotti nell'alveo dell'ordinamento internazionale e dei suoi confini. Uno tra i principali propositi di questo volume è indicare come questi livelli di legalità entrino in rapporto e quale sia il ruolo che il *Rule of law* può assumere non solo nel diritto internazionale, come ordinamento separato, ma nell'insieme dei diritti (in senso oggettivo) concorrenti sulla scena del globo.

CAPITOLO TERZO

UNA MAPPA DEL GLOBO: LEGALITÀ AL PLURALE

1. *«Diritti» che popolano il mondo*

Fare riferimento al *Rule of law* nell'arena globale non significa andare alla ricerca di un principio universale, un «metaprincipio»[1] guida, ma chiedersi come questo ideale normativo presente nei più solenni documenti della civiltà giuridica contemporanea possa gettare una nuova luce sui processi della *governance* mondiale: questi ultimi sfuggono spesso proprio al controllo del diritto, e sembrano svilupparsi in una zona grigia, alle volte solo debolmente dotata di una qualche fisionomia giuridica, altre volte esposta alla potenziale concorrenza di regimi[2], ordinamenti, legalità diverse e divergenti.

Come sappiamo, il *Rule of law* significa più dell'osservanza di regole, della semplice certezza e prevedibilità, nonostante che questi caratteri siano essenziali funzionalmente al diritto e moralmente non trascurabili, costituendo un ostacolo al trattamento arbitrario dei cittadini[3]. Ma la *ratio* del *Rule of law*

[1] Dell'assenza di un metaprincipio teorico capace di prevalere sulla varietà di teorie concorrenti nella spiegazione dei caratteri giuridici del globo, parla N. Walker, *Beyond Boundary Disputes and Basic Grids: Mapping the Global Disorder of Normative Orders*, in «International Journal of Constitutional Law», 6, 3-4, 2008, pp. 373 ss.

[2] Con il termine *regimi* all'interno della *governance* mondiale, ricalco un uso ormai diffuso, e mi riferisco qui e in genere nel prosieguo, a quanto ho ricordato nell'Introduzione a questo volume (p. 8). La nozione – nel significato che dunque non coincide con il sistema di governo politico entro uno stato – segue la falsariga e risale alle elaborazioni della teoria delle relazioni internazionali, compiute soprattutto, e inizialmente, da John Ruggie e Stephen Krasner. I lavori di entrambi e di altri eminenti studiosi delle relazioni internazionali, che diedero forma al definitivo statuto dei «regimi» nella comunità scientifica, si trovano in S.D. Krasner (a cura di), *International Regimes*, Ithaca, N.Y., Cornell University Press, 1983.

[3] E si tratta naturalmente di presupposti necessari per il venire ad esistenza

riguarda la qualità delle strutture del diritto, ché ne contrastino la totale riduzione a mero strumento di chi esercita il potere sovrano (un *Rule by law*) e proteggano anche un altro diritto (positivo) sottraendolo giuridicamente al raggio d'intervento di quest'ultimo. Nell'arena extrastatale una tale funzione può persistere, ma con riguardo questa volta alle *relazioni* tra le molteplici legalità che si confrontano nel multiverso globale. In questa più ampia dimensione, il *Rule of law* concerne cioè non solamente la tutela del *giusto* verso ciascuno innanzi alle scelte etico-politiche, alle visioni del bene dominanti (punto su cui ho insistito *supra*, cap. I), non solo la dualità di *gubernaculum* e *jurisdictio*, diritto disponibile e diritto indisponibile, volontà democratica e garanzia dei diritti, ma anche la proiezione di tali equilibri nelle *relazioni che ordinamenti, regimi, legalità diverse intrattengono nei contesti sovranazionali.*

Tuttavia, non giungerò immediatamente a trattare tale questione. Prenderò una strada più lunga, per poter preliminarmente raccontare la diversità, che *al di là dello stato* è condizione essenziale alla comprensione del mondo: i molti livelli di legalità che emergono sul globo hanno natura diversa, estensione o profondità differenti. Il «diritto globale» è espressione che svolge una funzione unificante, tende a presupporre il diritto come un linguaggio, una logica, una struttura comune (cosa che in effetti è), e vi opera in modo omologante, tenendo da parte, come farebbe una «teoria pura», gli elementi differenzianti, che restano ininfluenti. Ma la diversità degli ordini di legalità dovrebbe avere un *peso*, e il suo riconoscimento è preliminare rispetto a ogni conseguente profilo delle loro relazioni. Per tale motivo, muoverò richiamando concezioni, mentalità, relative a diversi modi d'essere del diritto: le cui vecchie e nuove manifestazioni esprimono tutt'altro che piatte omologie (ricorderò Montesquieu, e l'*esprit*, lo *jus gentium*, il diritto amministrativo globale – GAL, e l'archetipo del medievalismo, come esemplifi-

di un ordinamento effettivo, come ben si avverte nel diritto internazionale. Né si vuol qui sminuire il valore e l'importanza dell'obbedienza degli stati al diritto internazionale, né il fatto, spesso sottovalutato, che la maggior parte degli stati «almost all of the time» effettivamente ne osserva le norme (L. Henkin, *How Nations Behave: Law and Foreign Policy*, II ed., New York, Columbia University Press, 1979, pp. 25-26).

cazioni di formati di legalità). La gran parte di questo capitolo è dunque dedicata a suscitare sensibilità, e a rendere possibile un giudizio *per differentiam*, con riguardo a «volumi» e «formati» di diritto, ulteriori rispetto alle visioni centrate esclusivamente sullo stato. Ciò renderà meno impervio il mutamento di attitudini teoriche che è necessario per un più comprensivo sguardo alle coordinate e generi di diritto che s'intersecano nel globo.

Nondimeno, questo capitolo si concentra sullo stato delle cose nella *governance* globale, sulle modalità in cui le presenti trasformazioni hanno generato strati, frammenti, fratture nel corpo del diritto. Le parole chiave, o gli snodi principali, che porrò in primo piano sono rappresentati dalla coppia *accountability*/responsabilità, intesa come una divergenza: essa rispecchia nel primo termine l'aspettativa ottimale di un diritto che imponga garanzie e procedure nell'arena globale, così da porre i titolari del potere decisionale in condizioni di visibilità nelle quali potrebbero dare conto ai destinatari del loro operato; il secondo termine, invece, rinvia, come spiegherò, alla precomprensione generalizzata del diritto come *sistema*, completo e coerente, nell'orizzonte in cui lo collocano le teorie moderne e contemporanee, quello dello stato.

Il finale proposito dell'analisi che condurrò non è proporre un'unitaria, monolitica forma ordinamentale che abbracci il globo, ma generare la domanda circa le *relazioni* tra *diversità*, tra le logiche che esse seguono, tra le funzioni cui assolvono: domanda che sarà poi argomento del capitolo successivo, con il quale potrò tornare ad elaborare il *Rule of law* nel teatro globale.

2. *Geologia e strati*

Le metafore possono essere illuminanti. La metafora del diritto internazionale come una formazione progressiva di strati geologici, visibili in sezione verticale, serve a rivelare che la visione orizzontale, piatta, dalla superficie, perderebbe, e sprecherebbe, l'effettiva complessità. Joseph Weiler[4] ha guardato a

[4] J.H.H. Weiler, *The Geology of International Law. Global Democracy and Legitimacy*, in «Zeitschrift für ausländisches öffentliches Recht und Völkerrecht», 64, 2004, p. 547.

come gli strati si sono sviluppati, e a come il diritto dei trattati (convenzionale), il diritto della Comunità e il diritto regolativo si sono susseguiti arricchendo la profondità e lo spettro del diritto internazionale. La sua metafora tiene insieme parti che altrimenti sono considerate divergenti e intese a seguire differenti logiche e regole fondamentali. Il suggerimento è che noi non possiamo dare un senso alla stessa cosa se non attraverso gli strati in cui consiste, ossia attraverso i quali essa forma il proprio spessore, la propria consistenza.

Altre visioni hanno un diverso interesse *dinamico*: sostanzialmente, esse concepiscono uno degli strati di cui sopra come capace di spiegare gli altri, di rivelare dove stia il fulcro, il principio guida. Ma la *clavis universalis* è piuttosto vaga e sfuggente: è la c.d. *human dimension*[5], lo sviluppo del menzionato diritto *super partes*? oppure dominante resta il controllo ultimativo dei Signori dei Trattati? La radice convenzionale rimane generatrice, e spiega, ad esempio, anche l'autonomia delle istituzioni transnazionali e sovranazionali come un suo ulteriore prodotto? O, infine, il centro del sistema è ormai in quel nuovo motore della produzione regolativa e amministrativa che si espande in molteplici entità dotate di un inedito potere jusgenerativo, capace, di fatto, di autoautorizzarsi?

Si potrebbe pensare che insistere sulla progressiva trasformazione di vecchi concetti verso la metanorma «umanità» consenta di chiarire ciò che sta veramente accadendo nel diritto «oltre lo stato», ossia il formarsi di una *gerarchia* di norme in base a valori, e dunque attraverso i contenuti. La metanorma «umanità» ridefinisce la sovranità[6], e forse finanche il diritto del commercio mondiale[7]. Ma questo modo di vedere le cose non sembra coglierle nella loro interezza. Ed infatti, dall'altro strato, quello

[5] A. Cassese, *The Human Dimension of International Law*, Oxford, Oxford University Press, 2008.

[6] A. Peters, *Humanity as the A and Ω of Sovereignty*, in «European Journal of International Law», 20, 3, 2009, pp. 513 ss. Cfr. anche R. Teitel, *Humanity's Law*, in «Cornell International Law Journal», 35, 2002, pp. 355 ss.

[7] Questa elaborazione si deve soprattutto a Ulrich Petersmann; tra i suoi molteplici interventi, *Justice in International Economic Law? From the «International Law among States» to «International Integration Law» and «International Constitutional Law»*, in «The Global Community Yearbook of International Law and Jurisprudence», I, 2006, pp. 105-146 (2007).

del diritto regolativo, provengono diverse e anche più ampie pretese. In effetti esso connette, orizzontalmente e verticalmente, vecchie e nuove entità che producono norme e disciplinano, amministrano, praticamente ogni campo della vita individuale e collettiva (dai diritti umani agli standard commerciali, dalle agenzie sportive alla conservazione delle foreste, dall'ambiente all'agricoltura, dal patrimonio culturale all'energia, dalla competizione commerciale alla sicurezza). Proprio grazie al fatto che tale diritto ricomprende – e si indirizza a – interlocutori diversi, in ordinamenti molteplici e dotati di imperativi e scopi differenti (si pensi alle regole poste dal WTO, che finiscono per funzionare attraverso ordinamenti regionali e statali, incrociarsi con il diritto delle transazioni private e pubblico-private, ecc.), esso può ambire a gettare l'unica luce onnicomprensiva, attraverso cui ogni cosa diviene visibile. E considerando i suoi processi inspiegabili attraverso le lenti dello strato convenzionale (la matrice degli accordi tra gli stati), studiosi ed esperti della *governance* regolativa sovranazionale concludono che il diritto che hanno di fronte, piuttosto che il tradizionale diritto *inter gentes*, è invece il diritto globale. Ma questo è davvero un cambio di paradigma, per una ragione almeno: che quel che era solo uno strato di un unico insieme è concepito d'un tratto come l'insieme di quegli stessi strati.

E comunque, come può essere (fatto) un diritto globale?[8] Il diritto può davvero avere questo nuovo formato? Queste domande sollecitano innanzitutto una profonda pausa di riflessione, richiedono uno *zooming-out* rispetto allo stesso tema centrale del *global law*, una ricognizione preliminare, capace di arricchire le idee ricevute, e di illuminare aspetti poco frequentati dalla tradizionale teoria del diritto, ad esempio dal normativismo di Hart o di Kelsen. Innanzitutto, il diritto potrebbe anche essere visto attraverso il *volume* che occupa, ossia non mettendo tra parentesi componenti generali, dello spessore sociale, istituzionale, politico attraverso cui i molteplici livelli di legalità (substatali, statali, regionali, internazionali, sovranazionali, globali) differiscono. Si può pensare di affrontare la domanda sulla concepibilità di un

[8] L'espressione è tuttavia ormai d'uso, e la si trova adottata in una funzione comprensiva in S. Cassese, *Il diritto globale*, Torino, Einaudi, 2009.

diritto globale, e sul ruolo che il *Rule of law* può svolgervi, solo *dopo* che si sia almeno in parte compiuto un esercizio ricognitivo (non occorre che sia anche esaustivo), che ci consenta di apprendere il diritto anche attraverso la varietà dei suoi formati[9] (invece meno visibili dal punto di vista della forma delle *norme* e dei rapporti tra esse). Di ciò si occuperanno dunque, credo non sommariamente, i prossimi paragrafi (3-6).

3. *Formati di legalità: il diritto come «esprit»*

In questa diversa prospettiva, si pensi, ad esempio, a *L'esprit des lois*. La premessa generale sembra essere che il mondo esterno si compone di molti interni, che riflettono peculiari combinazioni di più semplici elementi generali. Muovendo da un'enorme quantità di dati e di esperienze di popoli diversi, Montesquieu segue il metodo dell'osservazione da vicino della vita in molti paesi. Potere, commercio, leggi ed educazione, clima e territorio, condizioni sociali e religione, sentimenti collettivi, sono parte dell'oggetto reale e quindi necessari a comprendere come una qualsiasi forma di potere istituzionale e di governo operi, il suo corrompersi, sopravvivere o prosperare. Tipologie diverse di governi sono distinte attraverso criteri *qualitativi* (non del genere quantitativo, aristotelico). Ogni comunità sociale governata mostra per Montesquieu una «natura» e un «principio»: «Fra la natura del governo e il suo principio esiste questa differenza: che è la sua natura a farlo tale, ed il suo principio a farlo agire. L'una è la sua struttura particolare, l'altro le passioni umane che lo fanno muovere»[10]. Pertanto, egli non si è fermato alle

[9] Suggerirò qui in funzione euristica di concepire il diritto come un formato, e presenterò alcuni di tali formati: uno lo chiamerò *esprit*, gli altri sono riferiti allo *jus gentium*, al diritto amministrativo globale, al medievalismo.

[10] Ch.L. de Secondat (Montesquieu), *Lo spirito delle leggi*, trad. di S. Cotta, Torino, UTET, vol. I, p. 83. Le passioni: la virtù è necessaria in una repubblica, l'onore nelle monarchie, la paura nel dispotismo. Non posso soffermarmi qui su ulteriori aspetti tra cui, oltre la natura e il principio, si deve menzionare l'importanza dell'*oggetto* (qual era per il governo inglese la *libertà*, che a sua volta richiede un governo «misto», che raccolga profili della monarchia, dell'aristocrazia e della democrazia) o la separazione delle funzioni (e la famosa

strutture, come fanno in molti, ma giunge all'intuizione dei «principi»: che le «mettono in moto» e le «fanno agire». Sono necessarie passioni non private, ma pubbliche, verso «istituzioni» comuni: e nel caso dei governi popolari ed in parte anche di quelli aristocratici (moderazione), è richiesta la virtù, che diviene un elemento funzionale, oggettivo, del sistema nel suo complesso[11]. Le leggi sono «relazioni» che si desumono dalla combinazione di fattori sociali, culturali, geografici, del commercio, dell'economia, di maniere e costumi, nonché dall'influenza e dal ruolo (positivo o negativo) svolto dal governo politico. Relazioni tra diversi vettori contestuali, tensioni tra forze coesistenti. Nel regno della diversità, il diritto sia riflette sia ridetermina, come un fattore tra gli altri, un tessuto di dipendenza e significati, di cui è imbevuta la natura delle cose[12]. E il generale «esprit des lois» prende forma come una tale ricomposizione dell'*insieme*, una *ratio* che sarebbe persa se i c.d. fattori esterni fossero ignorati[13]. Non certo un giusnaturalista (o un naturalista *tout court*) e, credo, nemmeno un determinista, Montesquieu spiega in questo modo il «volume» del diritto, come una nozione specifica e contestuale, sottoposta a stabili e generali *rationes*: il diritto non si comprende solo attraverso la sua logica, né grazie a una sua dipendenza ultima dalla natura o dalla volontà.

Ora, si può pensare che questo modello rifletta senz'altro una delle nostre idee ricevute più profonde circa il diritto, sebbene resti estraneo alla scienza e alla teoria del diritto, come alla continentale dogmatica giuridica. Possiamo chiamarlo modello, o matrice, *esprit*.

Le leggi sono difficilmente separabili da ciò che si suppone che esse debbano regolare: e pertanto[14] «una cosa è giusta non

elaborazione nel n. 47 dei *Federalist Papers* per mano di James Madison, che insiste sul rapporto di *checks and balance*).

[11] *Ibidem*, pp. 83 ss.

[12] *Ibidem*, *Prefazione*, p. 50.

[13] Su questo, E. Ehrlich, *Montesquieu and Sociological Jurisprudence*, in «Harvard Law Review», 26, 1916, pp. 582, 589.

[14] Montesquieu, *Pensieri*, Milano, Rizzoli, 2009, p. 83. Si noti, come si sottolineerà più avanti, che una caratteristica del diritto globale è appunto che esso appare invece largamente separabile da ciò che regola.

perché è legge, ma deve essere legge perché è giusta». Il che definisce nuovamente il gioco tra ragione e diritto, almeno perché non assume che sia una ragione ottimale e astratta a determinarlo. E, per converso, la nozione di volontà semplicemente prende il suo posto entro contesti determinati, cioè entro una tela in qualche modo già segnata, ed entro coordinate o limiti che le cose impongono, insieme con i molti protagonisti sulla scena.

Ebbene, proprio questa mentalità era davvero troppo lontana da quella del padre fondatore del giuspositivismo. Per la visione *imperativista* del diritto di John Austin, Montesquieu non poteva render conto del diritto: se animali e fenomeni naturali hanno le loro «leggi», allora queste ultime hanno un significato diverso da quelle che concernono la società[15], la quale non può essere vista secondo quelle «relazioni» di cui parla Montesquieu. Ora, nonostante l'ovvia e ineccepibile differenza epistemica e ontologica tra normatività e necessità naturale, serve ogni cautela nell'abbracciare la *hybris* della modernità, dove lo *jus* semplicemente viene fatto coincidere con lo *iussum*, con una non condizionata espressione di volontà, se non con un «comando». D'altro lato, per Montesquieu anche il governo politico è solo parte, sebbene ben rilevante, di un complesso di fattori[16]. Così, mentre si mostrerebbe falso che il diritto è mera volontà di un sovrano, non sarebbe però vero che il diritto di natura (o altre deterministiche ipotesi) governi da solo o in ultima istanza. Com'è noto, il grande sociologo Eugene Ehrlich[17] colse in profondità nel lavoro di Montesquieu questa composizione complessa, multifattoriale, del diritto, considerandola non assimilabile né al giusnaturalismo né al giuspositivismo imperativistico. E rilevò l'importanza della diversità nel ricorrente *caveat* montesquieuviano: le stesse regole non hanno sempre lo stesso effetto, o lo

[15] J. Austin, *The Province of Jurisprudence Determined*, Cambridge, Cambridge University Press, 1995, p. 210.

[16] L'onnipotenza del diritto come comando può persino realizzarsi ma purché si diano *condizioni* esterne necessarie. Montesquieu considera *assolutamente errato* il principio hobbesiano secondo cui l'autorità del re, se data dal popolo, è *soluta* e incondizionata.

[17] Ehrlich riconosceva Montesquieu come un precursore della sociologia giuridica, ed anche vari limiti del suo lavoro scientifico: Ehrlich, *Montesquieu and Sociological Jurisprudence*, cit., pp. 583, 596-600.

stesso spirito, né le stesse motivazioni, e a volte, esse possono persino non essere affatto le stesse.

In conclusione, leggi e relazioni hanno «profondità», e la ricchezza delle esperienze territoriali frena l'eccesso di indulgenza verso le somiglianze. È certamente vero che con Montesquieu, pregiudizi e direzione politica sono spesso cause più influenti ed efficaci del clima o della cultura, che la conquista e il commercio in genere alterano quelle cause e promuovono il mutamento, e che ampie differenze possono coesistere in grandi o addirittura universali sistemi giuridici[18]. Questa apertura alla continuità orizzontale, comunque, di certo segue la riflessione sulla dimensione verticale, per così dire, ossia sulla *profondità*: la connotazione prima della denotazione; tracciare una mappa del mondo è l'impresa d'ordine di coloro che sono alla ricerca di ciò che il diritto è, di come funziona, cosa «fa», ed eventualmente del «perché». L'universalità della *ratio* di sistemi e forme del diritto può essere possibile solo sulla base della particolarità dei fattori. Come richiamato in apertura, le leggi sono coerenti con ciò che rende vive le società, con ciò che le fa agire: un principio (virtù per i governi popolari, onore per le monarchie, timore per il dispotismo). E virtù, per inciso, è un'attitudine politica ed istituzionale, considerata come una proprietà di consistenza del sistema, un ingrediente di una dinamica oggettiva, una cosa sola con lo stesso funzionamento dell'insieme[19].

Questo «formato» *esprit* è spesso considerato come un precedente delle teorie culturali o linguistiche del diritto, che hanno avuto varie fioriture successivamente, innanzitutto opponendosi al credo illuministico che negava il carattere nazionale del diritto[20],

[18] R. Howse ha recentemente tratteggiato un Montesquieu più universalista nel suo *Montesquieu, on Commerce, Conquest, War and Peace*, in «Brooklin Journal of International Law», 31, 3, 2006, pp. 693 ss.

[19] Nell'*Avertissement*, Montesquieu, *Lo spirito delle leggi*, cit., vol. I, p. 47, chiarisce che egli chiama «virtù» in una repubblica l'amore per la patria, il quale in quanto tale *non* è una virtù morale o una virtù cristiana.

[20] Ciò valse sino alla seconda metà del XX secolo, momento dal quale si perseguì invece il progetto della «inherent unity of law». R. Sacco, *Diversity and Uniformity in the Law*, in «The American Journal of Comparative Law», 49, 2, 2001, pp. 171-172. A. Gambaro, *Western Legal Tradition*, in P. Newman (a cura di), *The New Palgrave: A Dictionary of Economics and the Law*, London, Macmillan, 1998.

e secondo il quale il modello delle codificazioni doveva stendersi tanto avanti quanto l'Armata francese. Su un altro fronte, come per il comparatista Ewald, Montesquieu è concepito come un «contestualista», che pur tuttavia manca di spingersi abbastanza in là da vedere il carattere «interno» del diritto come un *modo di pensare*: il diritto oltre i testi e le azioni, cioè il diritto «nelle menti», qualcosa che può difficilmente essere compreso dall'«esterno»[21].

Comunque sia, *esprit* resta una matrice *comprensiva*, nella quale volontà e ragione (i due pilastri delle dominanti costruzioni ideologiche della legalità), i suoi elementi formali e materiali e le passioni politiche per le istituzioni, in combinazioni imprevedibili, conducono alla differenziazione degli insiemi: nonostante che vari componenti possano essere simili, la matrice *esprit* induce a molta cautela sui rapidi tratti di penna con cui si cercano di delineare concordanze, somiglianze, e di dimenticare divergenze[22].

4. *«Jus gentium» o il diritto comune a tutte le genti*

Tuttavia, lo si deve ammettere, nemmeno *esprit* copre ogni vuoto. Esso non può render conto di quella ulteriore dimensione, così di frequente invocata nel mondo globalizzato, che si richiama allo *jus gentium* (e ne propone un'elaborazione contemporanea). Il «diritto delle genti» (*rectius*: ciò che con quest'espressione si evoca) è dunque diverso, indica un piano distinto (*non* forma-

[21] W. Ewald, *The Jurisprudential Approach to Comparative Law: A Field Guide to Rats*, in «The American Journal of Comparative Law», 46, 4, 1998, p. 703.

[22] Cfr. P. Lagrande, *Fragments on Law as Culture*, Deventer, W.E.J. Tjeenk Willink, Schoordijk Institute, 1999, pp. 10 ss. Cfr. anche R. Cotterrell, *Comparative Law and Legal Culture*, in R. Zimmermann e M. Reimann (a cura di), *Oxford Handbook of Comparative Law*, Oxford, Oxford University Press, 2008, pp. 709-738. I divergenti atteggiamenti degli studiosi di diritto comparato e di sociologia giuridica sono consueti: il fuoco delle loro teorie è posto nella rivelazione di invariabili archetipi del diritto, di denominatori comuni, o al contrario di «fattori intangibili» (*intangibles*) che sul piano culturale sostengono e distinguono un linguaggio giuridico non esportabile, non trapiantabile (come nel caso, ad esempio, del concetto di buona fede esportato nel diritto inglese dall'Europa continentale attraverso una direttiva dell'UE, e trasformato in qualcosa il cui significato è divenuto... imprevedibile): cfr. G. Teubner, *Legal Irritants: Good Faith in British Law or How Unifying Law Ends up in New Divergencies*, in «Modern Law Review», 61, 1, 1998, pp. 11 ss.

le) eppure *universale*: come vedremo, nel congiungersi della validità *universale* con qualcosa d'altro dalla solita astrazione formale stanno la sua originalità e la sua forza. Esso trae il suo senso (e sembra essere fatto) da istituti giuridici *comuni* a molti ordinamenti, a svariati popoli: dall'età romana a Grozio, e alle contemporanee dottrine del diritto comparato, la sua natura è vista oscillare tra *ragione*, *morale* e *consenso* (quest'ultimo non meno cruciale).

Il diritto pretorio romano si sviluppò così da affrontare con successo le abitudini giuridiche dei non-cittadini (*peregrini*) giunti a Roma[23]. Genti separate dalla propria terra. Quando questo primo distacco colpisce la coppia (statica) popolo-territorio, il modello *esprit* è posto in crisi da quella decontestualizzazione che avviene a causa di costanti mobilità umane, spostamenti e peregrinazioni i quali producono uno scollamento del linguaggio, del pensiero e delle consuete pratiche sociali dal loro tessuto territoriale. Questo fu inizialmente lo *jus gentium*: nato da «necessità politica», meno perfetto dello *jus* civile, esso assunse, secondo Maine, più alto *status* e dignità attraverso lo Stoicismo, e in relazione all'*aequitas*, sino a divenire assimilato al diritto di natura, comune all'umanità[24]. Diritto di ragione *e* diritto di natura, nelle parole di Cicerone: «Est enim unum ius, quo devincta est hominum societas et quod lex constituit una; quae lex est recta ratio imperandi atque prohibendi»[25].

Fuori dall'ambiguo limbo, tra ragione, positività e natura, con Gaio esso venne riferito soprattutto alle *leggi* presenti in società diverse, e per questo *comuni ai popoli.* Molto tempo dopo, Grozio lo mise chiaramente in parallelo con lo *jus civile commune* o *non scriptum*:

[23] Pomponio, *Digesto*, 1, 2, 1-47. Cfr. G. Sherman, *Jus Gentium and International Law*, in «The American Journal of International Law», 12, 1, 1918, pp. 56-63; Genc Trnavci, *The Meaning and Scope of the Law of Nations in the Context of the Alien Tort Claims Act and International Law*, in «University of Pennsylvania Journal of International Economic Law», 26, 2005, pp. 193 e 199-222; H.S. Maine, *Diritto antico*, Milano, Giuffrè, 1998, spec. pp. 39-59.

[24] Maine scrive: «Ogni volta che una particolare usanza appariva essere comunemente praticata da un gran numero di razze diverse, veniva riconosciuta come parte del diritto comune a tutte le nazioni, o *jus gentium*» (*Diritto antico*, cit., p. 43). Cfr. anche Sherman, *Jus Gentium and International Law*, cit.

[25] *De Legibus*, I, xv, 42.

quando molti in diversi tempi e luoghi affermano come certa la stessa cosa, questo fatto si deve riportare ad una causa generale, la quale, nei nostri argomenti, non può essere altra che o una conseguenza procedente da principi di natura, o un accordo generale. Quella rivela il diritto naturale, questo il diritto delle genti[26].

Il più importante senso acquisito dello *jus gentium* fa riferimento ad un sottostante diritto interstatale, e anche del commercio *transnazionale*. In entrambi questi significati esso è presente negli scritti di Kant[27].

Ancora, Austin, che vedeva il diritto come volontà, ricondusse invece lo *jus gentium* alla natura: «leges et mores» universali sono altro dal diritto positivo («distinti da quelli peculiari a una particolare nazione»). Il diritto di natura indica «dettami di utilità» che «sono sempre e in ogni luogo gli stessi» e sui quali non «si può sbagliare»:

ci sono regole giuridiche o morali che sono quasi o del tutto universali e la cui convenienza dev'esser riconosciuta dalla mera ragione naturale, o dalla ragione senza la guida di larga esperienza ed osservazione[28].

Tenendo conto che lo *jus gentium* propone «risposte comuni a problemi comuni» attraverso diversi sistemi giuridici[29], Jeremy Waldron ne sottolinea ed enfatizza l'assimilabilità al diritto naturale o alla morale, ma senza espellerlo,

[26] Grozio prosegue: «La differenza tra l'uno e l'altro deve essere colta non nelle definizioni degli autori – infatti qua e là gli scrittori confondono i termini di diritto naturale e diritto delle genti – ma dal carattere della materia. Infatti si ritiene sorto per libera volontà tutto ciò che, non potendosi dedurre da principi sicuri e con sicura argomentazione, appare essere osservato ovunque» (U. Grozio, *I Prolegomeni al De Jure Belli ac Pacis*, Palermo, Palumbo, 1948, p. 74).

[27] Cfr. tra i vari riferimenti kantiani, I. Kant, *Per la pace perpetua*, Milano, Feltrinelli, 1995. E cfr. G. Marini, *La filosofia cosmopolita di Kant*, Roma-Bari, Laterza, 2007; N. De Federiciis, *Gli imperativi del diritto pubblico. Rousseau, Kant e i diritti dell'uomo*, Pisa, Edizioni Plus, 2005.

[28] J. Austin, *The Province of Jurisprudence Determined*, Cambridge, Cambridge University Press, 1995, p. 210. Non si tratta tuttavia di qualcosa che sostituisca il diritto: *ibidem*, pp. 151-152.

[29] J. Waldron, *Foreign Law and the Modern Jus Gentium*, in «Harvard Law Review», 119, 1, 2005, p. 133: «But I shall use the Latin phrase "ius gentium" to refer to the law of nations in the more comprehensive sense – a body of law purporting to represent what various domestic legal systems share in the way of common answers to common problems».

come fa Austin, dal diritto positivo: più indirettamente, in verità, Waldron evidenzia la presenza, dietro di esso, di una giustificazione «scientifica», cosa che quindi apre la strada a una più generale precomprensione di questo formato come diritto potenzialmente conoscibile per mezzo della ragione. A mio modo di vedere, l'elaborata operazione di Waldron finisce per corroborare una sua più celata idea del diritto in generale, come dotato di natura razionale. Questa premessa epistemologica permane, e si rafforza proprio nello *jus gentium*, sebbene vi si possa giungere non per la ragione astratta, ma solo attraverso un processo ricognitivo delle ricorrenze dei vari ordinamenti. Come io credo, non fa tuttavia alcuna differenza a questo riguardo che il riconoscimento dello *jus gentium* come una sorta di *verità razionale* consegua da un'aristotelica metodologia *a posteriori* (la verità è inferita da ciò che accade nella maggior parte dei luoghi, *id quod plerumque accidit*, e dipende dunque dal consenso) oppure sia definito *a priori*, come un dato concettuale proprio del diritto, in quanto scienza *more geometrico demonstrata*[30]. Entrambi i modelli sono metodi di una qualche conoscenza oggettiva: che si raggiunga attraverso un'analisi cartesiana o un indicatore *a posteriori* di un consenso universale. A proposito dello *jus gentium*, Waldron ricorre a entrambi i modelli *allo stesso tempo*. Intanto utilizza la premessa di una larga diffusione (anche ove non fosse maggioritaria), premessa necessaria che non ritiene tuttavia sufficiente e che deve essere accompagnata da una supplementare adeguatezza *morale*[31]. In secondo luogo, muovendo dall'intuitivo accordo su tale premessa, Waldron suggerisce che la convergenza – da diversi ordinamenti – su istituti giuridici comuni è effetto della loro sottostante qualità razionale, del loro essere espressione di un'oggettiva ragione «scientifica».

[30] Per questa seconda direttrice come qualificante il modello contrattualista del giusnaturalismo moderno cfr. il saggio di N. Bobbio, *Il modello giusnaturalista*, in N. Bobbio e M. Bovero, *Società e Stato nella filosofia politica moderna*, Milano, Il Saggiatore, 1979, parte I, pp. 17 ss.

[31] J. Waldron, *Ius Gentium: A Defense of Gentili's Equation of the Law of Nations and the Law of Nature*, NYU Public Law and Legal Theory Research Papers Series, WP n. 08-34, Nov. 2008, p. 9 (http://papers.ssrn.com/sol3/papers.cfm?abstract_id=1280897, ultima visita marzo 2012).

Sarebbe importante qui discernere, tuttavia, quale *ragione* Waldron invochi, e se nel senso del Coke (la ragione *artificiale* formatasi nel tempo e nell'esperienza dei casi, e raccolta dalla competenza dei giuristi) o la ragione naturale (che ciascuno possiede, incluso il re), o quale tra i diversi tipi di ragione (quella scientifica, il kantiano *Verstand*, o quella pratico-morale), e via seguendo[32]. Un tale approfondimento svelerebbe più immediatamente l'effettiva qualità e la natura che si attribuiscono allo *jus gentium*. Comunque, Waldron raccomanda che ciascun paese guardi «all'estero per sapere quali conclusioni scientifiche e strategie» siano emerse: c'è una sorta di deposito della *scienza* giuridica, che sarebbe ottuso ignorare[33], a meno che non si pensi al diritto come «volontà», anziché come «ragione» e cioè in uno «spirito scientifico»[34].

Con riguardo dunque allo *jus gentium*, persino il *consenso* viene incluso nel quadro solo come un indicatore di validità *scientifica* (*à la* Aristotele, appunto), sebbene esso sia usato per allontanare i sospetti di naturalismo e allo scopo di prevenire le obiezioni della cultura positivistica, che intende il diritto come una scelta, un prodotto della volontà. A mio parere, Waldron imbriglia così le credenze positiviste, ma ha minor successo nel conciliarle con l'epistemologia scientista (e giusnaturalistica), che è invece alla fine prevalente.

Lo *jus gentium* costringe alla navigazione tra i mitologici Scilla e Cariddi. Da un lato, Austin ha sostenuto, senza infingimenti, la connessione dello *jus gentium* con la moralità universale e la ragione, *ma* proprio per questo lo ha distinto dal diritto positivo, che ritiene dipenda comunque dall'imperativo emesso dalla *volontà* sovrana. Dall'altro lato, se il diritto è ragione (scientifica) come vuole Waldron, e non volontà, si rischia (ma è un rischio certo) di sostenere un «unitario sistema universale del diritto». Non a caso, un grande comparatista, James Gordley, ha sottolineato che un giurista nazionale non dovrebbe ignorare ciò che fanno altri

[32] Si potrebbe comunque pensare alla conoscenza in una prospettiva non naturalista, e anche questa sarebbe un'interpretazione possibile.

[33] Waldron, *Foreign Law*, cit., p. 144. Ancora: dovremmo guardare a quei paesi il cui consenso potremmo ritenere assimilabile a quello di *autorità epistemiche* e allo stesso tempo dovremmo selezionare le soluzioni da essi adottate sulla base del nostro senso del giusto, in un equilibrio riflessivo.

[34] *Ibidem*, p. 145.

giuristi in altri paesi, non più che «un fisico possa ignorare un collega tedesco o italiano»[35]. Premessa del tutto simile a quella di Waldron, dalla quale tuttavia Gordley conclude più coerentemente: una volta ammesso il carattere scientifico del diritto, egli si muove nella convinzione che ci sia o almeno che possa esserci un unico sistema giuridico precisamente come c'è un solo sistema fisico.

Per la verità, non mi pare che lo *jus gentium* possa essere innalzato a chiave di volta di una nozione peculiare e complessiva – o essenziale – del diritto. Comunanze e diversità coesistono, e il diritto è in parte ragione e in parte volontà. Il modello dello *jus gentium* riassume, in realtà, ciò che appare comune e gode di una pluralità di radicamenti in esperienze molteplici: possiamo imparare dalle somiglianze, e dovremmo discernere sino a che punto estensioni e trapianti potrebbero funzionare; trarre insegnamento dalle scelte altrui (dal diritto straniero[36]), identificare ciò cui attribuire un peso e una speciale forza giuridica in ambiti determinati, raccogliere principi indisponibili, nel diritto nazionale e internazionale. Senza dubbio lo *jus gentium* o la sua dottrina, ha un incommensurabile valore: Verdross lo considerò come un contraltare, capace di segnare una linea di rispetto, di invalicabilità (di norme fondamentali della civiltà giuridica), rispetto allo *jus dispositivum* nell'ordine internazionale[37]. E del resto, anche sul piano storico, questa è la via attraverso cui lo *jus gentium* ha acquisito la sua attuale fisionomia. Ma non si dovrebbe dimenticare che esso trae valore dall'esistenza dei *diversi* sistemi cui appartiene: non è un sistema a sé, ma solo una serie di ricorrenze riconoscibili trasversalmente.

Se non si tratta di un ordine giuridico in sé e per sé, immaginare che le due cose possano coincidere (che ad esempio un ordinamento sovranazionale debba assurgere a *jus gentium*) è come invocare un molto astratto ed apologetico approdo di

[35] J. Gordley, *Is Comparative Law a Distinct Discipline?*, in «The American Journal of Comparative Law», 46, 4, 1998, p. 611.

[36] A questo mirava inizialmente Waldron. Ricordo qui N. Dorsen, *The Relevance of Foreign Legal Materials in US Constitutional Cases: A Conversation between Justice Antonin Scalia and Justice Stephen Breyer*, in «International Journal of Constitutional Law», 3, 4, 2005, pp. 519-541.

[37] A. Verdross, *Jus Dispositivum and Jus Cogens in International Law*, in «The American Journal of International Law», 60, 1, 1966, pp. 55-63. Il riferimento è all'art. 53 della Convenzione di Vienna sul Diritto dei Trattati.

diritto naturale, e nasconde qualche equivoco. Lo *jus gentium* richiama le soluzioni normative e istituzionali che appaiono meno eccepibili, forse migliori, per il fatto di ripetersi presso «tutti» i popoli (*rectius*: molti). Il che lo rende estremamente degno di attenzione. Ma una tale «collezione dei migliori» non forma solo per questo un ordine autonomo, nemmeno sovranazionale. E comunque, se può servire ricordarlo, le squadre occasionalmente ideate raccogliendo i migliori giocatori di sempre, nella realtà non esistono (né possono nascere e vivere come tali), e se esistono, difficilmente vincono.

5. *Medievalismo: cosa imparare da un «false friend»*

Si dovrebbe forse pensare che «medievalismo» anziché un modello d'ordine sia solo una complessa geografia di ordini, dove la pluralità e i conflitti, duplicazioni e frammentazioni prosperano. Questo è vero solo in parte. Medievalismo è *nel contempo* un *modello* di un universo di per sé complicato, che poggia sulla pratica del confronto e della *aequitas*: un'elaborazione costante di *sapienza giuridica*, grazie alla quale, alla fine, nessuno tra gli ordini (terreni) concorrenti ha titolo all'ultima parola.

È stato Hedley Bull[38] a sostenere che l'orizzonte multiplo disegnato da stati separati riproduce una struttura medievale con il suo gran numero di mondi discreti. La similitudine molte volte richiamata è morfologicamente d'aiuto, ma forse anche un po' fuorviante. Ad esempio, il suo uso con riguardo all'ordinamento giuridico dell'Unione Europea sottostima molte decadi di *integrazione* e il processo di unificazione, per ciò che sono stati, ossia uno sforzo consensuale mosso da valori condivisi. La legalità europea multilivello sarebbe fraintesa se si ignorasse il fatto che un comune «ordine giuridico autonomo»[39] si è effet-

[38] H. Bull, *The Anarchical Society*, Basingstoke, Palgrave, 1977, pp. 254-265.

[39] Cfr. Van Gend en Loos (Case 26/62, N.V. Algemene Transport – en Expeditie Onderneming Van Gend & Loos v. Nederlandese Administratie der Belastingen, 1963 ECR 1) e Costa (Case 6/64, Flaminio Costa v. ENEL, 1964 ECR 1141) dove la Corte Europea di Giustizia affermò: «By contrast with ordinary international treaties the EEC Treaty has created its own legal system which, on the entry into force of the Treaty, became an integral part

tivamente prodotto e che ad esso è affiancato un costante (per quanto faticoso) discorso di natura politica, che chiaramente separa l'UE da ogni altro genere di accordo di scopo tra stati, e da qualsiasi altra entità funzionale, non territoriale, di natura sovranazionale.

Ma d'altro canto, se ciò è vero per l'Europa, non lo è altrettanto per l'arena globale: è qui impossibile pensare che una simile integrazione degli ordini giuridici stia effettivamente avvenendo.

La ricerca di un paradigma unitario nell'ambiente globale potrebbe non avere successo e rischierebbe di essere del tutto unilaterale. «Medievalismo» non può rappresentare un tal genere di paradigma, però aiuta a riflettere offrendo l'immagine più simile e più vicina a un universo giuridico che *non* viene unificato tramite lo stato. Un mondo che sopravvisse per un millennio potrebbe almeno valere come uno strumento conoscitivo, capace di introdurci al tema della pluralità e del particolarismo, alle lealtà plurime e coesistenti. Società composte di molti strati, abitati da molteplici appartenenze, ordini normativi di validità ed efficacia sovrapposte, possono essere rappresentati in modi diversi da prospettive di livelli ordinamentali diversi. Ciò rende il mondo medievale appunto un multiverso «ordinato dal diritto».

Il diritto come *instrumentum regni* tuttavia non coglierebbe le istituzioni e la mentalità medievali[40]. Al contrario, il diritto arbitra bisogni e finalità che emergono attraverso pratiche sociali diffuse e rette spesso contemporaneamente dal diritto romano, come dalla *lex mercatoria*, piuttosto che da monarchi, sovrani, prìncipi, municipalità: la produzione giuridica propria di questi ultimi era principalmente riferita a se stessi, organizzativa del potere, definitoria dei confini (ad esempio nei confronti del potere ecclesiastico) o volta all'attribuzione di prerogative[41]. La relativa indifferenza del potere alla massa del diritto riprodotta autonomamente attraverso la tradizione, le pratiche commerciali, le consuetudini e il lavoro dei giuristi ebbe per effetto la continua crescita dell'autonomia di questi ultimi.

of the legal systems of the Member States and which their courts are bound to apply».

[40] P. Grossi, *L'ordine giuridico medievale*, Roma-Bari, Laterza, 2000, p. 31.

[41] *Ibidem*, p. 50.

Come ha ricordato Paolo Grossi, il diritto medievale intreccia *iura propria* e *jus commune*, il diritto locale e il diritto universale elaborato per secoli dai giurisperiti, scienziati operanti sulla base del diritto romano e del diritto canonico, diritto dei mercanti, dei privati, e così via. Lo strato unificante è l'*aequitas*[42]: le *leges* sono una ricognizione autoritativa di una preesistente *convenientia rerum*, e dunque sono solo giustificate[43] dalle cose in sé. Naturalmente, l'apparente frammentarietà non solo è tenuta insieme proprio dal diritto, ma sullo sfondo *presuppone quell'ordine universale* ispirato dall'alto, celebrato da agostiniani e tomisti. Nulla sta da sé, ma è parte di un mondo ordinato a sua somiglianza da Dio. Ed è solo dentro di esso che anche il principe deve perseguire il bene comune[44].

Un ulteriore ruolo cardinale assunto dalla scienza giuridica fu corrispondere, nei secoli, al bisogno di trasformazione e di adattamento, attraverso la reinterpretazione del passato[45]. E proprio il ruolo relativamente minore svolto invece dal potere politico è segno di una civiltà fondamentalmente giuridica. Far sopravvivere e far rivivere il *Corpus Juris* di Giustiniano secoli dopo secoli fu possibile grazie all'indiscussa autorità della *sapientia juris*: il potere di costruire ponti tra principi universali e mutamenti storici è denominato «interpretatio»[46]. Scienza ed interpretazione sopportano

[42] *Ibidem*, p. 177. Cfr. specialmente E. Cortese, *La norma giuridica. Spunti teorici nel diritto comune classico*, Milano, Giuffrè, 1964, p. 295.

[43] *Reicentrismo* qui indica il fuoco sul complesso intreccio fattuale dei significati sociali rilevanti per la valutazione e la decisione giuridica di situazioni concrete: le *cose stesse*, in altre parole, sono logicamente precedenti rispetto alla *regula juris*, considerata come un'ulteriore fase, un successivo distillato dalla conoscenza concreta.

[44] Tommaso, *Quaestiones*, 91, artt. 1 ss.; *Quaestiones*, 91 ss.

[45] Ma non si tratta di un quadro così semplice. Il maestro di Tommaso, Alberto Magno, insegnava che la *lex* è una produzione composita: dal momento che il diritto possiede uno *status* autonomo oltre il potere politico e costituisce un freno verso i detentori del potere, nella realtà della vita ordinaria esso dipende dalla cooperazione di tre attori: il popolo per il cui benessere accettazione e osservanza esso è dato; lo studioso e giurista che lo trascrive e ne cura la forma tecnica appropriata; il principe la cui autorità e sanzione sono richieste per sostenerlo (Alberto Magno (XIII sec.) «De Bono», Tract. V, *De Justitia*, q. II – De Legibus; art. I – *quid sit lex*).

[46] Intesa infatti come l'ardua impresa di fronteggiare una realtà sempre più complessa rispetto alle fonti giuridiche, attraverso un'attività primariamente creativa cui né il principe, privo di effettivo interesse per i traffici tra i mem-

la maggior parte del peso di ordinare il mondo: produrre interconnessioni, costantemente privilegiando l'elaborazione contestuale, formata attraverso le cose e l'applicazione *equa* della forma.

Attraverso l'*aequitas* e dalla conoscenza giuridica, il giurisprudente trae una risposta che anche semplicemente *ex post* sa ricondurre ai «testi», ossia a quei passi del *Corpus Juris* giustinianeo che possano meglio adattarsi. Anziché determinare solo una gerarchia delle fonti, la credibilità del medium giuridico consente relazioni relativamente aperte: il diritto «spontaneo» può in date circostanze prevalere sull'universalità di ordini giuridici superiori, che evidentemente non godono di incondizionata supremazia.

Infine, dal mondo medievale apprendiamo che strumenti istituzionali, come lo stesso stato moderno, hanno natura contingente, e che la loro pretesa di essere necessari alla concepibilità stessa del diritto è fallace. Un'intera civiltà giuridica ha convissuto con sovrapposizioni tra legalità eterarchiche in mancanza di una cultura politica capace di imporsi assoggettando a sé il diritto.

Naturalmente, noi viviamo altrove, sebbene il proliferare di ordinamenti nel mondo globale sembri riportarci indietro nel tempo. Siamo distanti persino dalla modernità, che pure ha forgiato per noi il diritto statale e internazionale, definito le categorie della razionalità giuridica, dato alimento al conflitto tra ragione e volontà. Dopo il groziano «etiamsi daremus non esse Deum» e la separazione kantiana del diritto dalla realtà empirica, quale prezzo della modernità siamo stati resi finanche orfani di qualsiasi *Deus ex machina*.

Con *esprit* e lo *jus gentium*, il medievalismo è l'ultimo degli esempi di formati del diritto che era opportuno disegnare prima del diritto globale: una nuova manifestazione, che ha natura diversa, nonostante che alle volte appaia come replicare lineamenti o proprietà degli altri modelli che ho sin qui raccolto.

bri della società, né le consuetudini – non tecnicamente raffinate – avrebbero potuto supplire. Per l'*Interpretatio* cfr. la *Glossa Magna*: ad esempio il modo in cui l'interprete intendeva la propria attività: «interpretor, idest corrigo [...] Item verbun apertium esprimo [...] item arrogo (= ugualmente, aggiungo), item prorogo (estendo), sed econtra corrigo, idest addo» (*Glossa, Corpus Juris*, cfr. Grossi, *L'ordine giuridico medievale*, cit., p. 165).

6. *La realtà del diritto (amministrativo) globale*

6.1. I tre formati di diritto ricordati appartengono al mondo come lo abbiamo conosciuto per secoli. Anche il formato del diritto globale corrisponde certo a pratiche realmente esistenti, ma una sua delineazione univoca (e unitaria) è tuttora *in itinere*. Esso è ricondotto più spesso sotto la denominazione di diritto amministrativo globale, principalmente a seguito di un attento lavoro dei giuristi e degli scienziati del diritto. Questi, in parte descrittivamente e in parte costruttivamente (e normativamente), hanno preso a indagarne l'esistenza, a raccoglierne i dati, a delinearne i confini, a proporne i legami interni, i principi d'ordine, e infine gli strumenti di perfezionamento. Quest'opera è tesa ad aver ragione di migliaia di «regimi specializzati» (spesso anche autoautorizzati e/o autoistituiti), i cui imperativi interni, ispirati a specifici programmi di scopo, e gestiti dalla razionalità tecnica, appaiono di fatto distaccarsi, autonomizzarsi dalla radice del conosciuto diritto internazionale, e restano difficilmente spiegabili attraverso la sua tipica catena istituzionale di controllo:

> invece che livelli nettamente separati di regolazione (privata, locale, nazionale, interstatale), una congerie di attori differenti e di differenti strati nell'insieme forma un variegato spazio amministrativo che include istituzioni internazionali e network transnazionali, organismi amministrativi domestici che operano entro regimi internazionali, o danno luogo a effetti regolatori che attraversano i confini,

così che le grandi divisioni, privato e pubblico, nazionale e internazionale, si dissolvono[47].

[47] B. Kingsbury, *The Concept of «Law» in Global Administrative Law*, in «European Journal of International Law», 20, 1, 2009, pp. 23, 25: «network transnazionali di produttori di norme, interpreti ed esecutori operano così da far cadere quelle barriere. Questo spazio amministrativo globale è sempre più occupato da entità regolatrici private, organismi ibridi, come quelli composti da partnership pubblico-private che coinvolgono gli stati o le organizzazioni interstatali, autorità nazionali pubbliche la cui azione ha effetti esterni che tuttavia non possono essere imputati alle (né controllati da) autorità centrali, entità informali che uniscono stati (come la "coalizione dei volenterosi") e istituzioni internazionali formali (come quelle delle Nazioni Unite) che hanno effetti su terzi attraverso azioni di tipo amministrativo».

In verità, molto di ciò era nato come lo strato regolativo del diritto internazionale. Ma da questa dimensione regolativa[48] emerge un diritto quantitativamente e qualitativamente altro, che opera attraverso due principali movimenti: riduce, ossia seziona e separa, drasticamente l'ampiezza dei propri oggetti; diventa settoriale, segmentario, speciale e *field-related*; ma per ciascuno degli oggetti che intende disciplinare *estende* il proprio controllo funzionale oltre qualsiasi confine. Alla *riduzione* funzionale si accompagna l'*estensione* regolativa sull'intero globo. Un diritto deterritorializzato, e irriferibile a una qualche collocazione materiale.

Mentre, se pensiamo alle sue prime apparizioni, lo *jus gentium* venne formato dal *Praetor* romano allo scopo di rivolgersi agli individui/non-cittadini, giunti entro i confini, allontanatisi dalla propria terra e dal proprio (diritto) *esprit*, qui è piuttosto la legalità stessa che non possiede una *terra*, inerisce a nessun luogo, raggiunge individui incommensurabilmente distanti, attraversa i *loro* mondi vitali e i confini da cui sono protetti. È un diritto trasversale a ogni lealtà politica, al senso e al significato che nascono nei legami storici, e sotto di sé uniforma funzionalmente oggetti e destinatari, in definitiva è come se appiattisse l'orografia del mondo.

Certamente, il rapporto di distinzione (ma anche di continuità) rispetto al diritto internazionale ha un'importanza cruciale. In effetti, anche il diritto delle istituzioni ospitate dalle Nazioni Unite (UNCHR, FAO, ILO, WHO, WIPO, ecc.) o di ulteriori entità generate da autorità globali di natura pubblica, come la Commissione per il Codex Alimentarius (FAO), esprimono una *governance* sostanzialmente autonoma. E sebbene nata da trattati internazionali, proprio la più importante, il WTO (Organizzazione Mondiale del Commercio), è assunta ad esempio del «pervasivo spostamento di autorità dai governi nazionali a organismi

[48] *Ibidem*, p. 25: «Il diritto amministrativo globale che sta emergendo attraverso strutture regolative in trasformazione si trova di fronte a domande di trasparenza, consultazione, partecipazione, ragionevolezza e rivedibilità delle decisioni, per renderne possibile l'*accountability*. Queste domande, e le risposte ad esse, sono progressivamente formulate in termini che hanno un comune carattere normativo, e un carattere proprio del diritto specialmente amministrativo».

regolativi globali». Un tale spostamento riguarda anche «reti transnazionali di funzionari amministrativi nazionali, entità non pubblicistiche di *standard setting*, e ibride, pubblico-private»[49]. E ciò che è altrettanto rilevante, tali separati regimi funzionali sono indirizzati più spesso ad attori privati e non solamente agli stati[50]: si pensi ai regimi internazionali per il mutamento climatico e la protezione dell'ambiente, le cui regolazioni hanno effetto «dietro i confini nazionali, entro le loro società, e gli ultimi destinatari, in vari campi, delle decisioni delle istituzioni regolatorie globali sono consumatori, imprese, attori sociali i più vari»[51] (nel raggio di azione delle norme rispettive). La rilevanza di entità «informali» di natura sovranazionale, come il già ricordato Comitato di Basilea (per la supervisione bancaria) o l'IAIS (Associazione Internazionale dei Supervisori Assicurativi), è fuor di dubbio. E non si tratta solo di entità pubbliche: l'ISO o l'ICANN raggiungono la loro effettività nonostante che manchi dietro di essi, alla loro nascita, un qualche processo di autorizzazione formale. Attraverso standard che concernono ogni tipo di produzione, l'ISO influenza e certamente riduce drasticamente l'influenza delle autorità nazionali sugli stessi ambiti, ottiene rispetto generalizzato nel mondo, e le sue determinazioni, ad esempio, sono state adottate dal WTO nel *Technical Barriers to Trade Agreement* (TBT). Data la generale accettazione e pervasività, l'ISO ha di fatto perso carattere «volontario»[52].

Quanto più accurato diventa il resoconto, e più definita la mappa delle autorità regolative globali che producono norme

[49] R.B. Stewart e M. Ratton Sanchez Badin, *The World Trade Organization and Global Administrative Law*, IILJ Working Paper 2009/7, p. 11.

[50] Cfr. il manifesto del GAL: B. Kingsbury, N. Krisch e R.B. Stewart, *The Emergence of Global Administrative Law*, in «Law and Contemporary Problems», 68, 15, 2005. Anche S. Cassese, *Administrative Law without the State? The Challenge of Global Regulation*, in «New York University Journal of International Law and Politics», 37, 4, 2006, pp. 663-694.

[51] M. Zuern, *Global Governance and Legitimacy Problems*, in D. Held e M. Koenig-Archibugi (a cura di), *Global Governance and Public Accountability*, Malden, Mass., Blackwell, 2005, p. 144.

[52] Un'ottima analisi dell'ISO e delle basi della sua legittimazione, oltre i tradizionali concetti di autorità, è compiuta da E. Shamir-Borer, *Legitimacy without Authority: Explaining the Pre-Eminence of the ISO in Global Standardisation Governance, A Global Administrative Approach*, J.S.D. thesis, New York University School of Law, 2009.

non aventi per fonte i trattati (*non-treaty law*), tanto più si comprende che il quadro giuridico classico, in termini di diritto degli stati e tra gli stati, «è inadeguato ad assicurare che queste diverse autorità normative globali» siano controllate da qualcuno e debbano rispondere a qualcuno, e che siano appunto «*accountable* e *responsive* verso tutti coloro che subiscono le conseguenze effettive delle loro decisioni»[53].

Inoltre la produzione massiva di norme e regolazioni di tal genere trasferisce un considerevole ammontare di potere «agli esperti e ai tecnici ben collocati negli organismi specializzati che amministrano quei campi»[54].

Come Carl Schmitt scrisse con largo anticipo, l'ammonizione al silenzio, una volta pronunciata dai giuristi contro i teologi della guerra giusta (Gentili: *silete teologi in munere alieno*), è ora pronunciata contro i giuristi stessi, perché si tengano fuori dal regno della superiore necessità della tecnica[55]. Per lui molti indizi mostravano che il tempo era giunto in cui la legalità sarebbe stata neutralizzata dalla tecnocrazia, e il silenzio dei giuristi avrebbe naturalmente seguito la nuda, «nuova oggettività della pura tecnica».

Il tentativo di controbilanciare il carattere autoreferenziale dei regimi globali ha assorbito e assorbe molte delle energie dei giuristi e degli accademici che si concentrano su come rafforzare le misure di *accountability*[56]. E il progetto *Global Administrative Law* (GAL) ha elaborato un programma di requisiti normativi basati su trasparenza, partecipazione, motivazione delle decisioni, riformabilità e rivedibilità ad opera di organismi indipendenti.

[53] Come Stewart e Ratton Sanchez Badin, *The World Trade Organization and Global Administrative Law*, cit., aggiungono: «Allo stesso tempo, noi pensiamo che le divisioni e le differenze nei regimi interessi e valori sono troppo ampi e profondi per poter sostenere a questo punto un paradigma costituzionalistico della *global governance*».

[54] M. Koskenniemi, *Global Governance and Public International Law*, in «Kritische Justiz», 37, 2004, p. 241.

[55] C. Schmitt, *Ex Captivitate Salus. Esperienze degli anni 1945-47*, Milano, Adelphi, 1987, par. 5, p. 77.

[56] E ne vedono emergere standard generalizzabili nella pratica delle corti sovranazionali (per il WTO, *procedural fairness, due process requirements*). Cfr. S. Cassese, *Gamberetti, tartarughe e procedure: Standard globali per i diritti amministrativi nazionali*, in Id., *Oltre lo Stato*, Roma-Bari, Laterza, 2006, pp. 68 ss.

L'insieme di queste condizioni, la cui sia pur limitata esistenza può già essere esemplificata in vari casi[57], dovrebbe avere conseguenze positive sull'«*accountability* degli organismi amministrativi globali»[58].

Un'adeguata comprensione teorica è qui di primaria importanza, non minore della ricognizione del campo. Benedict Kingsbury ha provato a inquadrare il GAL entro una più adatta nozione generale di diritto, in una prospettiva elaborata sul positivismo di Herbert Hart, *corretto* con l'aggiunta di principi: il diritto in quanto tale presupporrebbe, per essere diritto, e non potendo essere ricondotto alle dimensioni statali interne o esterne, di requisiti di «pubblicità» (*publicness*) che includono principi di legalità, razionalità, proporzionalità, *Rule of law*, e rispetto per i diritti umani più essenziali (tornerò sul punto nei prossimi paragrafi). Da queste premesse, una regola unitaria di riconoscimento potrebbe svilupparsi attraverso vari percorsi: le mutue relazioni tra organismi di produzione, applicazione, esecuzione di regole, organismi amministrativi e istituzioni dotate di capacità jusgenerativa; il reciproco controllo e la progressiva adozione di criteri tratti, «presi in prestito» (*borrowing*), dal diritto statale e da altre fonti ordinamentali, quali il diritto internazionale generale, le sperimentate procedure amministrative di paesi con più avanzata esperienza come gli stati membri dell'Unione Europea e gli Stati Uniti.

In definitiva, si tende a trattare il diritto globale (amministrativo) come una realtà a sé stante, cui non corrisponde alcun altro ordine esistente. La ricognizione che abbiamo compiuto delle altre differenti matrici, quali *esprit*, o lo *jus gentium*, o la

[57] Kingsbury si riferisce proprio al famoso caso Shrimp/Turtles (di cui alla nota sopra), in cui il WTO Appellate Body ritenne il bando statunitense – all'importazione di gamberetti da paesi che non adottano tecniche in grado di proteggere le tartarughe in estinzione – arbitrario per aver mancato di fornire all'India in anticipo l'opportunità di rispondere alla contestazione, opportunità che era dovuta dal momento che le politiche statunitensi di tutela delle tartarughe incidevano su un pubblico, e su un popolo, diverso da quello statunitense (Kingsbury, *The Concept of «Law»*, cit., p. 37). Ne viene desunto un dovere di dare ragioni e un diritto ad essere ascoltati.

[58] «In particolare assicurando che questi organismi soddisfino adeguati standard di trasparenza» (Kingsbury, *International Law as Inter-Public Law*, cit., p. 190).

forma medievale, ci rende consapevoli della profonda distanza che le separa da questo diritto concernente l'intero globo. Ed è per questa ragione, per la diversità di matrice e di volume, che il diritto globale che ho descritto non può nemmeno in potenza rappresentare il contenitore complessivo, la *grand box* in grado di includere ogni altro formato minore: ciò sebbene esso per la sua estensione globale debba essere inclusivo, e dunque richieda conformità, promuova armonizzazione. La verità è invece che le legalità sono come Matrëška che per proporzioni, volume, forme e figure, non sembrano nate per finire una nell'altra. Pertanto, un diritto pur effettivamente globale, non ha modo di divenire l'ordinamento generale e omni-inclusivo, ossia la legalità alla quale tutte le altre finiscono per appartenere: e questo nonostante la sostenuta crescita di ponti, di connessioni funzionali tra ordini diversi, e il tendenziale superamento in molti ambiti della divisione tra pubblico e privato, internazionale e domestico, statale e non[59].

Migliorare la qualità legale dei processi di *governance* mondiale, intensificare i meccanismi di trasparenza e in genere di *accountability*, rendere possibili relazioni tra regimi legali speciali, e in una parola perfezionare il diritto globale non promette *i*) né di dotarlo di un «mondo vitale» proprio, di radici, e ricchezza culturale-territoriale, *ii*) né di intesserlo con successo come un autonomo, inedito e autoemancipato *jus*

[59] Su questi ultimi aspetti di superamento tendenziale di un tale tipo di distinzioni ha insistito in Italia, meritoriamente e per tempo, Ferrarese, *Il diritto sconfinato*, cit. e più in generale, sui temi del diritto e della globalizzazione, Id., *Il diritto al presente. Globalizzazione e tempo delle istituzioni*, Bologna, Il Mulino, 2002. L'autrice tende a spiegare le trasformazioni in un'ottica che rende ragione del superamento delle distinzioni, e che è ragionevolmente ispirata dalla logica del diritto privato (come per vari aspetti accade anche nel caso dei molti lavori del privatista e sociologo tedesco Gunther Teubner); privilegia una definizione di transnazionale in termini di privatizzazione del diritto, attraverso il motore centrale di una rinnovata *lex mercatoria* e della proliferazione del *soft law*, e una definizione di sovranazionale come in vari modi ancora dipendente da statualità e sovranità (Id., *Il diritto sconfinato*, cit., p. 25). In queste mie pagine adotto una diversa prospettiva, che ritengo di importanza cruciale e non minore, in cui è fondamentale la domanda circa la dimensione della legalità come pubblica, e l'attenzione è rivolta ai fenomeni di istituzionalizzazione sovranazionale come pubblici ma non confinati, ossia non dipendenti o centripeti né rispetto alla sovranità né rispetto alla statualità.

gentium. Certo, come nel caso dell'invocazione di un costituzionalismo mondiale, anche l'assimilazione del diritto globale a un nuovo *jus gentium* equivarrebbe a una celebrazione morale del diritto concorrente dei regimi globali. Ma l'accostamento resta fuorviante: come abbiamo visto, lo *jus gentium* dipende da qualcos'altro di cui ciascuno dei suoi principi, istituti, strumenti ha dato prova di far parte, e non può essere un ordine giuridico *self-contained*. Certo, il prendere in prestito da ordinamenti ed esperienze giuridiche varie, mezzi, idee, norme, garanzie, principi sostanziali e regole procedurali, certamente aggiunge una zona di *jus gentium* anche al diritto globale: ma non traduce l'uno nell'altro. Alle volte, anzi, si genera un equivoco: si pensa al diritto amministrativo globale proprio come l'insieme delle garanzie e dei metodi per controllare l'esplicazione del potere regolativo, attraverso procedure di *accountability*. Ma ciò non inganni: questo strato del diritto, questo formato inedito non è certo composto delle sole salvaguardie e dei processi guidati dai principi amministrativi (che il GAL si sforza di individuare, al fine di innalzare gli standard generali di «pubblicità»). Al contrario, il diritto globale è ciò che i suoi organismi e autorità «fanno», cioè un infinito insieme di regole sostanziali che esse producono, e che costituiscono la loro unica ragion d'essere. Pertanto, esso eccede largamente un qualsiasi *jus gentium*.

Per la verità, esso nel contempo aspira ad autodefinirsi come un ordine, una legalità separata e relativamente autonoma. Esso opera in modo trasversale, verticale, seguendo traiettorie che spesso rimangono sfortunatamente oscure ai suoi stessi destinatari, al suo stesso pubblico, e soprattutto a coloro che anche indirettamente ne subiscono gli effetti. Questo strato globale del diritto definisce il suo proprio spazio progressivamente eppure non collocandosi da qualche parte entro le coordinate di un ordine giuridico preesistente; i suoi «pari» o «omologhi» non sono altri «rami» del diritto (come il diritto penale, il diritto privato o costituzionale, quali settori di un ordinamento). Il suo spazio è, in astratto, l'immagine/ordine di un autonomo mondo «amministrato». I suoi interlocutori sono gli ordinamenti giuridici, come quelli degli stati, quello internazionale, quello regionale europeo, rispetto ai quali tende a qualificarsi per la sua alterità e specificità.

Per quanto possa funzionare solo sulla premessa che tali

diversi plessi istituzionali/ordinamenti esistano, si conformino e «diano attuazione», esso non li sostituisce in quanto ordinamenti, né può legittimamente divenire l'ordine sovraordinato da cui essi deriverebbero le loro stesse condizioni di validità (nel senso dell'unità kelseniana di una legalità universale in cui gli ordinamenti statali sono visti dipendere dall'autorizzazione del più ampio ordine internazionale). Questa ipotesi del diritto globale come diritto omni-inclusivo, come ho accennato sopra, sarebbe anche empiricamente fallace. Ed in effetti esso non può chiederci di concepire i suoi agenti, i suoi destinatari, i suoi interlocutori e gli ordini subglobali di legalità da quel punto di vista interno al *global law* per cui essi assumono un mero ruolo funzionale all'insieme. L'ipotetico formato unico del diritto globale è tanto più implausibile perché dovrebbe ricomprendere stati e organizzazioni sovranazionali, dall'Unione Europea con il suo ordine giuridico proprio[60] e le sue aspirazioni a divenire una *polity*, sino all'ICANN (l'autorità non statale che governa Internet), dal diritto internazionale alle determinazioni dell'Agenzia antidoping sportivo, e via seguendo. Sarebbe come un colpo di spugna, per il quale il diritto globale ridurrebbe a sé le condizioni di validità e i diversi «volumi» di quegli ordini jusgenerativi che invece deve necessariamente presupporre e del tutto indipendentemente da sé.

Se dunque non l'ordinamento degli ordinamenti, e nemmeno semplicemente uno *jus gentium*, almeno attraverso il progetto del *Global Administrative Law* potrebbe essere tracciato un ordine circoscrivibile e separabile, avuto riguardo a certi profili e coordinate. Beninteso, questo non ne consente l'assimilazione ad altri formati, e non fosse altro che per il suo legarsi a nessun luogo, nemmeno al modello *esprit*. Piuttosto esso conferma quanto una decade fa ne scrisse Robert Post: quelle istituzioni e regimi globali

> sono *sui generis*; essi tengono insieme le premesse procedurali e sostanziali di molti differenti sistemi giuridici. Non possono essere compresi dalla prospettiva di nessuna singola tradizione nazionale. Pertanto sfuggono alle forme di analisi comparativa che sono state dominanti nella ricerca scientifica statunitense [...]. Il nuovo ordine giuridico globale sembra

[60] Ordine giuridico, non ordine giuridico internazionale: secondo ECJ, Costa v. ENEL (cfr. *supra*, n. 39). Cfr. anche ECJ, Kadi, cit. par. 316.

sussistere come un *melange* liberamente sospeso di organizzazioni giuridiche[61].

Un denso strato normativo che taglia trasversalmente il globo: un mondo «piatto» e amministrato. L'ISO o il WTO si impongono alle *polities* senza essere a loro volta una *polity*: sono create con un'aspirazione all'universalità su un frammento della prassi umana. Il diritto dei singoli regimi è tutt'altro dal diritto visto sin qui: resta invece disincarnato, liberamente sospeso. E questo sembra congruente con quanto i teorici del GAL sostengono:

> Se la rivendicazione di giuridicità è compiuta invocando l'etichetta di Global Administrative Law [...], tale pretesa diverge da – e può considerarsi in forte tensione con i modelli classici di diritto internazionale basato sul consenso interstatale e con la gran parte dei modelli di diritto nazionale[62].

Ora, se il diritto globale può dare un qualche fondamento alla propria autonomia, pure la sua legalità ha carattere composito poiché opera solo attraversando dominii diversi e di diverso livello: attraversa verticalmente altre legalità, e può funzionare solo penetrando in quegli ordini giuridici che hanno invece un radicamento, e rappresentano forme di vita reali. Anche per questo, il GAL non cancella nessuna delle *altre* legalità. Il diritto globale dunque è sul *teatro* globale solo *uno* degli attori, sebbene non certo il minore. Il globo ospita ancora una pluralità di protagonisti, di formati e di volumi. Niente di impossibile. Come sappiamo, un altro mondo prosperò per mille anni su un'aperta varietà di ordini giuridici, ed anch'esso rese il lavoro dei *juris prudentes* il più influente e decisivo. Ma un altro *caveat* qui s'impone; il modello «medievalismo» – lasciando da parte la sua attrazione teologica verso l'unità – non era contaminato dai temibili doni della modernità, doni oggi solo in parte obsolescenti, di cui giungiamo a scoprire meglio vizi e virtù, vincoli e opportunità: l'idea che la legge sia tutt'uno con il controllo politico e

[61] R. Post, *The Challenge of Globalization to American Public Law Scholarship*, in «Theoretical Inquiries in Law», 2, 2001, pp. 323-330.
[62] Cfr. Kingsbury, *The Concept of «Law»*, cit., p. 26.

il suo strumento, il sistema unificante dello stato, il suo ethos, la forza civilizzatrice e razionalizzante del diritto internazionale, l'autolegittimantesi autorità della scienza.

6.2. Come si può comprendere, il diritto regolativo globale ha generato difficoltà proprio per il suo eccedere le griglie teoriche note, e per la loro sopravvenuta insufficienza epistemica. Esso ha largamente contribuito a quello stato generale di incertezza che prende il nome di «frammentazione». E frammentazione, sia essa patologica o fisiologica, invero dipende da un giudizio di valore, perché consegue alla nozione di unità (dispersa) che viene prescelta. Non è solo la mancanza, ma proprio la (ontologica) *perdita* di un rassicurante mondo unificato. Essa dice molto delle nostre premesse cognitive, delle nostre precomprensioni, forse più di quanto dica del mondo in se stesso. La frammentazione è stata sempre richiamata come il problema del crescente numero di tribunali internazionali, la cui proliferazione non è né limitata né gerarchicamente controllabile dalla Corte Internazionale di Giustizia. Come (nel rendere una pronuncia sul caso Tadic) il Tribunale Penale Internazionale per la ex Yugoslavia (ICTY) ha affermato, ciascun Tribunale Internazionale è un *self-contained system*[63], un sistema a sé, in mancanza di un ordine

[63] ICTY, Appeals Chamber, in Prosecutor v. Dusko Tadic, Judgement, Case No. IT-94-1-A (15 July 1999), 49-50. Il merito riguardava il disaccordo con la Corte Internazionale di Giustizia sulla soglia rilevante di responsabilità esterna degli stati per gli atti di individui privati: se per riconoscere tale responsabilità fosse sufficiente che i soggetti agenti fossero sotto il controllo di uno stato inteso in senso lato o diretto ed effettivo, come la Corte Internazionale di Giustizia aveva ritenuto (quando negò la responsabilità degli Stati Uniti per aver finanziato e organizzato dall'esterno i *contras* in Nicaragua: ICJ Nicaragua v. US (Merits) 1986 ICJ Rep 14, 65). Per la verità, a fronte del contrastante parere dell'ICTY, che ritenne il test di controllo effettivo una soglia troppo alta da superare (trattando della responsabilità della Serbia-Montenegro per le operazioni di una milizia serbo-bosniaca), la Corte Internazionale di Giustizia ebbe successivamente modo di ribadire (decidendo sull'applicazione della Convenzione per la Prevenzione e la Repressione del Crimine di Genocidio, in Bosn. & Herz. v. Serb. & Mont., 2007 ICJ 91 (Feb. 26)) la non applicabilità del più lato presupposto di *overall control* per determinare la responsabilità dello stato (Serbia) e negò che l'ICTY avesse competenza su questo punto, visto che sotto la sua giurisdizione rientra invece la responsabilità penale individuale.

centralizzato «che operi una stabile divisione del lavoro tra i vari tribunali»: con ciò viene alla ribalta il fenomeno endemico della proliferazione e dell'autoreferenzialità delle corti. Ma tale proliferazione è solo un *epifenomeno*, è la punta di un iceberg: essa segue semplicemente allo sviluppo di *regimi autonomi*, circa 2.000 in aree generali o specializzate, che divengono appunto *self-contained legal regimes*[64]. Le fratture e il pluralismo sorgono su molti versanti: non sono solo le forme sociali spontanee, le costituzioni civili o le reti transnazionali private, su cui ha insistito lungamente Gunther Teubner[65]. I regimi globali sono, come abbiamo visto, un'ulteriore, diversa espressione di potere normativo (e non solo).

È sorta l'idea, che appare riflettere una pratica crescente, di una «common law of international adjudication», promossa e guidata dai giudici come una comunità epistemica: e l'opera spesso attenta e cauta dei giudici ha un ruolo decisivo di per sé[66]. Nondimeno, poiché la frammentazione dipende dal crescere di istituzioni jusgenerative (di cui tribunali e giudici sono solo parte), sono esse il centro del problema, più che le troppo numerose corti. E pur godendo di separata validità, ordini normativi si intersecano: non restano per nulla paralleli. Ciò dipende innanzitutto dal fatto che la netta separazione e l'isolabilità dei loro *oggetti* sono solo il frutto di operazioni artificiali, necessarie nel tentativo di trattare la complessità, intervenire su fenomeni altrimenti magmatici, se non strutturalmente unitari. In fondo l'affermazione dell'ICTY ha indirettamente a che

[64] Come aveva sottolineato G. Hafner, *Risks Ensuing from the Fragmentation of International Law*, 2004, studio preliminare negli Official Records of the General Assembly, 566 session, Supplement n. 10, 321 (UN Doc A/55/10) e Id., *Pros and Cons Ensuing from Fragmentation of International Law*, in «Michigan Journal of International Law», 25, 2004, p. 849.

[65] Ad esempio G. Teubner, *Global Private Regimes: Neo-spontaneous Law and Dual Constitution of Autonomous Sectors?*, in K.-H. Ladeur (a cura di), *Public Governance in the Age of Globalization*, Aldershot, Ashgate, 2004, pp. 71 ss.; G. Teubner, *Societal Constitutionalism: Alternatives to State-centred Constitutional Theory?*, in C. Joerges, I.-J. Sand e G. Teubner (a cura di), *Constitutionalism and Transnational Governance*, Oxford, Hart, 2004, pp. 3-28.

[66] Cfr. S. Cassese, *I Tribunali di Babele*, Roma, Donzelli, 2009; Ch. Brown, *A Common Law of International Adjudication*, Oxford, Oxford University Press, 2007.

fare con una metamorfosi del diritto, che esso però riflette in modo insoddisfacente, a causa degli effetti potenzialmente frustranti e dell'irrazionalità di tribunali *self-contained* in uno spazio dove, appunto, le fratture sono soprattutto il *prodotto* di logiche d'ordine e di controllo, piuttosto che espressione di una realtà in cui, al contrario, tutto è materialmente interconnesso. Come scrisse qualche anno fa Martti Koskenniemi,

> ciascun regime come ogni stato è sempre già connesso con qualsiasi cosa attorno ad esso. Lo sappiamo dall'esperienza pratica. Il diritto ambientale può essere meglio supportato da meccanismi di mercato che introducano permessi di inquinare. Perché il mercato mantenga le sue promesse, ancora, un enorme ammontare di regole è necessario non solo con riguardo alle condizioni degli scambi, della proprietà o del credito. Un mercato senza alcuna previsione relativa all'ambiente o alle condizioni sociali fallirebbe. I diritti umani possono essere fatti progredire rinunciando a criteri di stretto rigore, e ad esempio insistendo sull'immediato accesso della Turchia all'Unione Europea.

Come Koskenniemi prosegue, ci accorgiamo presto del carattere contingente dei limiti dei singoli regimi, la loro mutua dipendenza, e del carattere politico della definizione dei regimi:

> un regime del commercio può essere sempre riformulato come un regime per la protezione dei diritti umani, mentre qualsiasi regime dei diritti umani è sempre anche un regime per l'allocazione delle risorse[67].

Il rischio delle distinzioni artificiali non è minore di quello delle omologazioni, o delle colonizzazioni. I regimi specializzati – che si limitano a «osservare se stessi» – producono di volta in volta, *altrove*, ossia nei luoghi su cui incidono, conflitti, incroci, sovrapposizioni.

La politica nazionale indiana che supportava la produzione farmaceutica (per combattere l'HIV ad esempio) senza limitarla con un sistema di licenze, coesisteva con – e violava – le norme della World Trade Organisation, e gli accordi generali TRIPS (Trade-related aspects of Intellectual Property Rights), i quali

[67] *Global Legal Pluralism: Multiple Regimes and Multiple Modes of Thought*, 5 March 2005, Conferenza tenuta nell'Università di Harvard, testo reperibile online al sito www.helsinki.fi/eci/Publications/Koskenniemi.

difendendo gli interessi degli stati e delle grandi compagnie farmaceutiche nel sistema delle licenze, a loro volta costituivano un potente ostacolo verso gli obiettivi indicati entro un altro dominio regolativo, quello della World Health Organisation, ossia innalzare le sempre bassissime aspettative di vita nei paesi in via di sviluppo: la qual cosa, al contrario, ottengono le politiche autoctone che rendono abbordabili e disponibili i trattamenti terapeutici necessari[68].

In questo come in una miriade di casi analoghi, si possono assumere – come tendono inevitabilmente a fare gli interessati (attori sociali, parti, destinatari, arbitri, giudici) – punti di vista *interni* differenziati: quello del WTO, quello della WHO, o infine dell'ordinamento costituzionale indiano, con il diverso accento sulla promozione della libertà commerciale e della competitività, sulla salute e sulle priorità dei diritti umani; ma tra i divergenti fini e orientamenti che tali protagonisti esprimono, non è evidenziabile o disponibile alcuna predefinita gerarchia, alcun dirimente criterio d'ordine. E naturalmente, ciascun problema di inquadramento diventa un problema politico, nel senso che la sua soluzione manca di una risposta giuridicamente obbligata: alla questione se l'importazione in Europa di carne geneticamente modificata debba essere affrontata nell'ottica dell'Organizzazione Mondiale del Commercio o di quella della Sanità non si può offrire una risposta precostituita, e a prevalere sarà il mero «potere» di qualunque regime sia in grado di imporsi[69].

È a questo punto che vengono in primo piano le nostre precomprensioni e, in primo luogo, l'idea di unità su cui la percezione delle fratture e dei frammenti poggia; un'idea principalmente legata alla generale concezione del diritto come un «sistema». Nonostante la sua prestazione di controllo (e appunto, di *governance*), lo strato regolativo globale frantuma in mille pezzi l'*intero*, o meglio gli insiemi che sono costituiti

[68] N. Torbisco Casals, *Beyond Unity and Coherence: The Challenge of Legal Pluralism in a Post-National World*, disponibile su www.law.yale.edu/documents/pdf/SELA/NeusTorbiscoEnglish_.pdf (ultima visita 21 gennaio 2012).

[69] Insiste sulla questione del potere M. Koskenniemi, *The Politics of International Law*, Oxford, Hart Publishers, 2011, pp. 219-240, 320.

entro i tradizionali ordinamenti giuridici, sezionando i formati che essi posseggono. Tali insiemi tuttavia non sono stati e non sono transitori, giacché i loro modelli persistono nell'esperienza della realtà; sono certamente stati costruiti dalla modernità e rispecchiano in genere un ordine giuridico connesso allo stato come ente a «fini generali» (e dunque senza una limitazione a compiti specifici), al cui onnicomprensivo raggio di azione e di controllo si associa la natura unitaria della sua legalità. Ma com'è intesa la nostra aspettativa di unità, qual è la sua portata, a quale esigenza essa risponde?

7. *Il diritto come un tutto (e il suo declino)*

Sebbene le trasformazioni del teatro globale non cancellino la relativa persistenza di livelli di legalità tradizionali, come quelli statali, esse sono meglio comprensibili proprio in contrasto con questi ultimi. I *sistemi* giuridici sono stati, esplicitamente o implicitamente, considerati come una premessa necessaria per la costituzione di un «diritto», una sorta di condizione trascendentale per esso, e dunque una condizione di concepibilità. Il diritto appare essere tale, diviene autonomo oggetto di conoscenza, in quanto (epistemologicamente e ontologicamente) esso sia un insieme, un intero[70]. Di fatto, ciò è reso possibile dall'implicita premessa dello stato moderno.

La connessione tra sistemi giuridici e stati è tutto tranne che concettuale e inevitabile. Se anche si riflette su un caposaldo del giuspositivismo recente, il concetto di diritto di Herbert Hart, e all'unione di norme primarie e secondarie che ne è il sostegno, niente esclude che la funzione chiave su cui è basato, l'accettazione della norma di riconoscimento, possa essere utilmente svolta da agenti ufficiali (funzionari) che non siano funzionari

[70] La costruzione dell'unità epistemologica come un oggetto autonomo è stata affrontata in modi diversi da teorie diverse. Sulle questioni più generali, si ricordi la *Grundnorm* di Kelsen (H. Kelsen, *La dottrina pura del diritto* (1934, II ed.), Torino, Einaudi, 1967, cap. V, o la norma di riconoscimento di Hart, in *Il concetto di diritto*, cit., cap. VI); cfr. anche J. Raz, *The Concept of a Legal System*, Oxford, Clarendon Press, 1980; M. Van de Kerchove e F. Ost, *The Legal System between Order and Disorder*, Oxford, Oxford University Press, 1994.

«statali»[71]. Eppure si suppone, sempre e implicitamente, che lo siano. Del resto, è cruciale che proprio la nostra predilezione per la democrazia costituzionale – dunque, la nostra fondamentale scelta etico-politica – presupponga l'esistenza dello stato inteso come unità, unione di popolo e territorio, di volontà del corpo elettorale e legislazione, di decisione e costituzione, e poggi sul carattere, in una parola, comprensivo, di «stato» e sulla sua coestensione con «diritto»[72]. A una tale ampia presupposizione può ricondursi anche la tradizionale «difesa» del diritto nazionale e dei suoi confini *vis à vis* ogni legalità esterna[73].

[71] R. Cotterrell, *Law Culture and Society. Legal Ideas in the Mirror of Social Theory*, Aldershot, Ashgate, 2007, p. 37. J. Waldron, *No Barking: Legal Pluralism and the Contrast between Hart's Jurisprudence and Fuller's*, dicembre 2008, The Hart-Fuller Debate 50 Years On, Australian National University College of Law, disponibile su http://law.anu.edu.au/JFCALR/Waldron.pdf (ultima visita marzo 2012), p. 9, ricorda la tesi di Cotterrell e l'apertura hartiana verso la consuetudine, ma riconosce altresì che comunque l'autonomia del diritto consuetudinario era inquadrata all'interno della più ampia cornice del diritto come sistema (positivo, statale). Come Waldron scrive, riassumendo Hart, «il suo interesse per la consuetudine come forma del diritto non si estendeva veramente oltre le situazioni in cui essa era pienamente integrata in un sistema giuridico dominato dallo stato, nel senso che vi si diano chiari principi per la sua subordinazione come per il suo riconoscimento. Anche se lo *status* giuridico della consuetudine non è necessariamente creato grazie al (tacito) comando del sovrano, comunque le consuetudini sono soggette alla norma di riconoscimento generale del sistema, e quella norma determinerà quali relazioni possano esservi tra la consuetudine e altre forme di diritto come le leggi e i precedenti» (*ibidem*, p. 10).

[72] Tale unità è ovviamente alla base della riflessività politica necessaria a una democrazia, ed è ricorrente in numerose difese della natura della statualità, ad esempio nei confronti della creazione di una costituzione europea. Cfr. lo storico numero dello «European Law Journal», 1, 3, 1995, pp. 219-329, e qui l'articolo di D. Grimm (*Does Europe Need a Constitution?*, ivi, pp. 282-302), e di segno diverso, oltre la replica di Juergen Habermas, gli articoli di Joseph Weiler e Neil MacCormick (all'indomani del tedesco «Maastricht Urteil»).

[73] Su questo più estesamente, G. Palombella, *The Rule of Law, Democracy and International Law. Learning from the US Experience*, in «Ratio Juris», 20, 4, dicembre, 2007, pp. 456-484. Una visione tradizionale della questione, a sua volta suscettibile di più d'una interpretazione, è offerta dai giudizi della Corte Costituzionale tedesca prima sul Trattato Europeo di Maastricht e poi su quello di Lisbona. Molto istruttive, a questo riguardo, anche le decisioni della Corte Suprema statunitense nei casi concernenti Guantanamo sin dal 2004 (ad esempio Rasul 2004, Hamdi 2004, o Hamdan 2006), decisioni che toccano necessariamente la relazione con gli obblighi nascenti dal diritto internazionale (e in esse particolarmente rivelatrici le opinioni del giudice Antonin Scalia).

È questa la punta dell'iceberg di una radicata concezione dell'indivisibilità, della linea continua tra diritto, sistema e stato, la quale riflette un ordine «situato» e il suo nesso con le aspettative dei popoli reali. È una concezione che veicola con successo anche l'idea di diritto come *coerenza*, nozione che lungi dal riferirsi solo alla coesistenza tra norme, ai legami logici tra esse, possiede di fatto un intrinseco significato materiale. Dietro il suo ideale tecnico-*formale*, c'è l'aspettativa che essa rispecchi, promuova o tuteli gli equilibri e i contenuti *materiali* della comunità regolata: se fosse possibile, la scelta tra unità o frammentazione del diritto avrebbe implicazioni tutt'altro che formalistiche.

Le due nozioni, che si rafforzano reciprocamente – il diritto come sistema e il diritto (di una società organizzata in) stato, possono essere assunte in senso relativamente neutro: né la visione dell'ordine sociopolitico dello stato come risolto in un mero telaio di norme giuridiche indipendenti, né un'unità solo materiale, organicistica (il *Blut und Boden*). Tuttavia, se il legame tra diritto e stato protegge, piuttosto che una mera coerenza formale, proprio il dominio e i confini delle pratiche sociali di una comunità determinata, ciò è perché lo stato non è solamente un'entità «pubblica» qualsiasi, ma la più piena immagine/archetipo di ogni esistente «pubblico»: in altri termini, l'unica entità pubblica che si estende onnicomprensivamente all'*intero* (popolo-territorio-comunità), l'unica che per definizione incorpora e assume «fini generali»[74].

La totalità dei fini potenziali – si può soggiungere – si ricollega al diritto come a sua volta «intero», come sistema. Diritto-sistema è pertanto nozione associata alla capacità di «fini generali»: alla quale si richiede di ospitare ogni sorta di obiettivo comune che meriti tutela, protezione, cura, disciplina, controllo, regolazione. Una tale coppia, tradizionalmente unita anche all'elemento del territorio, di fatto implica la responsabilità di coprire il completo cerchio di ciò che è «pubblico», la responsabilità per l'*insieme*, e la coerenza anche come *risultato* complessivo.

[74] Si deve evitare comunque il fraintendimento secondo cui abbracciare fini generali da parte dello stato significhi soddisfare il requisito che il diritto debba essere generale ed astratto: questione possibilmente connessa, ma chiaramente diversa.

Infine, il suo formato *esprit* opera nella dimensione temporale: riflettendo una premessa *Verfassung*, il passato, la tradizione, ma anche prospettando e governando un comune *futuro*[75].

L'irrompere della *global governance* distacca il diritto da questo terreno, almeno nel suo proprio dominio di riferimento, dato quel suo operare attraverso discrete e irrelate regolazioni sempre parziali (*field-related*). Orientato a risolvere problemi, definire linee guida, testare politiche, designare obiettivi incrementali, amministrare l'esistente, il suo spirito «manageriale»[76] si tiene lontano dai grandi quadri tracciati negli ottocenteschi progetti politici proiettati al futuro: in un certo senso, dove l'accento sulla politica si attenua, la stessa dimensione del *tempo* si contrae, mentre la regolazione estende la propria presa sullo *spazio*. La conquista di uno spazio globale, *illimitato*, è tutt'uno con l'incapacità di riflettere una qualsiasi comunità (politica e giuridica), e dunque i suoi progetti, le sue scelte, i suoi bisogni. Ma non è ancora tutto.

La *global governance* non prende dunque parte all'impresa moderna del diritto come cornice complessiva, olistica, dell'interesse pubblico. *Amministrazione*, la forma intermedia tra il particolare e il generale, si è di fatto trasformata da braccio strumentale, l'apparato burocratico e tecnico, com'era entro lo stato, in una forma istituzionalizzata di intervento che sta a sé, e non risponde ad altro. Le idee del bene, di felicità, di sicurezza, che essa sostiene di voler realizzare, superando i limiti delle inefficienze politiche, sono puramente autoreferenziali, e definite unilateralmente nei singoli frammenti. Un *diritto* così *segmentato* non è adatto, da solo, a portare alcuna responsabilità per l'insieme. Anzi, proprio l'insieme, l'intero, appare, sempre di più a questo punto, un vero e proprio concetto metafisico, troppo lontano per essere avvicinato, e ciò che esso evoca, per estensione e complessità, è qui del tutto fuori campo, ben oltre l'orizzonte.

[75] Com'è stato notato, la legalità istituzionale entro lo stato è basata sulle nozioni di consuetudine, costituzione, legislazione: van de Kerchove e Ost, *The Legal System between Order and Disorder*, cit., pp. 147-176.

[76] Koskenniemi, *The Politics of International Law*, cit., ridescrive la vocazione managerialista delle nuove tecniche regolative dei regimi come moralismo strumentale (cfr. ad esempio, *ibidem*, pp. 325 ss.).

8. *La responsabilità (per «l'insieme») e l'«accountability» (per le parti)*

8.1. È circostanza alquanto ironica che l'obsolescenza dell'*intero* divenga inevitabile proprio nel diritto globale. Ad essa si accompagna l'obsolescenza del vecchio legame tra diritto e responsabilità. Le fratture geometriche di cui il diritto globale consiste sono state affrontate tentando di formulare condizioni di trasparenza e controllabilità atte a restituire autorità-legittimità (requisiti di *accountability*, per via procedurale).

È avvenuto un ben percepibile passaggio tra due termini, una *successione* da *responsabilità* ad *accountability*. Il primo termine, a differenza del secondo, è istanza di un linguaggio spesso valutativo, e non di rado strumento retorico, quanto l'altro di verificabilità e rigore. Questa differenza di... intonazione si è come trasmessa anche alle nozioni di legalità associabili a ciascuno (nel bene e nel male).

Come si può intuire, il significato di responsabilità che è qui in gioco non è quello normalmente associato all'imputazione della responsabilità per un atto illecito commesso. Si tratta invece di un'attitudine, dell'atteggiamento del prendere su di sé l'intera ampiezza di uno stato di cose. Si tratta di ciò che intendiamo quando affermiamo di poter fare affidamento su una «persona responsabile». Dunque, non semplicemente qualcuno la cui autonomia e le cui capacità, in date circostanze, ci consentono di ritenerla tenuta a dar conto delle sue azioni (*accountable*), in grado di rispondere per gli impegni presi, di meritare, sempre perché capace, una sanzione negativa o positiva. In questo senso, responsabilità riguarda il passato e, in genere, con riferimento all'azione (o omissione) compiuta da qualcuno. In un secondo senso, tuttavia[77], il significato di *respondere* si rivolge al futuro e proprio per questo si unisce alla nozione qui rilevante. In breve, «responsabile» denota una diversa attenzione, un senso di personale coinvolgimento nella considerazione di tanti aspetti ed elementi (che siano

[77] Senso che può essere ricondotto al ruolo di coloro che garantiscono con la propria parola (il *responsor*, nel diritto romano). In generale cfr., tra gli altri, M. Villey, *Esquisse historique sur le mot «responsible»*, in «Archives de Philosophie de Droit», 22, 1977, pp. 45-58.

fatti, interessi, intenzioni, conseguenze, circostanze) quanti è possibile. Essa eccede largamente la prospettiva del *compito* che ci è assegnato (prospettiva che invece circoscrive il campo di rilevanza, e tiene da parte ogni ulteriore preoccupazione come ad esso esterna)[78].

Un convergente approfondimento si trova nel lavoro del filosofo Hans Jonas. Innanzitutto, egli muove dalla tesi che il nostro padroneggiare nuove tecnologie dovrebbe essere informato a una nuova «etica della responsabilità», la quale superi l'idea kantiana di dovere: la modalità deontologica di quest'ultima appare infatti largamente insensibile alle conseguenze[79]. In secondo luogo, delinea quella che chiama «responsabilità politica»[80] (nel senso della responsabilità dello stato sentita attraverso la figura dello statista): nelle sue parole, essa possiede una necessaria relazione con tre termini, *totalità*, *continuità* e *futuro*, poiché ricomprende l'«essere totale» del suo oggetto, senza alcuna interruzione nel tempo e al di là dell'immediato presente[81]. In effetti, continuità e proiezione al futuro rispecchiano le proprietà temporali del diritto nei nostri sistemi giuridici (statali)[82]: come scrissero van de Kerchove e Ost, questi ultimi

> presuppongono un tempo intenzionalmente controllato dagli agenti giuridici: si tratterà pertanto di un tempo prometeico, anche se spesso temperato da un tempo cumulativo [il diritto consuetudinario], in un alternarsi di avanzamenti e rallentamenti[83].

[78] Ritornerò sul punto più avanti in questo volume.

[79] H. Jonas, *Il principio responsabilità. Un'etica per la civiltà tecnologica*, Torino, Einaudi, 1990, pp. 112-114. Non discuterò l'insieme della teoria di Jonas né le sue implicazioni filosofiche più ampie; mi riferisco semplicemente alla definizione generale che egli suggerisce della nozione di «responsabilità».

[80] Per Jonas, tra l'altro, in analogia con la responsabilità dei genitori (e con differenze rispetto ad essa) (*ibidem*, pp. 121 ss.).

[81] *Ibidem*, pp. 124-135.

[82] Sulle caratteristiche dell'irruzione del presente, in un'ampia letteratura, che elabora spesso intuizioni della nuova sociologia e delle teorie postmoderne di autori come Z. Bauman e U. Beck, cfr. Ferrarese, *Il diritto al presente*, cit., pp. 7-64 *passim*, che ha evidenziato il nesso, nella nuova dimensione del globale, tra diritto, tempo reale della comunicazione e giudizializzazione giuridica.

[83] Van de Kerchove e Ost, *Legal System between Order and Disorder*, cit., p. 167 (testo in parentesi aggiunto).

Ora, sebbene la responsabilità sia principalmente una questione di etica e di virtù, assumo, in questo contesto, che essa indirettamente possa gettare luce sulla nostra comprensione dello stato come ente inclusivo della generalità dei fini. Non è l'etica della «beneficialità», la quale certo non può essere imposta[84]: è invece la semplice, obiettiva ragion d'essere dello stato, nelle sue conseguenze sulla nostra idea del diritto. È un'implicazione normativa: concerne la *capacità ultima* di un ordinamento giuridico, in quanto appartenga a uno stato. Ciò resta vero, in ultima istanza, indipendentemente dal fatto che proprio il diritto statale possa essere localmente disapplicato, che la sfera chiusa che con esso si costruisce sia oggi così spesso attraversata da norme esterne, complementari, concorrenti, come mostrano, oltre che le recenti trasformazioni del mondo, le fondamentali ricerche sul pluralismo giuridico[85].

Non occorrerebbe aggiungere che questa associazione tra unità statale, sistema giuridico e responsabilità permane al di là delle diverse visioni etico-politiche: se lo stato si astiene o incide pesantemente sulle sfere individuali per propositi collettivi, se sia liberale-liberista o welfarista, in *entrambi* i casi ciò riguarda solo il *come* esso decida di ottemperare a quella che percepisce come la sua generale responsabilità. Altrettanto vale per la declinazione di responsabilità richiamata in funzione di freno e di contrasto verso la (vera o presunta) riproduzione inflattiva dei diritti individuali[86]: questo contrasto, qualunque ragione lo fondi,

[84] Ad esempio, H.T. Engelhardt Jr., *The Foundations of Bioethics*, II ed., Oxford, Oxford University Press, 1996, pp. 109-110 scrive che la beneficialità, come tale, non può essere imposta, perché gli altri non hanno titolo né a ricevere beneficenza né alla solidarietà, che non può essere annoverata tra le questioni immediate di giustizia.

[85] Nella sterminata letteratura, oltre il doveroso richiamo del pionieristico lavoro del nostro Santi Romano, *L'ordinamento giuridico*, II ed., Firenze, Sansoni, 1946, ricordo solo gli ormai classici J. Griffiths, *What is Legal Pluralism*, in «Journal of Legal Pluralism & Unofficial Law», 24, 3, 1986, pp. 1-55; S. Engle Merry, *Legal Pluralism*, in «Law & Society Review», 22, 5, 1988, pp. 869-896; e G. Teubner, *Global Bukowina: Legal Pluralism in the World Society*, in Id. (a cura di), *Global Law without a State*, Aldershot, Dartmouth, 1996, pp. 1-30. Per un più recente tentativo riferito al tessuto postnazionale, N. Krisch, *Beyond Constitutionalism: The Pluralist Structure of Post-National Law*, Oxford, Oxford University Press, 2011.

[86] Ho trattato la questione nel mio volume *L'autorità dei diritti* (Roma-Bari,

non ha a che fare con il significato in cui responsabilità indica la ragion d'essere oggettiva dello stato, lo spettro complessivo dei suoi potenziali compiti[87].

Infine, tale narrazione si colloca evidentemente nel modello che abbiamo chiamato *esprit*. Pur non avendo forse il ruolo caratterizzante che per Montesquieu in una forma di governo (intesa in senso lato) assume il suo proprio «principio» (ciò che «la mette in moto» e la «fa agire», come la virtù nei governi popolari), l'idea di responsabilità inerisce comunque alla natura del sistema, rappresenta una presupposizione essenziale per spiegare in modo secolare quello che fu l'esclusivo dominio dello stato moderno.

A questo punto, evidentemente la responsabilità non è assimilabile all'*accountability* e non può coincidervi. La prima concerne la coppia potere e diritto a condizione che vi figuri lo stato, e non si versi in altri contesti in cui compaiono organismi e istituzioni del tutto diversi. La supposizione di «responsabilità», legata alle dimensioni della continuità, del futuro, dell'insieme, contiene promesse che l'*accountability* non pronuncia e che non potrebbe mantenere.

8.2. *Accountability* ritorna tuttavia nella considerazione del potere statale come *legittimo*, e come basato sul principio di legalità, e la separazione dei poteri (nonché *checks and balances*): come notano Kehoane e Grant, questi ultimi costituiscono una soglia di legittimità, sono ritenuti tali da «prevenire atti che oltrepassano i limiti legittimi». In più, molti altri «meccanismi di *accountability*», che sono appunto operativi anche verso lo stato e ne accompagnano l'azione, sono pensati per funzionare «dopo il fatto»[88]. Naturalmente, amministratori e titolari del potere

Laterza, 2002). Più recentemente, *Fundamental Rights and Human Rights: On the Consequences of a Conceptual Distinction*, in «Archiv fuer Rechts – und Sozial Philosophie», 3, 2007.

[87] Naturalmente, è vero che la percezione dei diritti dal punto di vista dello stato è differente rispetto a quella degli individui, e rispetto a un punto di vista strettamente individualistico. Lo stato può solo guardare ai diritti all'interno dei fini generali di cui deve aver cura, e come componenti della sua responsabilità strutturale per l'intero (e anche della sua interpretazione di esso).

[88] R.W. Grant e R.O. Kehoane, *Accountability and Abuses of Power in World Politics*, in «American Political Science Review», 99, 1, 2005, p. 30.

devono essere tenuti a render conto (devono essere *accountable*), soprattutto a coloro che hanno delegato loro il potere. Ciò vale per titolari di uffici, cariche, funzioni, competenze e facoltà correlate ad obiettivi specifici, definite e limitate in ampiezza e modalità: essi *devono* risponderne, e soprattutto devono mostrare di aver rispettato le regole che attribuiscono quei poteri e ne disciplinano l'esercizio.

Ed è certamente vero che ciò vale anche per gli stati stessi: specie in quanto agenti/attori nell'arena internazionale, anch'essi possono e devono essere «accountable», e sottoporsi al giudizio e al controllo (con riferimento agli obblighi scaturenti dai trattati, o da altre fonti secondarie, o da principi generali del diritto internazionale, o dallo *jus cogens*, e via seguendo): in breve, essi sono tenuti a conformarsi a regole e a render conto della propria azione. Da questo punto di vista, comunque, gli stati sono semplicemente simili ad ogni altro agente sottoposto a regole.

Le misure di *accountability*, suggerite per istituzioni operanti nella *governance* globale, sono di generi diversi e tendono a compensare l'assenza di controllo democratico, operano su varie basi, di cui quella strettamente giuridica è spesso vista come una tra molte[89]. Misure procedurali e contrappesi giuridici sono volti a garantire trasparenza, adeguate motivazioni, giudici indipendenti: condizioni di quella evidenza «pubblica» che dovrebbe meglio tutelare i destinatari, i soggetti interessati, le società e i gruppi di volta in volta rilevanti[90]. Il crescere e il perfezionarsi di queste misure/garanzie di diritto amministrativo tendono a mantenere il carattere pubblico del diritto anche negli spazi globali sottratti agli stati.

Ciò nonostante, in questo spostamento dalla coppia stato-diritto ai regimi globali, lo scomparire dell'onere e dell'aspirazione al governo dell'*insieme* è inevitabile. Nulla può ricostituire in questo ambito, *via accountability*, la dimensione responsabilità per come essa è percepita nelle comunità giuridico-politiche

[89] Per Grant e Kehoane, comunque, *accountability* si divide in due direzioni: nel modello «partecipativo», le prestazioni di coloro che esercitano il potere sono valutate da coloro che sono incisi dalle loro azioni. Nel «modello della delega», per contrasto, la prestazione è valutata da coloro che li hanno dotati del potere (*ibidem*, p. 31).

[90] Kingsbury, *The Concept of «Law»*, cit., p. 23.

statali. Indipendentemente dalla sua effettiva praticabilità, la presupposizione di responsabilità ultima appartiene a una diversa trama, in un teatro diverso peraltro (rispetto all'*accountability*). Essa richiede piuttosto la ricerca di un equilibrio tra razionalità e visuali parziali, poiché presuppone una nozione di *integrità*: richiede giudizi e scelte contestuali orientate da una sensibilità *verso l'insieme* che non è richiesta ai poteri, agli organismi che agiscono nei limiti di predefiniti margini e imperativi, e come tali sottoposti a condizioni di *accountability*[91]. Paradossalmente assente nella *global governance*, una kantiana «idea regolativa» che ponga sullo sfondo quella responsabilità per l'insieme potrebbe essere forse riformulata: ma certamente non quale espressione di una nuova, sovrastatale, razionalità «olimpica», né ricostituendo una macrodimensione statale e immaginando un disegno compiuto e ottimale del globo. L'idea regolativa di responsabilità sottende semmai la preoccupazione di bilanciare all'occorrenza priorità e programmi di scopo che attori e regimi frammentari perseguono in modo unilaterale, e dunque di ascoltare di volta in volta pretese e ragioni altrimenti ignorate. Anche i giuristi del progetto *Global Administrative Law* ne sono almeno in parte consapevoli, quando, sia pure *en passant*, ammettono che nell'ipotesi di contrasto tra ordinamenti, regimi e legalità dovrebbe tenersi conto non solo di eventuali gerarchie tra norme, sotto il profilo formale, ma anche del rispettivo «peso» (ossia del valore nei contesti rilevanti) delle medesime norme[92]; né disconoscono le *asimmetrie di potere* tra parti in causa: l'urgenza del problema dell'*esclusione*[93] di molti dalle decisioni di pochi. E l'esclusione emerge nella ripetuta soccombenza dei deboli, e in più insidiose

[91] È proprio il carattere discreto e limitato di tali obblighi e compiti che alla fine diviene condizione necessaria perché la loro attuazione ed osservanza siano realmente sottoponibili a criteri di *accountability*.

[92] Kingsbury, *The Concept of «Law»*, cit., p. 27.

[93] Come scrivono Stewart e Ratton Sanchez Badin, *The World Trade Organization and Global Administrative Law*, cit.: «The organization and its components are deeply challenged by twin imperatives: 1) continually adapting international trade regulatory disciplines in order to expand and secure liberalized trade 2) bolstering its institutional legitimacy against attacks by critics faulting it for secretive decision making and disregard of non-trade interests and values» (p. 2).

forme attraverso le conseguenze esterne su ambiti che non sono l'oggetto delle decisioni, ma vi sono di fatto connessi.

Tuttavia, affrontare tali questioni richiede una più laboriosa tessitura teorica e scopi più ampi di quanto il GAL si sia ripromesso: la costruzione di ulteriori impegni normativi volti a elaborare connessioni e rapporti tra legalità. Impegni che faticano a trovare posto, e semmai restano assenti, nei limiti delle funzioni specializzate, non rispondono alla logica dell'*accountability* per sé, e indicano un orientamento non semplicemente «manageriale»: un senso di responsabilità per l'insieme che non trova un favorevole terreno su cui svilupparsi.

La divergenza responsabilità/*accountability* è in altri termini un'occasione per riconsiderare l'autonomia e la relazione tra diversi ordini giuridici. Di conseguenza, nel prossimo capitolo cercherò un itinerario percorribile che possa lentamente produrre, tra ordinamenti, regimi, legalità efficaci sul globo, un surrogato globale della datata nozione di responsabilità per un «intero» che peraltro resta (ed è meglio che resti) tanto assente quanto irriproducibile.

CAPITOLO QUARTO

COM'È POSSIBILE UN «RULE OF LAW» GLOBALE?

1. *«Rule of law», regimi, ordinamenti e la «global governance»*

Com'è possibile il *Rule of law* nel multiverso di legalità che popolano il globo? Quali promesse esso dovrebbe mantenere?

Vale ricordare che queste domande avrebbero tutt'altro senso, o non avrebbero senso alcuno, se al diritto globale fosse dato di incorporare e omologare a sé, come propria articolazione, ogni altro ordine giuridico. Il diritto dell'Unione Europea e l'ordinamento giuridico della Repubblica Popolare Cinese restano quel che sono nonostante l'emergere di una forma d'ordine ad estensione universale. Il *global law* non sostituisce il diritto internazionale, non incarna un diritto esclusivo di ogni altro, e non è un metaordinamento mondiale. Ed è proprio questo che da un lato rende possibile il *Rule of law* «oltre lo stato», e dall'altro ne richiede quella rielaborazione, fedele alla sua originaria tradizione, che ho prospettato nel capitolo I. Qui sosterrò che il *Rule of law* gioca un ruolo essenziale alla sopravvivenza di legalità diverse e alla sostenibilità della *governance.* Esso deve regolare la qualità giuridica dell'interdipendenza, consentire il confronto tra visioni del bene (unilaterali, legate alla soggettività delle scelte dei singoli ordini giuridici in cui sono promosse), ed esprimere il suo ideale regolativo, di equilibrio e non-dominazione, con ciò bandendo, in tali relazioni, sia le reciproche chiusure dogmatiche degli ordinamenti (spesso coperte sotto il nome di *dualismo*, nel diritto internazionale) sia i contrari assunti, aprioristici, circa il primato (delle norme) di un ordinamento sull'altro (spesso ispirati al *monismo*).

Nelle relazioni tra legalità, il senso normativo del *Rule of law* implica il ricorso a modelli del discorso razionale, del discorso giuridico pubblico, consentendo che gli interlocutori – spesso rappresentati da ordini giuridici a confronto – abbiano titolo ad uguale considerazione giuridica, che le ragioni e le pretese siano ugualmente ascoltate, e che le differenze vengano considerate. Dal punto di vista morale, il contributo che può offrire non sta tanto nel realizzare modelli di giustizia, quanto nell'impedire che l'ingiustizia sia perpetrata proprio invocando lo scudo del diritto.

2. *Il problema delle interazioni, l'«interno», l'«esterno» e la teoria del diritto*

2.1. Significativamente, il *Report* del 2006 sulla «frammentazione» nel diritto internazionale, ad opera della International Law Commission, offrì il suo contributo alla *de*-frammentazione, richiamando i rapporti tra norme di fonti (ritenute) di diritto internazionale, e ricorrendo all'apparato tecnico della scienza giuridica[1], ai *topoi* del ragionamento giuridico: puntando dunque sul profilo delle «norme»[2]. Ma esso riconobbe di aver posto tra parentesi la questione ulteriore, e certamente più spinosa, concernente le strutture delle istituzioni, la genesi della loro autorità normativa. La Commissione ha proceduto sul presupposto dell'unicità dell'ordinamento internazionale, e sulla *fictio* dell'unità di matrice delle legalità concorrenti (che con il diritto internazionale ovviamente interferiscono: dal diritto substatale a quello transnazionale privato, agli ordini giuridici sovranazionali, all'Unione Europea, sino alle produzioni normative del diritto globale, ossia delle autorità ibride o addirittura private, e dei regimi specializzati). Ma è arduo riconcepire il ben variegato scenario nei termini di un diritto ultimativamente coerente[3].

A questo riguardo è necessario analizzare quale sia la portata della questione dal punto di vista della teoria del diritto. Se

[1] Sulla frammentazione cfr. *infra* in questo capitolo.

[2] The ICL Study Group Report nel 2006 assunse che tale profilo fosse sostanzialmente circoscrivibile nella cornice della Convenzione di Vienna per il Diritto dei Trattati, e in particolare il suo art. 31 (3) (c).

[3] Per la «rilevanza della coerenza» sia come proprietà del ragionamento giuridico sia come qualità di un ordine giuridico, in diverse versioni, che qui non posso discutere, cfr. le opere di Joseph Raz, Ronald Dworkin, Neil MacCormick e Aulis Aarnio.

riconosciamo che non c'è consenso circa standard universali di contenuto morale, che dettino condizioni sostanziali condivise per discernere le norme da considerarsi valide in un nuovo sistema giuridico globale, dobbiamo concluderne che i confini di un tale eventuale sistema potrebbero emergere solo per effetto di una prassi comune, e che i criteri di validità potrebbero esser solo quelli effettivamente posti in essere da fonti sociali. Una coerente cornice giuridica *universale*, in astratto, potrebbe essere tracciata da coloro che assumano, come i funzionari nel sistema giuridico per Herbert Hart, un qualche punto di vista «interno» al globo stesso nella sua interezza, punto di vista che (pur lasciando da parte l'insuperabile carattere situato dei nostri angoli visuali, o l'astrattezza di una «vista da nessun luogo») non appare disponibile: e d'altro canto, la pratica di una comune regola di riconoscimento non può essere empiricamente descritta come già esistente[4].

Per diversi sistemi, diverse pratiche sociali determinano tali condizioni: il che vale pertanto per ciascuno degli strati, da quello statale a quello regionale, al diritto internazionale e al diritto amministrativo globale.

Quest'ultimo rappresenta un *Sonderweg*, anche a tale riguardo. I suoi teorici hanno dovuto determinare innanzitutto sino a che punto si tratti di un diritto vero e proprio (si ricordi ad esempio l'ISO o l'ICANN). Per far questo hanno dovuto, come ho ricordato nel capitolo III, sostenere che la sua normatività ha natura «giuridica», e offrire un'inedita definizione di diritto, volta ad accogliere quello che ho chiamato il «formato» globale e a confermarne l'irriducibilità al diritto internazionale[5].

Ora, se il GAL fosse visto come *appartenere* invece *a* un ordinamento (come quello internazionale) non ci si chiederebbe se vi sia una più ampia nozione di diritto che vi si attagli: semplicemente se ne sottoporrebbero le norme al test di validità sulla base dei criteri in uso entro quel sistema. La domanda se il GAL sia o no diritto e in base a quale *concetto di diritto* ha potuto emergere solo perché lo si riconosce come non completamente assoggettabile ai parametri di validità degli ordinamenti

[4] Questo non toglie nulla alla ricerca di una coerenza (globale) progressiva né al fatto che i singoli livelli di legalità tendano separatamente a possederne una.

[5] Di nuovo, Kingsbury, *The Concept of «Law»*, cit., p. 26.

conosciuti. Data questa premessa, se esso è diritto dovrà essere dunque una *legalità a sé stante*, che non può essere contenuta né nel diritto internazionale né in quello statale.

Per la verità, le due questioni (legalità e validità) sono di natura diversa: quale sia la nozione di «diritto» ha un carattere essenzialista, che di conseguenza dovrà valere per – e ricomprendere – qualsiasi tipo di ordine giuridico. Nello schema di Hart, che è proprio quello seguito dai teorici del GAL, il diritto (non primitivo) richiede regole secondarie, tra le quali la regola di riconoscimento indica il criterio praticato effettivamente per poter discernere quali siano le norme valide. Essa deve essere accettata almeno da parte dei funzionari, e in specie dei giudici, che pertanto assumono così un punto di vista «interno» all'ordinamento. E ciò vale indipendentemente dalla variabilità dei criteri di riconoscimento, variabilità che semplicemente manifesta proprio l'autonomia e la diversità di differenti ordinamenti.

Di conseguenza, la seconda questione – relativa a quali siano di volta in volta ed effettivamente tali criteri, è totalmente diversa dalla prima (quale sia il concetto di diritto, quando vi sia diritto, e la necessità concettuale che vi siano criteri di riconoscimento). Ogni risposta dipenderà dalla pratica seguita, entro lo specifico ordine osservato, per tracciarne i relativi confini (giuridici). Per cui, se ci occupiamo della prima questione (il concetto di diritto), siamo ancora al di qua della seconda, che non ne viene, in teoria, toccata.

Ora, riassumendone le tesi, Benedict Kingsbury sostiene che il GAL è diritto poiché *a*) diritto presuppone una norma di riconoscimento e norme ordinarie/primarie, *b*) la norma di riconoscimento può ammettere una variegata tipologia di entità-fonti, stati o *non* stati (incluse quelle fonti che emanano regolazione in ambiti specializzati e quelle che producono regolazione di tipo amministrativo) a condizione che, comunque, esse si conformino a principi di carattere pubblicistico (*publicness*), così come egli li ha riassunti[6], la cui osservanza qualifica le entità *nel*

[6] Principio di legalità, razionalità, proporzionalità, *Rule of law*, e rispetto per i diritti umani più essenziali: cfr. *ibidem*, p. 12. E cfr. B. Kingsbury, *International Law as Inter-Public Law*, in H. Richardson e M. Williams (a cura di), *Moral Universalism and Pluralism*, New York, New York University Press, 2009, p. 167. Cfr. quanto ricordato al cap. III, par. 5.

loro complesso, e non deve semplicemente riguardare i singoli programmi, le singole attività e *policies* da esse promosse: ciò che significa essere un'entità di natura pubblica «lo si valuta con riferimento agli assetti giuridico-politici rilevanti, che possono essere determinati dal diritto nazionale, dai trattati tra stati, come per autocreazione o per delega da entità ancora diverse»[7].

L'argomentazione assume *da un lato* che la natura del diritto dipenda anche dalla soddisfazione di condizioni sostanziali (i principi menzionati, che integrano la natura *pubblica* dell'azione di una singola istituzione), *dall'altro* che ciò che è diritto sia delimitato dalle *fonti* di fatto riconosciute (il peso relativo di ciascun lato sull'identificazione del diritto resta comunque indeciso). Ma è il caso di notare come, definendo il diritto in questi termini, se ne individua (e soprattutto, si raccomanda la pratica di) *una* norma di riconoscimento[8], che funziona dunque per ogni test di *validità* di norme: ciò che serve a offrire una definizione *generale* di diritto (a discernere la *legalità*) serve anche, *rebus sic stantibus*, a decidere della *validità*, ossia a fornire criteri che operino nella norma di riconoscimento di uno *specifico* ordinamento, quello del diritto globale, di cui la teoria di fatto ricostruisce le pratiche effettive, prova a razionalizzare gli standard già in parte invalsi, e raccomanda alcune evoluzioni (in genere garanzie procedurali). E quindi l'argomentazione oscilla, per così dire, tra legalità e validità[9].

La ragione sta nel fatto che il GAL è stato dall'inizio identificato e studiato come qualcosa di più di un insieme o più insiemi di regole[10]. L'atteggiamento duplice dei giuristi del GAL, ad un

[7] Kingsbury, *The Concept of «Law»*, cit., p. 56.

[8] H.L.A. Hart, *Poscritto*, in *Il concetto di diritto*, nuova ed., Torino, Einaudi, 2002, p. 328 conferma che a differenza di altre regole (che sono valide dal momento della loro emanazione e indipendentemente dal momento in cui sorga l'occasione di praticarle) la norma di riconoscimento è valida «solo se è accettata e praticata dalle corti nelle operazioni di individuazione e applicazione del diritto».

[9] L'elencazione generica delle fonti dice già abbastanza a riguardo delle loro tipologie (statali e non, pubbliche o private) che sono ricavate così da rispecchiare fonti già praticate ed esistenti, e così che l'eventuale estensione in realtà possa essere completata nel tempo, incrementalmente, e appunto come per cooptazione.

[10] Hart distingue infatti un ordine giuridico da quello che definisce – in

tempo ricostruttivo e prescrittivo, esplicativo ed esortativo, per la verità riflette quello che è un modo d'essere del diritto globale: in questo momento, pratiche in parte generalizzate e consolidate, e in altra parte (la più gran parte) suggerite, promosse, da giuristi, giudici, studiosi, e una varietà di attori e interessati. Il diritto globale diventa dunque un quasi-ordinamento, un ordine giuridico ricostruibile interpretativamente come tale, ma *in itinere*, insomma un ordinamento a formazione progressiva, a natura «incrementale», entro uno schema e coordinate teoriche generali come quelle appena descritte (da Kingsbury, ma tessute anche negli studi anticipatori, e più volte ricordati in questo volume, di Sabino Cassese e della sua scuola). *In progress* è anche il passaggio da molteplici norme di riconoscimento pertinenti a singoli subsistemi, regimi settoriali, legalità separate, verso una norma condivisa dai molti interlocutori operanti in quei diversi ambiti, come criterio di apprezzamento di minimi requisiti di legalità. Di quella comune regola di riconoscimento le linee sembrano *in parte già fornite* (con il rimando, per le fonti, alle grandi e principali istituzioni il cui carattere giuridico appare pacifico – come per le istituzioni nate da trattati multilaterali, o gli organismi sovranazionali attorno a cui ruota il diritto internazionale contemporaneo) e *in parte da tracciare* ulteriormente nel tempo: sia ad opera di quelle istituzioni già operanti che funzionerebbero come istituzioni cooptanti (ad esempio, quando riconoscano come normative le determinazioni provenienti da entità prive di *pedigree – il WTO nei confronti dell'ISO*), sia ad opera della pluralità di attori rilevanti, di entità produttrici di norme, anche non pubbliche – che soddisfino e adottino i ricordati requisiti di pubblicità come parametro vincolante (e legittimante) per sé e per gli altri.

Evidentemente queste conclusioni discendono anche dalla necessità della teoria del diritto globale di risolvere un *puzzle*, e cioè, da un lato, la sua irriducibilità ad altri modelli o ordini, la sua non-appartenenza, dall'altro, il suo conseguente bisogno di qualificarsi effettivamente come diritto in termini tuttavia autonomi. Com'è noto, da una prospettiva positivista e hartia-

originale – «a set of rules» (Hart, *The Concept of Law*, nuova ed., Oxford, Clarendon Press, 1992, p. 233).

na, i caratteri essenziali, concettuali, del diritto appartengono innanzitutto al discorso *teorico e generale*. Se la questione – di ciò che il diritto è – viene sollevata nell'urgenza di conoscere invece se *qualcosa in particolare* è diritto, questa diversa domanda dipende in modo peculiare dall'*esistenza*: la risposta è positiva solo se *qualcosa in particolare* (come il diritto globale) *esiste* ed è *già un ordine giuridico* per sé, che ha dunque delimitato i propri confini (oppure se, cosa sin qui esclusa, *appartiene* semplicemente a un ordine giuridico più ampio alle cui condizioni di validità soggiace).

Naturalmente la definizione incrementale di una norma di riconoscimento del diritto globale non può determinare le condizioni di validità che pertengono ad altri ordinamenti, e non può avere pretese su di loro. Ciò che conta come diritto nell'ordinamento statale o internazionale o europeo è determinato solo dalle *loro* rispettive norme secondarie[11]. Pretendere di cancellarle attraverso una legalità onnicomprensiva sarebbe alquanto immaginario, sebbene una tale tentazione poggerebbe su un dato di fatto, ossia che il GAL funziona solo grazie alla sua capacità di indirizzarsi ad altri ordinamenti e di penetrarne gli strati, con un'inevitabile transitività[12]. Ciò nonostante, una concezione «monista» dell'ordine globale, nella quale non sono possibili relazioni o interazioni, ma solo rapporti gerarchici entro un unico sistema definito dalle norme di riconoscimento di un diritto globale, sarebbe fuorviante.

2.2. La questione successiva ha a che fare con il coordinamento e le intersezioni tra legalità molteplici. Sebbene il diritto globale sia visto attraversare altri ordinamenti[13], resta il punto

[11] Pertanto, ciò che nel GAL vale come criterio di riconoscimento può essere ben diverso da ciò che conta perché una norma possa essere concepita come norma giuridica, poniamo nell'ordinamento britannico...

[12] Kingsbury, *The Concept of «Law»*, cit., p. 25: «Per esempio, le corti nazionali possono trovarsi a giudicare su atti di entità internazionali, transnazionali e specialmente organi nazionali che effettivamente amministrano sistemi decentrati di *global governance*, e in alcuni casi le corti nazionali stesse formano parte non solo del corpo giudicante ma anche dell'amministrazione pratica di un regime di *global governance*».

[13] Cassese, *Il diritto globale*, cit. (grazie all'interazione materiale e alla penetrazione istituzionale: ad esempio rendendo parte del proprio gruppo operativo

che i differenti sistemi persistono, separatamente dal GAL stesso, e confronti e conflitti tra loro possiedono una duplice dimensione: dal punto di vista dei soggetti jusgenerativi e degli organismi di trattamento e aggiudicazione dei conflitti sul piano del diritto globale, tutte le entità coinvolte, incluse le autorità di vertice degli ordinamenti statali e regionali, destinatarie e interessate, giudici di legalità domestiche o sovranazionali, organismi amministrativi direttamente responsabili, e via seguendo, devono operare sulla base dei criteri di validità, ad esempio di riconoscimento, in uso nel diritto globale. Sotto questo profilo, le pretese normative sono tutte, da qualsiasi fonte provengano, da considerarsi «interne» e che si tratti dei differenti regimi planetari o degli ordinamenti statali, tutti sono visti dalla prospettiva di «operazionalizzazione» del GAL. La pratica effettiva di un criterio comune di riconoscimento, nei singoli casi per lo meno, è il fattore decisivo.

Ma sussiste una seconda dimensione che incide inevitabilmente sulla praticabilità della prima: in questa seconda dimensione il GAL è solo un ordine giuridico tra molti altri, non è la legalità eminente assunta come parametro per decidere della validità di norme prodotte in altri ordinamenti. La validità è una questione (di riconoscibilità di norme da parte di un sistema e tramite i suoi criteri) sempre «interna», essa non può essere predicata correttamente di un sistema nel suo complesso, ma solo di una regola in base ai requisiti di un ordine determinato. Pertanto, quando diverse legalità si confrontano (ad esempio le norme e le decisioni del WTO e del suo sistema di riferimento v. la Commissione Europea e la Corte Europea di Giustizia) non può essere, come unilateralmente si preferisce pensare, una questione di validità delle norme dell'una o dell'altra – il che equivarrebbe a decidere quale dei due sistemi sia mera parte dell'altro –, e non può essere risolta appellandosi alle (contingenti) norme di riconoscimento seguite nell'uno oppure nell'altro. Questa ragionevole distinguibilità incide sulla prima dimensione (l'unità del diritto nella cornice

funzionari che appartengono nello stesso tempo agli apparati amministrativi degli stati nello stesso campo). Sul piano orizzontale, diversi regimi giuridici hanno in comune il progressivo sviluppo di principi di diritto amministrativo.

generale del diritto globale) perché la potenziale relazione tra ordini diversi richiede di meno e di più che trovare una norma di riconoscimento superiore. Richiede meno perché una norma superiore minerebbe l'autonomia di qualsiasi ordine giuridico; richiede di più, perché una pretesa norma universale di riconoscimento è per definizione appropriata solo con riguardo a questioni di validità (interna), e ordini autonomi possono solo guardarvi da un punto di vista esterno, e quindi come un (dato di) fatto. Conseguentemente, quest'ultimo non può esercitare su di loro nessuna forza normativa né pone pretese che essi possano accettare internamente senza nello stesso tempo perdere la propria autonomia.

A questo punto dovrebbe essere chiaro che è proprio la questione normativa a dover essere posta in primo piano. Perché tutti gli attori dovrebbero comportarsi così da interagire secondo correttezza come partner in posizione equiordinata? Come giungono a costruire relazioni eterarchiche, ossia non destinate a ridefinire un unico sistema globale? Le predette relazioni, come si vedrà più oltre, sono di fatto inevitabili, e il diritto sembra ciò nonostante svolgervi un ruolo significativo. Uno scenario, vale ricordarlo ancora, con analogie rispetto a quello medievale, anche per la centralità di arbitri e giurisperiti nella sovrapposizione delle legalità concorrenti. L'ordine medievale sembrava trovare convergenze nella decisione del caso a giudizio, nell'attenzione alla *convenientia rerum*, piuttosto che in un ordinamento giuridico unico e omologante. Ed è questa una differenza, rispetto alla costituzione *moderna* della *certezza del diritto*, che ha un peso decisivo, a somiglianza del mondo presente.

Sebbene orfana della rassicurante unità dettata da armonie teologiche, la scienza giuridica tende a sottrarre il pluralismo delle legalità a un ambiente anarchico, in balia delle forze materiali della globalizzazione. Come si è appreso negli ultimi anni, anche gli effetti devastanti delle crisi finanziarie richiedono un controllo legale più stretto. Alcune aspettative si concentrano anche sul lavoro dei giudici, soprattutto internazionali e sovranazionali, e delle autorità giudicanti istituite nei diversi regimi regionali o globali (i Tribunali Arbitrali e il Tribunale della Convenzione per il Diritto del Mare, o la Corte Europea dei Diritti Umani, o l'Appellate Body del WTO, e così via). La speranza è che la «comunità epistemica» dei giudici possegga strumenti idonei e sufficiente imparzialità per intervenire nel dis-ordine globale: il valore di questo lavoro è alto, non solo perché gli organismi giudicanti trattano conflitti, ma perché essi tracciano *rationes* e linee di principio che istituiscono guide per il comportamento degli stati e di attori sovranazionali, identificando regole che costituiscano per tutti impegni cui essere tenuti[14]. È in quest'ambito che dovrebbero essere oggi proiettate le analisi che nei contesti statali hanno rilevato la c.d. *path dependence* come una proprietà del funzionamento degli ordini giuridici, e in particolare la costruzione di stabili «*frameworks* argomentativi» come un efficiente contrappeso rispetto alla cronica indeterminatezza del diritto[15]. Ma anche dietro questo lavoro e il ripetutamente invocato dialogo tra le corti possono esserci solo delle *scelte* compiute dai singoli regimi/ordinamenti: in mancanza delle quali, obblighi di conformità e gerarchie potrebbero derivare solo da una costruzione costituzionale mondiale, elaborata dall'alto verso il basso, che tuttavia non è disponibile. Per molte e realistiche ragioni, ordini giuridici diversi tendono però ad assumere impegni ad un confronto regolato dal diritto, tendono a riconoscere l'importanza di un'interazione su un terreno giuridico.

3. *Estendere e accrescere il «Rule of law»*

3.1. Uno e forse il più importante di quegli impegni è proprio il *Rule of law*. Da una prospettiva come quella globale, torna per contrasto in primo piano la concezione «nazionale», la più stridente e più «popolare»: il *Rule of law* come il legame tra elettori/popolo e diritto, tra l'ethos di un paese e il suo ordinamento giuridico. Si può dire che una tale concezione riflette, alle volte con spirito conservatore, la matrice che ho

[14] Cfr. anche il mio *Global Threads: Weaving the Rule of Law and the Balance of Legal Software*, in P. Carrozza, F. Fontanelli e G. Martinico (a cura di), *Shaping the Rule of Law through Dialogue*, Leiden, Europa Law Publishing, 2009.

[15] A. Stone-Sweet, *Path Dependence, Precedent, and Judicial Power*, in V. Champeil-Desplats, C. Grzegorczyk e M. Troper (a cura di), *Théorie des contraintes juridiques*, Paris, LGDH, 2005.

chiamato *esprit*. Una sua versione, nella tradizione «burkeana», punta anch'essa sulle corti, ma in quanto riflettano l'esperienza intera di una nazione[16]. L'enfasi è qui sulla capacità – sulla funzione – del diritto di porre al riparo e di far emergere, oltre le fazioni e le contingenze, ciò che più profondamente rispecchia il carattere e le convinzioni di una comunità. Un compito che ha ovviamente conseguenze anche all'esterno, e che è assolto determinando, più o meno restrittivamente, lo *status* interno e la forza giuridica che l'ordinamento domestico intende assegnare al diritto internazionale, convenzionale o consuetudinario. È, in breve, anch'esso sullo sfondo del «*Rule of law* in this jurisdiction» (espressione discussa nel cap. II).

Ma esiste una proiezione di tale concezione (così autoreferenziale) non solo oltre lo stato, ma anche oltre i rapporti tra gli stati? Paradossalmente, se un diritto globale compare tra i molti protagonisti del *teatro* globale, esso, all'interno dei suoi confini, può alimentare una propria e autoreferenziale nozione del *Rule of law*. E per la verità, proprio la sottoposizione a diritto della *global governance* è sommariamente ma efficacemente richiamata appunto come la sua subordinazione al *Rule of law*. L'importanza dell'*accountability* – nell'azione dei *decision-makers* sovranazionali e dei regimi globali – è ben comprensibile, come abbiamo visto: l'accrescersi dei requisiti di *accountability* è visto come l'accrescersi del *Rule of law*, e quest'ultimo, nelle versioni oggi correnti, deve includere una legittimante relazione tra il diritto e coloro che vi sono sottoposti[17]: in mancanza dei canali disponibili nelle democrazie costituzionali, siano effettivi i meccanismi di *review*, gli obblighi di adeguata motivazione, trasparenza, responsabilità per le violazioni e via di seguito[18].

Poiché al *Rule of law* tende a richiamarsi ogni legalità ordinata, quel che conta, come abbiamo spiegato, è che non se ne riduca il senso alla semplice conformità al diritto vigente

[16] Oliver Wendell Holmes, in Missouri v. Holland, 252 US 416, 433 (1920). Cfr., inoltre, R. Post, *The Challenge of Globalization to American Public Law Scholarship*, in «Theoretical Inquiries in Law», 2, 2001, pp. 323, 326 ss.

[17] Cfr. l'interpretazione offerta a questo proposito da D. Dyzenhaus, sulla base delle teorie di Fuller, in *Accountability and the Concept of (Global) Administrative Law*, IILJ Working Paper 2008/7 (Global Administrative Law Series 2008).

[18] Kingsbury, *The Concept of «Law»*, cit., p. 34.

(purchessia), non si rifletta un senso municipalistico e autoreferenziale (che la stessa visione «burkeana» esprime)[19]. Si tratta, inoltre, di un ideale che può essere coerentemente proiettato all'esterno: e qui non riguarda solamente la qualità della legalità interna a ciascun sistema, ma l'interazione tra ordini giuridici.

Le interazioni rendono possibile che le legalità-«frammenti» sul teatro globale tendano a magnetizzarsi l'un l'altra nei limiti delle questioni su cui il loro confronto verte.

Nel diritto globale, l'obsolescenza della preoccupazione per l'insieme è stata descritta nel precedente capitolo, come un passaggio dall'intero ai frammenti. Se l'impegno verso il *Rule of law* gioca un ruolo al di là delle singole piattaforme-ordinamenti, in cui viene distintamente elaborato, e dunque anche al di là del diritto globale (in quanto ordine in sé e per sé), esso fa più che strutturare l'*accountability* e la qualità pubblica delle numerose autorità interne che vi producono regole: nella metafora, esso non ha solo a che fare con i singoli frammenti (la qualità dei singoli ordini e regimi giuridici) ma con la qualità del confronto legale tra essi. In questo aspetto, eccede l'*accountability*[20] e, in un senso un po' ottativo, concorre nelle aspirazioni a quell'idea normativa di responsabilità, come l'ho descritta nel capitolo III[21]. Ciò potrebbe accadere in modo indiretto.

3.2. Certamente il *Rule of law* non può contribuire a generare una più o meno realistica autorità mondiale: questo sarebbe un compito di attribuzione (costituzionale) di potere, di creazione e autorizzazione, di legittimazione, che non ha molto a che vedere con l'appello all'ideale del *Rule of law* come tale. Nondimeno il *Rule of law* può compiere un lavoro diverso ma ugualmente importante perché nel porre condizioni di equilibrio giuridico tra gli interlocutori, senza alcun progetto o fede perfezionista, può attivare un processo che porta oltre la qualità dei singoli separati ordini a confronto.

[19] Cfr. *supra*, cap. II: il *Rule of law* come una «terza *chance*».

[20] Non intendo affermare qui che il soddisfare requisiti di *accountability* non sia rilevante nel confronto e nella fiducia reciproca tra ordini giuridici, o nell'apprezzamento della natura pubblicistica da attribuire a un organismo operante nella produzione di norme.

[21] Su questo concetto e la differenza rispetto all'*accountability*, cfr. *supra*, cap. III, par. 8.

Se il *Rule of law* concerne il modo in cui è strutturato il diritto in un ambiente determinato, se esso contrasta il *monopolio di un'unica dominante autorità generatrice di diritto*, esso previene il formarsi di un'autorità normativa e regolativa globale. Visto attraverso questa lente, pone la questione dell'equilibrio e della non-dominazione (giuridica) diminuendo le *chances* che il diritto sia ridotto a un semplice strumento per i fini proposti da una sola fonte (che si tratti dei legislatori, degli organismi sovranazionali con potestà jusgenerative, degli stati maggiori). E naturalmente l'elevazione delle sole etiche e interpretazioni del mondo proposte dai più forti alla dignità dell'unico interesse della comunità è proprio il segno degli stati totalitari. Anche nell'ordine regolativo globale, in cui valgono imperativi di efficienza e il perseguimento degli obiettivi di subsistemi funzionali separati, il carattere unilaterale delle pratiche proprie dei singoli regimi (la sicurezza, l'energia, l'ambiente, i diritti umani, ad esempio) e delle regolazioni che esse impongono non è contingente, è strutturale.

Non ci si illuda che il *Rule of law* possa cancellare tutto questo o rimediarvi. Tuttavia, una volta penetrato entro le singole legalità in concorso, esso permea la nostra nozione, il codice della giuridicità e la percezione della qualità del diritto, e di conseguenza incide sul nostro modo di intendere la natura giuridica anche dello scenario globale. Le sue più coerenti implicazioni dunque promettono l'uguale considerazione e il rispetto delle concorrenti legalità sullo scenario globale come aventi titolo ad avanzare argomenti giuridicamente controllabili, contrastando costruzioni etiche unificate del mondo *via* una semplice, apodittica gerarchia delle fonti.

Il punto che ho sottolineato poc'anzi è che a questo metalivello il *Rule of law* disegna sia pure in modo traslato, e forse solo ideale, la «possibilità della responsabilità». In breve, ciò può accadere se le relazioni materiali tra ordinamenti di estensione, natura, caratteri del tutto diversi, vengono arbitrate e aggiudicate dal diritto, rendendo possibile (come un «giudice a Berlino») ascoltare voce e ragioni, in un *forum* giuridicamente strutturato; ciò significa riattivare una circolazione di motivi, interpretazioni, bisogni e un più ampio arco di prospettive sulla realtà: rendere possibile la difesa del più largo numero di visioni delle cose equivale non solo a rispettare la pluralità come tale, ma a elaborare l'idea regolativa dell'insieme pur nella consapevolezza di non poterne ottenere un'immagine certa e definitiva, approssimarsi a quella soglia ideale della «responsabilità» per un «tutto» come se esso potesse mai esistere. Non per celebrarne il mito, del tutto metafisico.

È naturale, peraltro, che queste interconnessioni abbiano il pregio di spostare il medium del confronto da un piano basato sul potere materiale, nel regno della contrattazione e dello scambio tra parti diseguali, a un piano basato su argomenti pubblici, universalizzabili, propri del ragionamento giuridico, un limite dunque e nel contempo una più o meno realistica finzione di parità, che nell'altro scenario comunque non è nemmeno pronunciabile. Ciò che proviene dalle forme di queste procedure giuridiche non deve essere sopravvalutato: ma funziona mostrando l'ormai ben noto ruolo civilizzatore dell'ipocrisia[22]. Quanto viene recitato come discorso pubblico attraverso canali istituzionalizzati, idonee garanzie procedurali, avviene attraverso gli argomenti utilizzabili in tali luoghi (si pensi ai tribunali o ai parlamenti), invece che solamente attraverso negoziazioni al di fuori di essi. L'innalzamento del discorso attraverso ragioni universalizzabili persegue appunto l'elevazione oltre il semplice arbitrio, l'irrazionalità, e oltre il mero ricorso senza discussione all'esercizio del voto. Ma l'universalizzabilità di una giustificazione tende a spostare la prospettiva dalla visuale limitata delle preferenze di uno alla visuale che questi potrebbe sostenere anche non si trattasse del suo interesse, ma di quello di «tutti». Infine, e si tratta di un punto ulteriore, il valore attribuito alla voce delle parti non è solo conseguenza del dovere di riconoscimento della dignità di ciascun interlocutore: è che in molti casi, una narrazione plurale arricchisce la nostra conoscenza dello stato delle cose, prospettando versanti che rimarrebbero oscuri, e quindi avvicinandoci alla percezione dell'insieme.

Ma sostenere l'importanza di riconnettere le parti, di rendere il loro contributo possibile, significa anche rendere le procedure e le garanzie un veicolo indiretto per il valore della

[22] J. Elster, *Deliberation and Constitution-Making*, in Id. (a cura di), *Deliberative Democracy*, Cambridge, Cambridge University Press, 1998, p. 97.

responsabilità: responsabilità per quale sarà lo stato delle cose nel loro complesso. L'idea della responsabilità, ricordata a proposito della funzione dello stato e del diritto statale, non può essere propugnata in modo sostantivo e credibile da *nessuno* dei partecipanti, non può essere confusa con gli scopi di nessuno in particolare, che se ne faccia alfiere (non deve dunque essere monopolizzata da alcuno), visto che a ciascuno spetta solo la propria tessera del mosaico. Diversamente, sarebbe proprio ciò che il *Rule of law* promette di evitare: l'elevazione di uno al ruolo di rappresentare il tutto. Riconoscere le ragioni che il diritto dell'Unione Europea avanza contro il regime del Consiglio di Sicurezza conduce a completare o ad approssimare il mosaico, e anche a istituire ponti tra pretese opposte di validità giuridica (interna) avanzate da interlocutori che si pongono in modo reciprocamente esterno. Significa assumere che l'ordine giuridico altrui non può essere, senza ragioni giuridicamente sostenibili, piegato a maneggevole strumento di attori esterni, né al contrario restare pretestuosamente e dogmaticamente chiuso. A questo punto, tuttavia, è necessario uscire dall'argomento in astratto e ricordare quali forme esso può assumere in concreto.

4. *La realtà dei casi e i giudici: tolleranza globale?*[23]

Regimi specializzati che si «auto-osservano» interferiscono l'uno con l'altro non meno che con gli stati e le organizzazioni/ordinamenti regionali. Come Martti Koskenniemi scrisse, problematiche istituzionali e procedurali sono stabilmente collocate in casi come quello ormai richiamato ad esemplare, dell'impianto nucleare Mox Plant a Sellafield (UK), che coinvolse tre diverse giurisdizioni e tre procedure, l'una presso il Tribunale Arbitrale istituito presso la Convenzione delle Nazioni Unite sul Diritto del Mare, l'altra sotto la Convenzione per la Protezione dell'Ambiente Marino dell'Atlantico del Nord-Est Asiatico, e l'ultima presso la Corte Europea di Giustizia sotto i Trattati Euratom

[23] Traggo l'espressione dal diverso contesto della relazione (*constitutional tolerance*) tra ordinamenti costituzionali nell'Unione Europea, per la quale fu usata da Joseph Weiler. Su questa nozione cfr. *infra*, Appendice.

e della Comunità Europea[24]. Che l'Irlanda potesse adire il Tribunale che riteneva meglio corrispondente al proprio interesse, legato alla protezione ambientale, è cosa che si scontrava con la giurisdizione obbligatoria della Corte Europea di Giustizia: i piani delle scelte del *forum* non sono omogenei, e il regime speciale dell'UNCLOS avrebbe potuto certamente seguire i propri obiettivi di tutela del mare, del tutto indipendentemente dal risolvere la questione di quale fosse la Corte cui l'Irlanda come membro dell'Unione Europea avrebbe dovuto, per altre ragioni, rivolgersi. L'indipendenza delle due questioni, la sovrapposizione della tutela, l'interferenza tra giurisdizioni e l'impossibilità di un criterio finale dirimente da un lato pongono i regimi o le legalità in potenziale contrasto (UNCLOS e UE), dall'altro testimoniano dell'inevitabile *overlapping* che può essere di danno a soggetti finali, effettivamente colpiti dalla decisione (ad esempio gli abitanti dei luoghi interessati), i quali non hanno voce diretta attraverso le modalità in cui la controversia nasce, si sviluppa e si riproduce. Quel che in conclusione potrà derivarne è su un filo che non dipende solo dalle ragioni delle parti, ma anche dalla giurisdizione che potrebbe prevalere. La certezza ancora una volta non appare né disponibile, né da questo momento in poi effettivamente desiderabile. Piuttosto, sembra l'equilibrio tra le legalità in concorrenza il vero punto di arrivo.

Una delle strategie di compensazione, come già ho ricordato, è stata quella di puntare sul lavoro delle corti. Il lavoro dei giudici può produrre un *software* addizionale, per così dire, sebbene con particolari caratteristiche, ossia conformato attraverso i casi, e teso a normare le lacune generando criteri in grado di comporre un più ampio patrimonio delle corti sovranazionali: norme che non appartengono al novero di quelle primarie che i giudici devono applicare, ma che spesso sono raccolte dalla sapienza e dall'esperienza di istituti di diversi ordinamenti. Le loro strategie comunicative sono vecchie e nuove: la *comity*, la reciprocità, la protezione equivalente, il margine di apprezzamento, lo spazio di manovra, la sussidiarietà, la

[24] M. Koskenniemi, *Introduction*, par. 13, p. 11 di *Conclusions of the Work of the Study Group on the Fragmentation of International Law: Difficulties Arising from the Diversification and Expansion of IL*, ILC, 58 sess., 2006 (A/61/10, par. 251) (http://untreaty.un.org/ilc/reports/2006/2006report.htm).

proporzionalità, ed altre; e sono in grado di tener conto delle necessità della coesistenza in assenza del *grand box*. E dove il *sistema* resta irraggiungibile, l'incremento di criteri per superare lo stallo delle controversie potrebbe servire a raggiungere una condizione *post-Babele* nei dialetti e nei linguaggi giuridici che fioriscono nel mondo[25]. Tuttavia, ancora una volta emerge la domanda circa il perché i giudici dovrebbero compiere questo lavoro, se non sono giuridicamente tenuti a farlo.

Quando, come nel caso Swordfish[26], un potere sovranazionale, l'UE, ed uno stato nazionale (il Cile) difendono contrapposte pretese, scoprono che esse possono rilevare, ed essere giudicate, in più di un contesto giurisdizionale appartenendo nel contempo a regimi diversi, con separati programmi politici, imperativi funzionali, apparati tecnico-scientifici, principi, regole e finalmente tribunali: e in queste circostanze, la Convenzione Internazionale per il Diritto del Mare e l'Organizzazione Mondiale del Commercio emergono per quello che sono, separate nello spazio, ciascuna con la propria forza attrattiva e unificatrice e ciascuna in grado di testimoniare la saldezza della coerenza alle proprie regole, il «proprio» *Rule of law*. Ma le loro validità distinte e parallele interferiscono l'una con l'altra, e finiscono per incrociarsi pur essendo costruite per non farlo. E ciò accade per il generarsi di casi che possono entrare in tutto o in parte nell'orbita di entrambe, rimanendone la soluzione sospesa insieme con le ragioni delle parti (il Cile o l'UE in *Swordfish*, oppure il Messico e gli Stati Uniti, tra il NAFTA e

[25] La metafora è divenuta un *topos* ed è richiamata ad indicare una favorevole opportunità da R. Higgins, *A Babel of Judicial Voices? Ruminations from the Bench*, in «International & Comparative Law Quarterly», 55, 791, 2006. Con la stessa metafora, il volume di S. Cassese, *I Tribunali di Babele*, Roma, Donzelli, 2009.

[26] Il caso: al WTO: Chile – WTO Doc. WT/DS193; at the ITLOS, Chile v. Eur. Com. (Mar. 15, 2001) (www.un.org/Depts/los/ITLOS/Order1_2001Eng_pdf)(suspended). Presenta il caso Cassese, *I Tribunali di Babele*, cit., pp. 31-35. E.T. Treves, *Fragmentation of International Law: The Judicial Perspective*, in «Comunicazioni e Studi», XXIII, 2008, pp. 42 ss. Cfr. M. Orellana, *The EU and Chile Suspend the Swordfish Case Proceedings at the WTO and the International Tribunal of the Law of the Sea*, ASIL INSIGHTS (2001), disponibile su www.asil.org/insights/insigh60.htm; M. Orellana, *The Swordfish Dispute between the EU and Chile at the ITLOS and the WTO*, in «NORDIC Journal of International Law», 71, 1, 2002, pp. 55 ss.

il WTO, in *Soft Drinks*[27]). Qui la risposta trascendentale entro un più ampio sistema non c'è, non è in vista una *Grundnorm*.

La via che indico in questo volume, e che fa ricorso al *Rule of law*, valorizza tracce che sono presenti nella pratica seguita nel tempo soprattutto dai giudici nello svolgere i fili delle relazioni tra legalità diverse. Ma enfatizza il *Rule of law* a condizione che esso non sia una nozione variabile e dipendente da ciascun sistema, il che è ancora parte del problema.

L'uso duplice del *Rule of law* con esiti opposti per le parti, una volta da parte del Tribunale di prima istanza, l'altra da parte della Corte Europea di Giustizia, l'una in nome dell'unità del diritto internazionale, l'altra in quello delle norme fondamentali dell'Unione, nel caso che ho analizzato nel capitolo III[28], ha mostrato in modo eloquente le difficoltà nell'elaborazione del concetto.

Una lettura anch'essa plausibile sottolinea che gli argomenti adottati dalla Corte Europea di Giustizia si limitano a proteggere il diritto interno, con ciò esprimendo una chiusura alle ragioni più ampie del diritto internazionale, e ciò indipendentemente dal fatto che il primato delle norme interne conduca poi alla protezione dei diritti violati di Kadi[29]. La tesi della Corte di Giustizia può forse essere letta come una resistenza al primato del diritto internazionale: ma a me sembra che la chiave di volta stia nella verifica della giustificabilità delle sue decisioni e delle sue premesse normative nelle circostanze date.

Del resto, una tale autonomia relativa è stata sostenuta persino dalle corti nazionali verso l'Unione Europea, cui gli stati membri sarebbero legati in modo anche più stretto che al diritto internazionale, grazie alla supremazia e all'effetto diretto delle norme sovranazionali europee negli ordinamenti nazionali. Sono

[27] Cfr. Panel Report, *Mexico – Tax Measures on Soft Drinks and Other Beverages*, WT/DS308/R (Oct. 7, 2005).

[28] CFI Kadi. Case T-315/01, Kadi v. Council and Commission, 21 September 2005, [2005] ECR II-3649 par. 205. Nel novembre del 2005, Kadi propose appello contro la decisione del Tribunale di prima istanza. L'appello si concluse poi con la sentenza ECJ, Joined Cases C-402/05 P, Yassin Abdullah Kadi and Al Barakaat International Foundation v. Council & Commission, 2005 ECR II-3649, Judgment of 3 September 2008.

[29] Riprendo questo punto nell'Appendice sullo stato dell'Unione Europea.

sempre istruttive le parole della Corte Costituzionale italiana[30] secondo cui le limitazioni di sovranità, anche entro la Comunità Europea, devono essere legate al perseguimento di valori e obiettivi legittimi e in coerenza con i «principi fondamentali» degli ordinamenti costituzionali dei paesi membri. E una simile *ratio* operò poi successivamente, nel più famoso dialogo a distanza della Corte Costituzionale tedesca nei ricordati casi che vanno sotto il nome di «Solange» («sin tanto che»)[31].

Ancora: un'attitudine meno aperta caratterizza spesso le relazioni con i regimi globali o con l'ordinamento internazionale. Ma l'aspetto più rilevante è dato dalla necessità che le corti avvertono di fornire ragioni che non sono basate sul presupposto della mera estraneità reciproca degli ordinamenti, ragioni che, forti o deboli, non dipendono cioè da una apertura/chiusura senza condizioni. Ad esempio, la Corte Europea di Giustizia ha negato costantemente «effetto diretto» alle norme provenienti dal WTO: «È giurisprudenza costante (dal caso Portugal al caso FIAMM)» che le norme del WTO non costituiscono «parametri» per giudicare della legittimità degli atti normativi adottati dalle istituzioni della Comunità. In altri termini, le norme del WTO non posseggono «effetto diretto», e quindi non possono essere invocate «da parti private e stati membri nei procedimenti innanzi ai giudici europei, sin quando un atto di implementazione non sia stato adottato»[32]. Le motivazioni addotte sono state più d'una. Nel caso Portugal si cominciò dando rilievo alla questione, certo importante, della *simmetria orizzontale*, relativa al fatto che l'effetto diretto non è garantito da altri membri del WTO, venendo così meno la condizione di «reciprocità» e i vantaggi funzionali che potrebbero derivare solo da un omogeneo comportamento

[30] Corte Costituzionale, 27 dicembre 1973, n. 183, «Foro It.», 314, 1974 (richiamata *supra*, cap. II, par. 6).

[31] Secondo la Corte l'osservanza delle norme europee da parte di uno stato membro – della Germania – può essere garantita «sin tanto che» nell'ordinamento giuridico europeo sussiste un sistema funzionante di protezione dei diritti fondamentali, e dipende dal poter dare per acquisito che ciò accada. Le due decisioni «Solange»: BVerfGE, May 29, 1974, 37; BVerfGE, Oct. 22, 1986, 73. Ho richiamato la questione *supra*, cap. II, par. 6.

[32] A. Tancredi, *The Absence of Direct Effect of WTO Law in the EU Legal System: A Matter of Institutional Balancing?*, paper at New York University Hauser Global Forum, 26 January 2010.

generalizzato. Può darsi che un tale argomento sia discutibile, visto che si tratterebbe di obblighi sorgenti dalla stipulazione di trattati[33]. Ma d'altro canto, l'intero capitolo del carattere autoesecutivo e dell'*enforceability* interna degli obblighi assunti è, nel diritto internazionale, come separato dalla vigenza dei trattati stessi, normalmente sospeso, esposto a consuete autosalvaguardie, «riserve», eccezioni, deroghe interpretative, e via seguendo. Ad ogni modo, come anche la Corte ha sostenuto, la decisione circa l'obbligo di dare esecuzione alle norme dell'organizzazione del commercio ad opera del giudice domestico impedirebbe alle parti di avvalersi dei margini che, nell'implementazione delle sue norme, il WTO concede loro per la legittima negoziazione. «Il giudizio della Corte della Comunità priverebbe gli organi legislativi o esecutivi della Comunità dello spazio di manovra di cui invece le loro controparti si avvalgono con i partner commerciali della Comunità»[34]. E la comparsa dell'argomento dello spazio di manovra, nella relazione tra ordinamenti, è un *Leitmotiv*, in molti casi, con non sempre infondate ragioni.

Generalmente, in queste come in altre occasioni, i giudici sarebbero chiamati a «definire verticalmente le relazioni tra diversi ordini giuridici e integrare orizzontalmente i diversi regimi specializzati»[35]. Si deve ammettere che, da un lato, una qualche più piena integrazione tra diversi organismi regolativi e anche ordini giuridici servirebbe a sviluppare la coerenza interna del GAL, come una peculiare legalità in se stessa. E a forse più forte ragione, tale è l'auspicio per il diritto internazionale dei diritti umani: affinché non possano venire sospesi ai bordi di ordinamenti irragionevolmente recalcitranti. Ciò potrebbe valere certamente anche all'interno dell'Unione Europea, innanzi al compito di affermare e consolidare l'*acquis*, soprattutto dopo l'ondata degli allargamenti[36]. Ma spesso specie nello scenario

[33] Naturalmente, la questione è più complicata di così... Per un generale sguardo a queste problematiche, P. Craig e G. de Búrca, *Eu Law. Texts, Cases, Materials*, Oxford, Oxford University Press, 2008, pp. 198 ss., 202 ss.

[34] Judgment of the ECJ 23 November 1999, Case C-149/96, Portuguese Republic v. Council of the European Union, par. 46.

[35] Cassese, *Il diritto globale*, cit., p. 138. Cassese suggerisce invece che la direzione migliore, diversa da quella presa poi dalla Corte Europea di Giustizia, sia riconoscere una piena integrazione tra gli ordinamenti.

[36] Per un esempio della duplicità di questo tipo di problemi cfr. A. von

mondiale (si pensi al dibattito permanente sull'interventismo umanitario) sorgono non minori perplessità sul senso e sulle modalità di esportazione degli ideali democratici, sul contenuto dei diritti umani, e infine sulle stesse scelte delle corti e su quale margine di discrezionalità debba essere concesso agli ordinamenti nazionali[37].

Sebbene i giudici tendano a tessere fili di un *comune* argomentare giuridico, essi operano in ogni caso tra il riconoscimento di ordini esterni e il punto di vista interno-istituzionale (rispetto al proprio). Questo atteggiamento interno-istituzionale non è meno importante dell'apertura volta a costituire legami con legalità esterne. Per molti aspetti, un tale equilibrio, a tenore delle categorizzazioni tradizionali, dovrebbe denotare una posizione dualista, sia pure nella consapevolezza che usi e interpretazioni del dualismo possano precludere la via di ogni confronto non meno del monismo. Diverse strategie di interazione tuttavia sono modi differenti per affrontare la più complessa questione della pluralità, o del pluralismo. Se classifichiamo le possibili relazioni tra ordini lungo un asse di *engagement*, potremmo stipulativamente semplificare assumendo[38] che una visione strettamente pluralista è in grado di segnalare la sovrapposizione nello stesso campo-oggetto di due, o più, differenti sistemi che vi esercitano disciplina e controllo; sistemi che in una visione pluralista continuano a concepirsi dal proprio esclusivo angolo visuale, e indipen-

Bogdandy, M. Kottmann, C. Antpöhler, J. Dickschen, S. Hentrei e M. Smrkolj, *Reverse Solange – Protecting the Essence of Fundamental Rights against EU Member States*, in «Common Market Law Review», 49, 2, 2012, pp. 489-519. Ma anche A. von Bogdandy e S. Schill, *Overcoming Absolute Primacy: Respect for National Identity under the Lisbon Treaty*, in «Common Market Law Review», 48, 5, 2011, pp. 1417-1453.

[37] Si pensi alla discussione sulla dottrina del c.d. «margine di apprezzamento»: G. Letsas, *Two Concepts of the Margin of Appreciation*, in «Oxford Journal of Legal Studies», 4, 2006, pp. 705 ss. F. Donati e P. Milazzo, *La dottrina del margine d'apprezzamento nella giurisprudenza della Corte europea dei diritti dell'uomo*, in P. Falzea, A. Spadaro e L. Ventura (a cura di), *La Corte costituzionale e le Corti d'Europa*, Torino, Giappichelli, 2003.

[38] Anche in questo caso, non mi inoltrerò nella discussione delle diverse concezioni di pluralismo, ma suggerisco uno schema euristico mediante il quale possa essere tracciata la portata del *Rule of law* sul piano interordinamentale che ho definito comunicativo.

dentemente l'uno dall'altro. Una posizione monista potrebbe semplicemente condurre a pretendere la supremazia di un ordinamento su un altro (o l'appartenenza dell'uno all'altro); mentre una posizione dualista potrebbe essere concepita come un punto di equilibrio: essa richiederebbe il riconoscimento dell'altro come operante in un dominio di sovrapposizioni (ad esempio, l'interferenza tra *global trade* e *international human rights*) e come di fatto accade propone norme di relazione, o di rilevanza (per determinare la prospettiva di applicabilità, di validità delle norme di un altro ordinamento), che siano elaborate dalle corti, o emanate attraverso testi costituzionali o legislativi. Relazioni nei confronti di legalità esterne possono emergere anche come una questione di principi[39]. È proprio questa definizione strutturale, una volta per tutte, delle *relazioni*, che deve, a mio modo di vedere, evitare effetti preclusivi, e istituire coordinate favorevoli. A titolo d'esempio, mentre norme come l'art. 10 della Costituzione italiana riconoscono il peso dei principi generali del diritto internazionale, cui attribuiscono un'indiscussa priorità sul proprio stesso ordinamento, e con l'art. 117 annettono ai trattati un rango speciale, non impediscono per questo l'apprezzamento *in concreto* dei casi e circa il rispetto di essenziali valori costituzionali[40]. *Mutatis mutandis*, uno scrutinio della legittimità delle risoluzioni del Consiglio di Sicurezza non dovrebbe essere considerato precluso nei casi in cui i tribunali degli stati si trovino a dover giudicare della costituzionalità degli atti di attuazione interna:

[39] Come ho ricordato, qui rileva il ruolo svolto dalle regole *interfacciali* e dall'incremento di norme *super partes* che obbligano l'intera comunità internazionale. (Ho trattato la questione nel mio *The Rule of Law, Democracy and International Law*, cit.). Su dualismo, monismo e costituzionalismo multilivello con riguardo all'UE in una letteratura molto ampia, cfr. I. Pernice, *Multilevel Constitutionalism and the Treaty of Amsterdam: European Constitution-Making Revisited*, in «Common Market Law Review», 36, 1999; E. Scoditti, *Articolare le Costituzioni. L'Europa come ordinamento giuridico integrato*, in «Materiali per una storia della cultura giuridica», XXXIV, 1, 2004, pp. 196 ss.; E. Cannizzaro, *Il pluralismo dell'ordinamento giuridico europeo e la questione della sovranità*, in «Quaderni Fiorentini», XXXI, 2002, pp. 245 ss.; o anche E. Cannizzaro, *La Costituzione pluralista. A proposito della natura giuridica del Trattato costituzionale*, in «Il Diritto dell'Unione Europea», 1, 2005, pp. 1 ss.

[40] Si ricordino le decisioni della Corte Costituzionale italiana n. 348 e n. 349 del 2007, cfr. *supra*, cap. II, n. 64.

ma tale scrutinio dovrebbe poter avvenire anche adottando il giudice nazionale la veste e la funzione di presidio, di tutela, di attuazione dell'ordine internazionale di cui è parte, e sulla base dei parametri fondamentali *dello stesso diritto internazionale.*

Infine, meccanismi dualisti, tipicamente anglosassoni, che separano la validità e l'efficacia dei trattati conclusi nel diritto internazionale dall'applicabilità al proprio ordinamento interno (grazie alla separata procedura della successiva incorporazione) istituiscono una sorta di strategica anticamera: la quale non fa dei trattati un *luogo di confronto istituito*, e dunque *necessario*, nell'ordinamento interno, ma solo successivo e di fatto eventuale. Il che ha appunto permesso al Regno Unito di attendere quarantotto anni per dar seguito alla propria adesione alla Convenzione Europea per i Diritti Umani[41] (per incorporarla nel diritto interno), pur avendola siglata nel separato dominio del diritto internazionale.

5. *L'onere della comunicazione e la sostanza del «Rule of law»*

5.1. Un atteggiamento comunicativo dovrebbe, teoricamente, essere agli antipodi dell'arbitrarietà, dell'esclusione e del dominio (o dominazione). Esso può, ad esempio, aiutare a comprendere se la resistenza domestica all'attuazione di previsioni internazionali sia o no conseguenza di una cieca chiusura, priva di ragioni «universalizzabili» e principi che la sostengano.

Si può trovare utile il dibattito filosofico sviluppato negli anni '80 a proposito di «comprensione», «interpretazione» e «comunicazione», tra Jürgen Habermas e Hans Georg Gadamer. La prospettiva ermeneutica di quest'ultimo concentrava l'attenzione[42]

[41] Senza dubbio, molte difficoltà sono note, ad esempio circa lo *status* del diritto internazionale generale codificato attraverso trattati, in assenza o in pendenza di incorporazione da parte degli stati che adottano questa procedura: una questione cruciale nei sistemi dualisti che non prevedono una forza sovralegislativa né per i principi generali né per il diritto internazionale convenzionale più «universalizzato». Particolarmente interessante, anche perché scritto prima del 1998, anno dell'incorporazione britannica della Convenzione Europea per i Diritti Umani (*Human Rights Act*), l'articolo di R. Higgins, *The Relationship between International and Regional Human Rights Norms and Domestic Law*, in «Common Law Bulletin», 18, 1992, pp. 1268 ss.

[42] H.G. Gadamer, *Verità e metodo*, Milano, Bompiani, 1983.

sull'orizzonte dell'interprete e sul suo contesto di motivazione. La comprensione, secondo Gadamer, non rispecchia semplicemente un insieme di significati fissi e senza tempo proposti da un autore. Coinvolge una qualche appropriazione dell'interprete, connessa, se non altro, alla diversa dimensione temporale. L'enfasi cade sui giudici[43] proprio come un modello: essi hanno di fronte un testo, e sono collocati tra le *proprie* comprensioni (di fatti e valori) e il compito prescrittivo di risolvere un caso. La comprensione fa rivivere il testo, vi si affida, ma lo elabora come una pretesa di significato che deve essere convalidata nel contesto stesso dell'interprete: invece che la ricezione di segni congelati nel tempo, la comprensione comporta un'*applicazione*[44] nell'orizzonte dell'interprete. Se si è alla ricerca di un modello di comunicazione, che mantenga un equilibrio tra le parti, il suggerimento di Gadamer sembra attraente. E forse, anche in un contesto in cui a confrontarsi fossero due ordinamenti, se ne può trarre sia argomento per il mutuo rispetto tra le parti, sia spazio per le valutazioni discrezionali degli interpreti.

Sorprendentemente, Habermas contestò il modello in se stesso, e in particolare la confusione tra comprensione e accettazione (nonché applicazione), nel nostro contesto delle pretese di giustezza e validità avanzate dall'autore (il testo, l'*interpretandum*). Il modello ermeneutico prospera sulla presunzione che l'interprete non abbia scelta: le uniche pretese rilevanti sono quelle dell'autore, e la premessa nascosta è che noi possiamo imparare da lui, mentre egli non può imparare da noi. Un tale modello può funzionare in vari casi. Ma la questione generale nell'impresa della comprensione è che una pretesa può essere presa sul serio anche senza necessariamente garantirle un'applicazione, un'efficacia transitiva incondizionata

[43] Secondo Gadamer, infatti, «l'ermeneutica giuridica non rappresenta dunque un'eccezione, ma è un esempio appropriato a far recuperare all'ermeneutica storica tutta la sua problematica, ricostituendo l'antica unità del problema ermeneutico, unità nella quale il giurista e il teologo si incontrano con il filologo» (*ibidem*, p. 381).

[44] Gadamer: «L'*applicatio* non è affatto una applicazione accidentale e aggiunta di un principio generale, che sarebbe dapprima compreso in se stesso, a un caso concreto, ma rappresenta la vera comprensione dell'universale stesso, di quell'universale che, per noi, è il testo che si dà a interpretare. L'interpretazione si rivela così come una forma di determinazione di effetti (*Wirkung*), e come tale si riconosce» (*ibidem*, p. 395).

nel nostro contesto. Comprensione non deriva dall'applicazione reale, ma semmai virtuale, al nostro contesto. Essa non deve per forza assumere tutti gli interlocutori come se essi fossero testi sacri, meritevoli di deferente esegesi, e sostenuti da un'incondizionata validità. Per Habermas,

> l'interprete non può comprendere il contenuto di significato di un testo finché non sia in grado di aver presenti le ragioni che l'autore in circostanze adeguate avrebbe potuto addurre. E poiché la plausibilità delle ragioni [...] non è identica con il ritenerle plausibili, l'interprete non può affatto aver presenti le ragioni *senza giudicarle*, senza prendere posizione su di esse in senso affermativo o negativo[45].

Deve aver luogo una «sospensione» dell'applicazione che garantisca che vi è un'opzione: all'opposto dunque che concedere all'autore un credito *a priori* in ogni circostanza, come fosse portatore della indiscutibile forza di una «tradizione». Il confondersi di comprensione e applicazione può accadere solo sotto certe condizioni, determinate da uno sproporzionato peso di una parte rispetto all'altra, e acquisito ricorrendo ad argomenti basati sulla fede, ad esempio, o sul potere.

Trasferito nella relazione tra ordini giuridici, *mutatis mutandis* vi si possono vedere riflesse dinamiche già emerse: comunicazione significa che le parti possono entrambe imparare l'una dall'altra, ma solo se l'interprete è autorizzato ad avanzare il suo proprio argomento (e se lo possiede). L'apprendere è un beneficio essenziale della comunicazione, e se reso possibile ad entrambe le parti è anche una misura di correttezza. Il che autorizza argomenti di resistenza, per così dire, ma non chiusure dogmatiche. Il porre la condizione che un altro ordinamento, per aver titolo a chiedere conformità del nostro diritto interno, apprenda, si doti di un effettivo sistema di protezione dei diritti, è strategia che ha sempre anche esiti autovincolanti: qualora la sussistenza di un tale sistema sia dimostrata, la condizione deve considerarsi soddisfatta, e non può più essere invocata ad impedimento.

Comunicazione implica un certo grado di consapevolezza da parte degli interlocutori, circa la giustificabilità delle pro-

[45] J. Habermas, *Teoria dell'agire comunicativo*, Bologna, Il Mulino, 1986, vol. I, p. 216.

prie pretese, e chiarezza nel proporre un insieme di posizioni coerenti, che tengano in conto le ragioni addotte da *entrambi* gli ordinamenti interessati. Se in questa prospettiva ritorniamo ad esempio al caso Lautsi, innanzi alla Corte Europea dei Diritti Umani, dovremmo chiederci se vi fossero i presupposti di una tale comunicazione, o *mutual learning*: la Corte aveva ritenuto che il diritto di libertà dalla religione fosse stato violato dall'esposizione del crocefisso nelle scuole pubbliche. Di contro, a parte il debole argomento (relativo al *fatto*) che sottodetermina il senso del crocefisso riducendolo a un simbolo culturale[46], sarebbe necessario conoscere quale sia la *ratio* della disciplina che nell'ordinamento italiano regola la questione. Ma è arduo rintracciare alcuna disposizione normativa che renda chiaro il senso che nella cornice dell'attuale ordinamento si attribuisce a tale esposizione, la quale decade dunque a mera pratica, un fatto cui non è associata alcuna norma, e dunque alcuna acquisita giustificazione: l'unico supporto è rappresentato da due regi decreti degli anni '20 del secolo scorso (di rango e forza regolamentare dunque) mentre non sono reperibili né scelte legislative negli ultimi sessant'anni, né adeguate coordinate interpretative della Corte Costituzionale, anche alla luce della Convenzione Europea. L'assenza (nell'ordinamento) di una posizione elaborata consapevolmente, fra tradizioni, cultura, diritti costituzionali, nonché di una meno implicita concezione della relazione tra stato e religioni (nella quale la prassi dell'esposizione debba iscriversi), rende difficile associare al comportamento delle autorità scolastiche una specifica, attuale scelta normativa dell'ordinamento. Lo stato italiano appare come una parte in giudizio, ma meno come capace di offrire un'interpretazione matura, sia pure nazionale, del senso dei diritti concernenti la religione e che la Convenzione protegge: lo spazio della comunicazione di ragioni e interpretazioni resta sotto questo profilo piuttosto vuoto[47].

[46] Argomento adottato dalla decisione del 13 febbraio 2006 dal nostro Consiglio di Stato, VI, n. 556, 2006.

[47] Il quadro esistente in Italia: dopo – e a parte – la legge Casati del 1859, che teneva il crocefisso nelle scuole anche in conseguenza dello Statuto Albertino che sposava una religione di stato, e da quando l'Italia ha una costituzione, deve ritenersi rilevante la decisione n. 203 del 1989, in cui la Corte Costituzionale

5.2. Ad ogni modo, comprensione, in questo senso, a differenza che nel modello ermeneutico, è una prassi relativamente aperta, alla quale l'ideale giuridico di equilibrio tra due versanti del diritto, o nelle relazioni tra due legalità a confronto, l'ideale di dualità e non-dominazione incarnato come *Rule of law*, fornisce una condizione negativa di uguaglianza giuridica, di non disparità, sebbene non possa dettare in alcun modo, o predeterminare, conclusioni di merito.

Nondimeno, la funzione globale o esterna del *Rule of law* non opera solo come *empowerment* della comunicazione, con nessuna conseguenza su ciò che il merito dovrebbe *riguardare*: certamente, da un lato *i*) come sulla falsariga habermasiana, il *Rule of law* richiede vincoli di mutuo riconoscimento tra pari, la razionalità e l'universalizzabilità degli argomenti, e tali vincoli incidono sulla presentabilità, pubblicità e praticabilità delle rispettive pretese; ma d'altro lato *ii*) l'elaborazione giuridica, discorsiva, dipende da un *Rule of law* come ideale normativo adottato *internamente* dalle parti, e negli ordinamenti coinvolti. Questo metalivello, interordinamentale, del *Rule of law* consente la proiezione nel *forum* globale di volta in volta aperto di una concezione del *Rule of law* generata entro i singoli sistemi: non dunque di una nozione ipotetica, costruita in termini metapositivi, puramente morali. Infatti, una nozione precedente del *Rule of law* deve essere premessa al confronto tra le parti, per diverse vie: innanzitutto, essa deve essere assunta come il tessuto stesso dello stadio comunicativo, poiché la disponibilità al confronto, su basi diverse da quelle del corrispettivo potere materiale degli

dichiara «il principio supremo della laicità dello stato» un pilastro dell'ordinamento giuridico e un carattere essenziale della forma stessa di stato. A me pare che questo sia troppo poco nell'attuale contesto per definirne i contenuti: quale modello di «laicità» possediamo? Si tratta di quello statunitense, di quello francese o di quello della Turchia? La questione dell'esposizione risale solo ai due regi decreti: art. 118 del r.d. n. 965 del 1924 e art. 19 del r.d. n. 1297 del 1928. A parte i quasi cento anni trascorsi, si trattava di una fonte sublegislativa, e come in una trama surrealistica, anche se investita della questione sostanziale, la Corte Costituzionale, giudice delle leggi, non ha potuto affrontarla (sollevata dal TAR Veneto, ord. n. 56/2004 e C. Cost. ord. n. 389/2004). Così, l'unica base argomentativa è da una parte la ancor troppo vaga «laicità dello stato», e dall'altra la rivendicazione dei diritti della religione della maggioranza (a prescindere naturalmente dagli argomenti relativi ad estensione e contenuto dei diritti su cui verteva la causa).

interlocutori, è per definizione implicata da *i*) *supra*, come un percorso qualitativamente differente ed alternativo alla logica della mera negoziazione[48]; in secondo luogo, tutto ciò è premessa della possibilità stessa di avanzare una versione del *Rule of law*: una concezione del *Rule of law* non può essere proposta su questo scenario a meno che non sia già indicata tra gli impegni interni del parlante, a meno che non sia dunque già un parametro giuridico (e, se vogliamo, culturale) nell'orizzonte di (almeno) una parte, che figura in qualche modo nel suo universo normativo. In terzo luogo, una concezione del *Rule of law* può essere sostenuta all'esterno attraverso un impegno di coerenza, cioè abbandonando il ricorso a un *dual standard*, nel gioco di distinzioni tra principi che valgono all'interno o all'esterno. Il foro del confronto è un luogo che non dispone della cornice di un già noto sistema di norme. Il foro globale non è fatto di queste strutture precostituite. Per questa ragione, esso è un luogo nel quale il *Rule of law* deve essere *portato*, *richiamato*, *invocato da* qualcuno. E ciò presuppone ovviamente che esso sia altro rispetto alla mera conformità a regole (il che, oltre tutto, genererebbe esclusivamente il conflitto tra ottuse petizioni di osservanza verso regole *diverse*, ossia riprodurrebbe in modo puro e semplice l'oggetto del contendere); il suo ideale normativo porta in superficie la dualità tra *gubernaculum* e *jurisdictio*, sostenendo l'equilibrio, la tensione tra il giusto e il bene, e il fondamentale orientamento morale verso la libertà e la non-dominazione[49]. Ma l'esistenza di questo *Rule of law* rimanda a una lenta elaborazione sociale, ad istituzioni costruite nel tempo, non può discendere dal cielo, e nascere direttamente in quel nessun luogo che è lo spazio globale. Nel dialogo tra interlocutori che non sposano alcuna idea del *Rule of law*, tra ordinamenti che non hanno assunto alcun impegno verso di esso, il *Rule of law* potrebbe non emergere. Il dialogo tra ordini che non considerano meritevoli di tutela le minoranze, che condividono un uso aberrante e strumentale della normazione, difficilmente verterà sulla protezione dei diritti, la parità delle ragioni, la non discriminazione, e via seguendo. Al contrario, l'impegno

[48] Si ricordi il classico J. Elster, *Argomentare e negoziare*, Milano, Bruno Mondadori, 2005.

[49] Cfr. *supra*, cap. I.

assunto nell'ordinamento giuridico internazionale verso i diritti umani, o le previsioni della Convenzione Europea costituiscono un traguardo *storico e istituzionale* la cui forza normativa porta nell'arena globale il peso di nuovi impegni condivisi. È grazie a questo che l'universo giuridico raggiunge una diversa qualità: sul piano internazionale, nei termini dell'instaurarsi di un diritto che appare bilanciare la volontà assoluta dei Signori dei Trattati e le idee del bene che essi possano imporre.

Si può certamente andare oltre, declinando regole e principi, definiti una volta per tutte, capaci di offrire una cornice *costituzionale* alle relazioni tra gli stati: comuni «regole di ingaggio», suggerite ponendo in primo piano il principio di legalità, la sussidiarietà, la legittimazione attraverso la procedura e la legittimazione attraverso i risultati (*outcome legitimacy*): questa o simili ipotesi[50] tendono tuttavia ad una costruzione teorica dei principi, e rischiano un fondazionalismo che resterebbe sterile, sin quando i processi reali e gli attori effettivamente coinvolti non finiscano per convergervi elaborandoli in proprio sulla scena globale.

5.3. Nel concludere, la distinzione e l'autonomia degli interlocutori appare nel foro globale un'importante prestazione del *Rule of law*.

Nel mondo reale si può discernere il dominio del potere e quello dell'esclusione, e per questo deve essere possibile che il diritto non sia configurato in modo da servire quest'unico padrone. Ciò ha a che fare con la possibilità di una comunicazione regolata in base a ragioni ostensibili, con un discorso giuridico dialogico, così come con la possibilità del dissenso[51]. Ancora una volta, tuttavia, si deve tenere a mente che il *Rule of law* non può prevenire l'esercizio del potere *materiale*, o la violazione

[50] M. Kumm, *Constitutional Democracy Encounters International Law: Terms of Engagement*, in S. Choudhry (a cura di), *The Migration of Constitutional Ideas*, Cambridge, Cambridge University Press, 2006.

[51] Dietro il sostegno al pluralismo, si può trovare quello per il dissenso. Sulla questione della coesistenza, della comunicazione senza nascondere il potere, il conflitto e il dissenso cfr., ad esempio, S.M. Feldman, *The Persistence of Power and the Struggle for Dialogic Standards in Postmodern Constitutional Jurisprudence: Michelman, Habermas, and Civic Republicanism*, in «The Georgetown Law Journal», 81, 1993, pp. 2243 ss.

dei diritti umani ma, come ho altre volte ricordato, deve solo impedire che lo si possa ritenere legale.

6. *La tensione tra la giustizia e il bene*

Conseguenza indiretta del *Rule of law* nella dimensione globale è sostenere un lavoro caso per caso, che slarga l'orizzonte in direzione di una maggiore comprensività, equilibrio, bilanciamento tra le ragioni delle parti, invece di legittimare l'unilateralità dei risultati. Indirettamente esso può generare una sorta di impresa costruttiva. I suoi effetti costruttivi non discendono da una razionalità «olimpica»[52] capace di controllo su larga scala dei fini generali del diritto globale, ma solo un'incrementale congiunzione, passo dopo passo, di diverse razionalità e normatività all'opera. La loro stratificazione rispecchia semplicemente la nostra collocazione su differenti livelli di pratiche sociali e bisogni che normalmente s'intersecano. E come ho sostenuto nel capitolo II, né lo *jus gentium*, come una trasversale e universale ricorrenza di istituti giuridici[53], né il diritto *esprit*, come risulta dall'ethos peculiare a comunità «situate», né la normatività regolativa del diritto amministrativo globale ad opera di entità ormai autoreferenziali, o la *lex mercatoria* transnazionale dei privati, sono modelli in grado di cancellarsi l'un l'altro, e la loro esistenza appare, al contrario, solo possibile sulla base di una simultanea concorrenza di diversi modi di legalità. E come abbiamo ormai compreso, il *Rule of law* può operare nelle relazioni tra loro (non solamente all'interno di ciascuno).

Questa sua relazione con la nozione di equilibrio tra differenti idee del bene che visioni parziali del mondo, organizzate in ordini e regimi, intendono far prevalere, è inevitabilmente un contributo alla preservazione di una misura del giusto tra le parti: anzi, è proprio il bilanciamento tra il giusto e il bene l'elemento caratterizzante, piuttosto che la formula-

[52] H.A. Simon, *La ragione nelle vicende umane*, Bologna, Il Mulino, 1983.

[53] Uso il termine nel senso giuridico che si riferisce, ad esempio, ai contratti, al matrimonio, alla pena di morte, e così via: è lo stesso senso usato da N. MacCormick e O. Weinberger, *Il diritto come istituzione*, Milano, Giuffrè, 1990.

zione di un contenuto netto e determinato di giustizia o di bene. Le due nozioni, sebbene recentemente riformulate in un modello unitario e compiuto di coerenza, di integrità, da Ronald Dworkin[54], restano concettualmente distinguibili come nelle tesi che ho ricordato nel capitolo I, di John Rawls e di Immanuel Kant, fondamentalmente accordando una priorità logica all'idea del giusto[55]. Il giusto concerne lo *status* della nostra coesistenza secondo libertà, ossia come individui liberi ed eguali, e in principio esso dovrebbe essere preservato nei confronti di qualsiasi concezione del bene che possa minarlo o cancellarlo. Una visione trascendentale di un diritto razionale è stata costruita da Kant come rivolta a garantire le condizioni di quella coesistenza, indipendentemente dai diversi ambiti di azione o dalle mutevoli convinzioni etiche, i valori che si sceglie di perseguire.

A più forte ragione ciò dovrebbe valere, credo, nell'ambiente globale, dove gli imperativi giuridici, generati a livelli diversi, fanno appello ciascuno, ultimativamente, a un'interna nozione di bene, che sia il *welfare* nazionale, l'autodeterminazione democratica, la fede religiosa, la libera competizione globale, la sicurezza contro il terrorismo, la protezione dell'ambiente: ciascuna porta su di sé un pieno carico etico di scelte di valore e di opzioni politiche ed economiche, implicitamente ordinate al nostro benessere, alla nostra «vita buona». Ma quale sia la legittimazione sociale di queste scelte resta sempre un problema aperto. E non occorre ripeterlo, ciascuna si esprime *effettivamente interferendo* con l'altra (la gestione e la definizione delle priorità ambientali interferiscono con le scelte di benessere economico dei destinatari, ad esempio). Se il diritto fosse monopolizzato così da servire un unico bene ultimo tra i molti, saremmo gettati in un universo unidimensionale, in cui una separata considerazione del giusto sarebbe impossibile, e cancellato ogni diritto di azione in nome di esso[56].

[54] R. Dworkin, *Justice for Hedgehogs*, Cambridge, Mass.-London, The Belknap Press of Harvard University Press, 2011.

[55] Cfr. *supra*, cap. I.

[56] Evidentemente, questo non è solo un problema giuridico, è anche un problema politico. Possiamo assumere che si tratta però del contributo che il *Rule of law* può offrire per prevenirne l'insorgenza.

C'è almeno un altro, complementare senso, in cui il *Rule of law* – in quanto connesso non solo con il diritto e il bene, ma anche con ciò che è giusto – può essere apprezzato. La più impressionante conseguenza della globalizzazione è proprio l'impossibilità di prevenire interferenze: queste ultime, anche se non volute, possono essere arbitrarie. La priorità da cui muovere, pertanto, è contrastare il generarsi dell'ingiustizia, una priorità che Amartya Sen ha chiamato *avoiding injustice*: un'intuizione non convenzionale nella consueta letteratura sulla giustizia, eppure la più vicina al senso comune. Dal momento che razionalità e obiettività possono facilmente condurre a una pluralità di idee alternative, una «valutazione critica dalla prospettiva degli altri deve avere un ruolo significativo nel condurci oltre la mera razionalità verso un comportamento ragionevole in relazione ad altre persone»[57]. Ma fare questo «in relazione ad altre persone» implica la nozione di responsabilità verso di loro, la quale può ben superare l'ottemperanza ai nostri doveri immediati, l'osservanza delle sole regole, e la nostra stessa *accountability* e affidabilità rispetto al delimitato compito che ci è stato assegnato.

Sen suggerisce proprio questo, ritornando all'antica distinzione (in sanscrito) tra giustizia come Niti e come Nyaya, che egli esemplifica incarnandole nel guerriero Arjuna e nel maestro Krishna. Nel sostenere la necessità di far ricorso alla guerra, Krishna insiste sull'obbligo morale di compiere il proprio dovere, indipendentemente dalle conseguenze, e nonostante la certezza che la guerra conduca al massacro e alla morte. Non diversamente, il fisico Oppenheimer dovette confessare (a proposito del suo ruolo di leader nello sviluppo del programma nucleare nel XX secolo) che il rigore nel tener fede al proprio compito, nel perseguire il successo dell'intrapresa tecnico-scientifica, era stato la sua unica preoccupazione: senza porsi mai la domanda circa il cosa fare con essa[58]. Sen non invoca

[57] A. Sen, *The Idea of Justice*, Cambridge, Mass., Harvard University Press, The Belknap Press, 2009, p. 197 sta qui sostenendo la teoria di Scanlon, che permette di considerare, senza limitazioni, la collettività di persone i cui interessi sono ritenuti rilevanti. «Non c'è bisogno che siano tutti cittadini di un particolare stato sovrano, come nel modello rawlsiano» (*ibidem*, p. 199).

[58] Richiamando Oppenheimer (*ibidem*, p. 211).

semplicemente una visione consequenzialista (contro una deontologica), concentrata sui risultati finali (*«culmination» results*) legati ai costi o agli esiti diretti di un'azione: nel difendere la sua posizione, che corrisponde alla concezione Nyaya, attenta a prevenire l'ingiustizia, Arjuna è preoccupato della vita degli esseri umani e, allo stesso tempo, innanzitutto di come il suo agire produca effetti che modificano la vita delle persone che gli sono vicine, e verso le quali egli ha una speciale responsabilità, i suoi amici, parenti, figli. Arjuna pensa a «outcomes in their comprehensive form» e tiene in primo piano lo stato di cose che ne risulterà per gli individui, le *social realizations*[59]. Non è dunque né una questione di astratti imperativi, né una questione di utilità raggiunte, ma è la considerazione generale delle diseguaglianze, delle libertà, dell'ingiustizia, ossia di quei risultati che secondo Sen restano spesso oltre lo sguardo dell'etica utilitaria.

Evitare l'ingiustizia non è una scelta (Niti) per l'efficacia o per la correttezza dei comportamenti, in base a canoni e doveri interni ai compiti che ciascuno separatamente assume, ma richiede che siano raccolte sensibilità e tutelate posizioni differenti, che sia costruita imparzialità garantendo l'ascolto degli altri, e dissolvendo l'unilateralità.

Ora, ritornando al *Rule of law*, è noto come esso sia interpretato, generalmente (sul versante di Niti, per restare con Sen), come certezza, prevedibilità, *accountability*: un prezioso senso della legalità, il cui contributo non ha prezzo. Ma esso resta insufficiente nel confrontarsi delle legalità, nel ritrovare un filo che attraversi diversi regimi, attori, destinatari, dominii regolativi, fedeltà ad ordinamenti.

Se lo stretto principio di legalità è una premessa per il *Rule of law*, perché esso sia quell'ideale normativo di equilibrio del diritto che ho indicato, se ne richiede anche una configurazione che contrasti la legittimazione giuridica dell'unilateralità, il monopolio del diritto ad opera di una parte, la cancellazione del giusto in nome del bene. Il *Rule of law* punta alle condizioni per le quali il diritto può servire ad *evitare* l'ingiustizia,

[59] Questo fa parte della critica di Sen all'utilitarismo etico, anche se aggiornato sino a tener conto di questioni più complesse, e di benessere complessivo, *ibidem*, p. 219.

piuttosto che a esserne strumento. Sotto questo profilo, il suo ideale normativo effettivamente non ha nulla in comune con una giustizia compiuta e perfetta. Esso inclina verso Nyaya, costituisce un presupposto per non imprigionare il diritto nella logica dei frammenti, per valorizzare il senso della divergenza tra *accountability* e responsabilità.

Ma il diritto è esistito anche facendone a meno.

CAPITOLO QUINTO

LA (RI-)COSTITUZIONE DEL «PUBBLICO»

1. *Capire il «pubblico»*

Le nostre idee ricevute sul nesso tra il «pubblico» e il diritto spesso sono, un po' ellitticamente, riassunte attorno alla nozione di «diritto pubblico», e qui associate in profondità con la moderna nozione di stato: dal cui angolo visuale, non si dà virtualmente nulla di pubblico fuori del suo dominio o di quello generato dai volontari intercorsi *tra* stati.

Per la verità, diritto pubblico designò la relazione, eminentemente nel diritto romano, alla comunità come un tutto, in contrasto con i frammenti, le fazioni, e gli interessi individuali. Nell'età moderna la nozione del pubblico nel diritto si separò sì nettamente dal diritto privato ma concentrandosi sull'autorità esercitata dallo stato nei suoi rapporti verticali verso i cittadini[1]. Pertanto appare verosimile che la sopravvenuta obsolescenza (in ipotesi) di uno dei termini, la centralità dello stato, possa finire per minare alla base, e proporzionalmente, lo stesso pubblico nel diritto.

Quella elusività del pubblico è ritenuta derivare soprattutto dalla globalizzazione, dall'emergere inarrestabile di una pluralità di relazioni[2] alternative, concorrenti, contrastanti rispetto alla

[1] Il processo in due fasi nella filosofia moderna includeva innanzitutto l'istituzione della società civile (in contrasto con lo stato di natura) e poi l'istituzione dello stato (con Hegel divenuto *altro* rispetto alla società civile). Sul versante della divisione pubblico-privato, e per l'ulteriore elaborazione della sfera pubblica, in una bibliografia molto vasta, N. Bobbio, *Stato, governo, società*, Torino, Einaudi, 1980; M. Horwitz, *The History of the Public/Private Distinction*, in «U. Pa. L. Rev.», 130, 1423, 1982; J. Habermas, *Storia e critica dell'opinione pubblica*, Bari, Laterza, 1971.

[2] Si ricordi il lavoro anticipatore di A.-M. Slaughter, *The New World Order,* Princeton, N.J., Princeton University Press, 2004. E l'ottimo libro di A.

sovranità statale e delle forme molteplici di legalità che, come ormai sappiamo, debordano largamente dalla cornice dello *jus publicum* degli ultimi secoli e dai conosciuti archetipi di autorità legittima. Conseguentemente incerto è pure il destino della distinzione tra pubblico e *privato*, per alcuni ridotta a spartiacque di scuola, innanzi all'irrompere di giuridicità transnazionali la cui sostanza rende largamente infruttuosa la vecchia categorizzazione[3].

Nondimeno, in molte aree di ricerca – e di controversia (si pensi alle concezioni del diritto, alle plurali nozioni di pluralismo, alle forme vecchie e postmoderne di costituzionalismo, alle trasformazioni del diritto internazionale, alle elaborazioni del diritto privato come costituzionalismo sociale, *societal constitutionalism*[4]) –, la questione del pubblico nel diritto riemerge come cruciale, e ancora percepita come il veicolo che conduce autorità e legittimità. La suscettibilità di pubblicizzazione può essere un criterio per definire se nuove fasce di normatività, produzioni di decisioni e regole ad opera di fonti inedite, possano guadagnare riconoscimento ed *endorsement*[5]. Questo naturalmente riflette anche una convinzione generalizzata, sebbene tenuta spesso implicita, per la quale il pubblico non è solamente un *ramo* del diritto, ma il custode e il generatore del diritto stesso, la sua profonda, autentica radice.

In quanto seguirà, terrò in conto questo preminente nesso, più precisamente il senso, concettuale e storico, che ci indirizza *dal pubblico al diritto*[6].

Hurrell, *On Global Order: Power, Values, and the Constitution of International Society*, Oxford, Oxford University Press, 2007.

[3] Significativo e ricco di importanti interventi il numero speciale dell'«American Journal of Comparative Law», 56, 2008, *Beyond the State: Rethinking Private Law*.

[4] L'idea risale almeno al lavoro di D. Sciulli, *Theory of Societal Constitutionalism*, Cambridge, Cambridge University Press, 1992. Elaborazioni importanti in Teubner, del quale cfr. *Societal Constitutionalism: Alternatives to State-centred Constitutional Theory?*, cit.; ed anche Id., *Fragmented Foundations: Societal Constitutionalism Beyond the Nation State*, in Dobner e Loughlin, *The Twilight of Constitutionalism*, cit.

[5] Penso in particolare al diritto globale, che ho analizzato nei capitoli III e IV, e al già richiamato lavoro di B. Kingsbury, *International Law as Inter-Public Law*, in H.R. Richardson e M.S. Williams (a cura di), *Moral Universalism and Pluralism*, New York, New York University Press, 2009.

[6] Con la qual cosa intendo naturalmente l'idea secondo cui può esservi

Tuttavia, vi affiancherò anche un'ulteriore narrativa, che ritengo ugualmente credibile e che segue una direzione *inversa* (ossia *dal diritto al pubblico*). Sebbene la dimensione del pubblico[7] nella sua ampiezza, generi, ospiti e alimenti la nozione di legalità, tanto da esserne concepita come *condizione*, d'altro lato, un'opposta lettura (o la lettura di non minori capitoli del pensiero moderno) mostra che è invece la nascita del diritto l'imperativa precondizione per la costituzione stessa del pubblico. Questa seconda direttrice di pensiero non ha minore importanza della prima e, come cercherò di mostrare negli ultimi paragrafi di questo capitolo, è più adatta a identificare il carattere della legalità globale, consentendoci altresì di meglio valutarne i limiti.

Correlata a tale questione è poi la domanda se la strutturazione *politica* del pubblico, e in particolare del diritto pubblico, ne catturi la complessità oppure, presa da sola, la nasconda.

La prima tesi che sostengo di seguito è che nella nostra tradizione moderna occidentale è emersa una costituzione *duale* del diritto pubblico (che incorpora entrambe le concorrenti e complementari direttrici qui ricordate) grazie all'interazione che vi ha luogo tra una concezione politica e una giuridica. È decisamente la prospettiva *duale*, o mista, che rispecchia la diversità di fattori di cui è tessuto il pubblico, almeno come noi lo conosciamo.

Come si può intuire, questa constatazione non è conclusiva, se non altro a causa di quel *caveat*, il pubblico «come noi lo conosciamo». La trasformazione del mondo e del diritto che opera decentrando lo stato nel contempo sovrappone alla divisione territoriale la (sovraterritoriale) differenziazione *funzionale*; spezzando quella dualità, divide, destituisce, l'integrità delle due complementari logiche del pubblico. Il politico sembra perdere la presa sulla produzione del diritto, e il diritto sembra

diritto a condizione che si versi in un ambiente di natura pubblica (quali siano i requisiti di un ambiente pubblico a questo scopo è altra questione, ma in genere risolta essenzialmente con la presenza o la implicita presupposizione di uno stato).

[7] Uso questa locuzione nel senso di *publicness*. Potrebbe sostituirsi anche con pubblicità se non fosse che questo termine italiano è ancor più plurisenso, e ancor più esposto a fraintendimenti.

come sorreggersi su basi inedite. Simmetricamente è in atto lo slittamento del linguaggio: che converge su *governance*, amministrazione, *accountability*, come a rimpiazzare le nozioni un tempo chiave di governo, politica, democrazia; o che compone un ibrido dell'una serie con l'altra.

Ma quanto più, di ciò che è pubblico, si era elaborata la natura *duale*, questa sopravvenuta decomposizione (lo scollamento dei due versanti) è percepibile come una perdita: il dissolversi del legame tra diritto e politica, di quella tensione tra l'autonomia del diritto e la sua matrice politica che le rende entrambe essenziali componenti del pubblico.

Dibattiti sulla possibilità di un costituzionalismo e di un diritto pubblico globali ne suggeriscono l'implausibilità: per l'assenza delle condizioni di territorialità, rappresentatività, riflessività che del diritto sostengono la legittimazione. Qui svolgerò una diagnosi diversa, che non muove dall'inconcepibilità di un diritto pubblico globale (non meramente internazionale, tra stati) ma dalla mancanza di *compiutezza*, *da un difetto di equilibrio*[8] che le sue attuali forme manifestano, e al quale si deve cercare una compensazione.

Solo in parte il tema che ho qui delineato riflette, in nuove forme, tradizionali divisioni (ad esempio tra costituzionalismo politico e giuridico, teorie istituzionaliste e normativiste del diritto, positivismo e naturalismo giuridico, e via seguendo). Sebbene esse vi si inseriscano e possano gettare luce sulla configurazione del pubblico, il *déjà vu* appare fuorviante: quelle concezioni sono sorte attorno al dominante contesto statale del diritto moderno (e contemporaneo), un contesto capace di provvederle tutte di un già unitario oggetto d'indagine. Ma l'unità epistemica e l'unicità di *quel* pubblico sono invece ciò che ogni osservatore avverte oggi come inconsistente e inafferrabile.

Nelle pagine seguenti, dopo aver richiamato la nozione (e la versione), che credo dominante, del diritto pubblico come

[8] Alcune critiche alle costruzioni sovranazionali, in quanto deficitarie dal punto di vista politico, trattano la questione in modo diverso rispetto all'impianto che sviluppo in questo capitolo. Esse considerano la sterilizzazione politica dell'intera rete regolativa della *governance*, che sia europea o che sia globale, come prova dell'insussistenza di uno spazio pubblico costruibile giuridicamente.

politico (par. 2), delineerò i tratti essenziali (kantiani) di quel che definisco «pubblico attraverso il diritto» (*public through law*) (par. 3). Quest'ultima nozione, alternativa alla prima, nell'epoca moderna è stata, di fatto, ad essa complementare. Successivamente, mi occuperò del destino della loro separazione, rendendo conto, da un altro angolo visuale, dello scenario globale (secondo gli approcci delle relazioni internazionali e della *global governance*). Il quadro che ne risulta appare quello di un *diritto* pubblico *sospeso* (par. 4).

Una volta che le due concezioni siano delineate, e chiariti gli scenari della loro *separazione*, considererò i problemi e le possibili strade di una loro *ricomposizione* (*re-coupling*), dalla prospettiva del globo come un multiverso di legalità (parr. 5-7).

2. *Il «pubblico» come diritto politico*

2.1. C'è un «diritto pubblico» che non indica una partizione dottrinale nel diritto positivo esistente, entro un ordinamento giuridico. E, come Martin Loughlin ha insistito ad affermare[9], il diritto pubblico può (e per lui, deve) essere ricostruito storicamente in un senso essenzialmente *politico*, che emerge come una metamorfosi della più antica *Legge fondamentale*: una volta ritenuta superiore al re (la Legge *che fa* il re) e alla *sua* legge, essa si tradusse poi in una fonte secolarizzata di autorità/ legittimità del governo (inteso nel senso dell'insieme dei poteri costituiti) e del suo potere ordinante. Le fonti moderne mutano rispetto al carattere naturalistico delle fonti medievali di autorità, e assumono nuovi caratteri: lo mostrano le teorie contrattualistiche del potere, inclusa quella hobbesiana, che com'è noto spostano l'accento dalla legittimazione dell'autorità per discendenza, *ex generatione*, o per volontà divina (*omnis potestas a deo*)[10] alla diversa radice (e alla *fictio*) della scelta degli individui di farsi sudditi. Man mano, il potere pubblico viene ricollegato all'autonomia della sfera politica, alla *riflessività* del diritto come strumento dell'*auto*governo (nelle

[9] M. Loughlin, *The Idea of Public Law*, Oxford, Oxford University Press, 2003.

[10] Cfr., su questi aspetti, Bobbio, *Il modello giusnaturalista*, cit.

innumerevoli gradazioni, dall'hobbesiano *pactum subjectionis* alla rousseauiana volontà generale).

In quanto esso è il diritto che genera il potere, struttura il corpo politico, è irriducibile a quel diritto che è poi prodotto della volontà di quest'ultimo, ossia al diritto posto nell'esercizio della sua capacità di governo; si tratta invece dei principi costitutivi a fondamento della potestà ordinativa dello stato, nella gamma di varianti dal suo sorgere ad oggi. Con ciò viene in primo piano un aspetto, essenzialmente *precedente* la positività giuridica, che può essere compreso come interno a tradizione e cultura, e non può essere rivelato attraverso concettualizzazione astratta, puramente razionalistica. La costituzione della sovranità dello stato appare radicarsi nel progresso delle «cose stesse», come quello svolgersi rappresentato, ad esempio, negli stadi di evoluzione dell'hegeliano «spirito oggettivo»[11]. La nozione dunque abbraccia quel profilo del diritto che riflette gli aspetti fondativi del pubblico nella loro dimensione materiale, incorpora fattori di natura diversa, connotazioni culturali, storiche, concezioni etiche (incluse quelle che prospettano valori radicati in una terra, nel destino necessario di una nazione, nello spirito di un popolo). Qualcosa di prossimo anche a quell'insieme di principi viventi in una società che sono sottesi alla stessa «moralità positiva» (secondo l'espressione di Austin)[12]. Ma si tratta della tradizione di pensiero che riguarda Bodin, Rousseau, Hegel, e che ci conduce all'idea di diritto politico, di *droit politique*. In esso Rousseau vede le leggi politiche che costituiscono la forma del governo[13].

[11] G.W.F. Hegel, *Lineamenti di Filosofia del diritto* (1821), Roma-Bari, Laterza, 1987.

[12] Per la verità la nozione austiniana di *positive morality* è essa stessa alquanto complessa: cfr. J. Austin, *The Province of Jurisprudence Determined*, London, Murray, 1832, pp. 131 ss.

[13] Cfr. naturalmente J.J. Rousseau, *Il Contratto sociale o Principi del diritto politico*, in Id., *Scritti politici*, Roma-Bari, Laterza, 1994, vol. II, pp. 79-224. In uno dei *Frammenti politici*, Rousseau tra l'altro scrive: «Risalendo all'origine del diritto politico si vede che, prima che ci fossero dei capi, ci furono necessariamente delle leggi. Ce ne volle almeno una per fondare la confederazione pubblica e un'altra ce ne volle per stabilire la forma di governo [...]. Pertanto, se le leggi esistono prima del governo, esse sono indipendenti dal governo anzi è il governo stesso che dipende dalle leggi, poiché solo da queste trae la propria autorità» (*ibidem*, p. 244).

Con le parole di Loughlin[14], nel discorso del diritto *politico*, in quanto diritto *pubblico*, «regole, principi, canoni, massime, usi, costumi» danno forma a un «autonomo mondo della sfera pubblica» in cui avviene un permanente tentativo di riconciliazione, secondo *prudentia*, tra le pretese dell'autonomia individuale e l'autorità pubblica[15]. La formazione di tale tessuto fondamentale non è intesa a contrastare il potere definendone il limite, ma a *generare* ed attribuire il potere, e a determinarne la struttura in termini politici[16].

2.2. Nonostante la forza e il valore conoscitivo della visione politica del pubblico, ci sono, tuttavia, anche altre questioni in gioco. La soluzione rousseauiana del problema autorità-libertà è dipendente da una percezione *territoriale* del potere e strettamente intrecciata con il presupposto dell'*ethos repubblicano* di una *comunità*. La democrazia rousseauiana deve essere preceduta da una rinnovata cultura dell'individuo come cittadino, ossia pienamente forgiato attraverso la piuttosto assiomatica giustezza della venerabile *volonté general*. Allo stesso modo, pensare il pubblico nella convergente costruzione hegeliana è possibile grazie all'acquisita superiorità dello stato, come esperienza storica e finale della vera universalità: dove gli individui e le comunità sono trasfigurati e appaiono in un'*unità* necessariamente razionale.

Nella caratterizzazione del diritto politico, il diritto *segue* il destino dello stato e un *demos* basato sullo stato. La sfera pubblica si colloca nel confine nazionale dell'autorità sovrana. L'idea di diritto pubblico è dunque vulnerabile alle metamorfosi dello stato, all'emergere di autorità «post-sovrane», esposta a estinguersi con la connessione vitale tra l'autorità, la politica di un popolo e il suo delimitabile pubblico. E per dirla con parole (post-)hegeliane, l'essenziale finalità[17] della sintesi statale

[14] Recentemente, M. Loughlin, *Foundations of Public Law*, Oxford, Oxford University Press, 2010.

[15] Loughlin, *Foundations*, cit., pp. 10-11.

[16] Questo indica per Loughlin quel tipo di potere cui la sfera pubblica inerisce, in quanto è fondato sul consenso popolare.

[17] Propongo questo termine evocandone il più ampio *false friend* anglosassone, *finality*, in cui si ricomprende il senso dello stadio ultimo, conclusivo. Un esempio interessante di questa duplicità è fornito da Neil Walker, che

è comunque essa stessa esposta alla *Weltgeschichte* come un *Weltgericht*[18]: da ultimo, quando una più ampia dimensione del mondo impone una più ampia prospettiva di quella, esclusiva, dello stato.

Restando in questa versione del pubblico, ciò che esso guadagna sul fronte della concretezza, privilegiando fattori etici, culturali, territoriali, perde sul versante *normativo*. In particolare, con riguardo alla concettualizzazione della natura tipicamente prescrittiva del diritto; alla comprensione della sua specifica prestazione, della sua *relativa* autonomia nei confronti delle strutture del potere che lo sostengono.

Il potenziale *controfattuale* del diritto s'indebolisce per il ricadere, l'uno sull'altro, di normativo e fattuale, razionale e reale. Alla fine, il politico, per quanto il suo tessuto sia debitore di principi, resta l'unica misura di se stesso, è comunque esclusivo giudice di se stesso, che il suo criterio sia nello schema amico-nemico, o negli imperativi funzionali del potere, o in altro[19]. La sua convalidazione è *interna*, sebbene nel politico si ritenga custodita la vera chiave d'accesso al resto della realtà, nel suo complesso.

Un'esclusiva attenzione per questo attraente aspetto esistenziale può farci trovare disarmati innanzi all'etica del *Blut und Boden*, alla «tirannia dei valori» e alle conseguenti, amare, esperienze. In tali casi, il diritto cede il suo ruolo moderno di arbitro tra autonomia pubblica e privata, ed è soggiogato nella sua funzione strumentale: un mezzo per il perseguimento dell'idea del bene che poteri sovrani definiscono liberamente, e che possono legittimare con inappellabili interpretazioni delle proprie radici politiche.

Questa critica riguarda dunque una debolezza normativa:

richiama il famoso discorso di Joschka Fischer (2000) (cfr. *infra*, Appendice, n. 3) a proposito del destino dell'Europa. N. Walker, *After Finalité: The Future of the European Constitutional Idea*, in G. Amato, H. Bribosia e B. de Witte (a cura di), *Genesis and Destiny of the European Constitution/Genèse et destinée de la Constitution européenne*, Brussels, Bruylant, 2007.

[18] Hegel, *Filosofia del diritto*, cit., par. 340.

[19] Poul Kjaer ha elaborato ipotesi di corrispondenza tra idee della *governance* europea e rispettive, retrostanti, concezioni del potere. Cfr. il suo *Between Governing and Governance: On the Emergence, Function and Form of Europe's Post-national Constellation*, Oxford, Hart Publishing, 2010.

non respinge necessariamente l'esistenza di un diritto prepositivo di contenuto politico; non rifiuta il diritto pubblico come istitutivo del potere, piuttosto che limitativo di esso; né che effettivamente il diritto positivo sia e debba essere (anche) uno strumento del suo esercizio (entro proprie condizioni istituzionali).

Ma con ciò rimane totalmente in ombra la prestazione che il diritto *positivo* può svolgere, nella sua funzione *normativa*, e non puramente *espressiva* del potere. Esso può trovarsi strutturato così da esercitare un contrappeso (ad esempio, nel rendere difficile il perseguire *legalmente* ogni sorta di scopi *politici*).

Attraverso le sole lenti del diritto *politico*, lo schmittiano «stato di eccezione» compare proprio come riemersione delle forze prepositive che sono alla base del diritto pubblico, del perché il diritto pubblico è ciò che è, manifestazione delle ragioni ultime legate alla costituzione profonda della comunità[20]. Per questo, per Loughlin stesso, la visione dello «stato di eccezione» come uno stato di incertezza, di sospensione (o indeciso), tra il diritto e la politica, non è esatta. Deve essere visto come conseguenza della natura *politica* delle cose, tenuta salda dalla «distinzione tra diritto positivo e *droit politique*, tra la costituzione formale e la costituzione materiale di uno stato»[21].

Complementare e rivelatrice è anche l'interpretazione della decisione del 1803 (della Corte Suprema statunitense), Marbury v. Madison, creativa del controllo giudiziale di costituzionalità delle leggi (il *judicial review of legislation*). Tale decisione è intesa come la caduta del *droit politique*, e come una *trasformazione (e uno snaturamento) della costituzione*: non come una conseguenza della sua superiorità normativa, del suo ruolo di

[20] Cfr. per questo le opere di C. Schmitt: almeno *Il custode della Costituzione* (1931), Milano, Giuffrè, 1981, e *Dottrina della Costituzione* (1928), Milano, Giuffrè, 1984.

[21] Loughlin, *Foundations*, cit., pp. 401-402. Loughlin trova per questo insufficiente la tesi di G. Agamben, *State of Exception*, Chicago, Ill., Chicago University Press, 2005, secondo cui lo stato di eccezione di Carl Schmitt (*Teologia politica* (1922) in Id., *Le categorie del politico*, Bologna, Il Mulino, 1998) è come una zona d'*indifferenza* tra diritto e politica. Per un'interpretazione di Schmitt che bilancia significati materiali e normativi, C. Mortati, *Brevi note sul rapporto tra costituzione e politica nel pensiero di Carl Schmitt*, in «Quaderni Fiorentini per la Storia del pensiero giuridico moderno», 2, 1973, pp. 511 ss.

cornice fondamentale del diritto ordinario. In sostanza, essa muterebbe da *reservoir* dei fattori politici che determinano e sostengono il tessuto d'ordine e la fisionomia del potere, a *corpus* puramente giuridico, a legge *posta*. Questo divenire della costituzione, da sostrato prepositivo a istituzione di forza legale, non è benvenuto, è considerato appunto in contrasto con la stessa sopravvivenza del *political right*[22].

Per la verità, quella trasformazione ha invece dei meriti: essa rende la costituzione qualcosa di diverso da uno scrigno le cui chiavi siano a disposizione del più forte. La rende disponibile a tutti, innanzitutto giudici e cittadini. Non più solo una fonte di ispirazione per un incontrollabile legislatore, preclusa ad ogni altro. L'itinerario della legalizzazione si compie quando si istituisce una *norma*, la quale impedisca al potere *ultimo* (il dormiente sovrano schmittiano) di appellarsi direttamente alla materia dei valori *ultimi*, per legittimare sé e la propria azione, in assenza di scrutinio giuridico. La creazione di un'interposizione *giuridica* (che può essere vista come controparte della schmittiana *interpositio auctoritatis*) apre pertanto un cammino diverso, perché potenzialmente essa rende finalmente concepibili spazi nuovi di *non coincidenza* tra il potere e il diritto.

Quando procedure, garanzie e diritti possono essere invocati universalmente, sono posti giuridicamente oltre la portata dell'azione legale del sovrano (cosa che le costituzioni tentano di fare, procurando la protezione di una norma superiore nei confronti di quel che altrimenti sarebbe un sempre legittimo esercizio di potere, democratico o meno). La positivizzazione giuridica, dunque, in queste circostanze fa sì che il pubblico non possa essere monopolizzato, privatizzato, da nessuno in particolare. Questo diviene uno spartiacque tra concezioni del diritto pubblico.

2.3. Senza per questo cancellare il ruolo delle sue componenti politiche e prepositive, il pubblico-nel-diritto può essere illuminato da un'altra posizione: colto non solo attraverso le

[22] Loughlin sembra vedere queste trasformazioni come una sorta di dispersione della complessa risorsa del diritto politico: *Foundations*, cit., pp. 293 ss.

dimensioni esistenziali/politiche che l'agire collettivo introduce nel diritto, ma anche identificando quale mai sia il contributo che il *diritto stesso* apporti al pubblico, alla sua struttura e alla sua costruzione.

Come mostrerò nei prossimi paragrafi, il dispiegarsi del pubblico, come noi lo conosciamo nell'Occidente moderno e contemporaneo, appare una sorta di bilanciamento di quelli che John Rawls chiamò i due poteri, o le due facoltà, morali: la capacità di stabilire e perseguire un'autonoma scelta (o una scelta collettiva) del bene, e il senso di giustizia[23]. Quest'ultimo non è meno essenziale, s'indirizza al rispetto e alla correttezza nell'interazione sociale; tipicamente, è *anch'esso* a fondamento dell'istituzione del diritto. Entrambi sono necessari se il pubblico non dev'essere un luogo inospitale, privo dell'equilibrio tra le parti, e in una parola unilaterale. Ma proprio un tale problema, di ciò che renda possibile un diritto *pubblico* (del quale ogni *privatizzazione* rappresenta un'irrimediabile degradazione), è stato affrontato da un'altra tradizione del pensiero moderno, che al «dover essere» del diritto attribuisce una necessaria funzione collettiva.

3. *«Il pubblico attraverso il diritto», o la creazione della categoria giuridica*

L'idea principale è quella del *carattere pubblico del diritto*[24]. Essa può essere seguita in molteplici luoghi del pensiero giuridico e filosofico moderno. Emerge esplicitamente in scritti giuspositivisti, come quelli di Jeremy Bentham: il quale sostiene che il contributo del *diritto* è proprio la formazione, l'*istituzione* del pubblico (più che viceversa). Quest'ultimo nasce con l'elevazione e l'istituzionalizzazione di un punto di vista comune, oltre le parti, oltre la capacità di giudizio di ciascuno preso isolatamente (anche se si tratti di giudizi non errati, come per Bentham sarebbero i giudizi basati sull'utile).

[23] J. Rawls, *Giustizia come equità. Una riformulazione*, Milano, Feltrinelli, 2002, p. 22.

[24] Si noti dunque il più deciso spostamento rispetto alla questione circa il *carattere del diritto pubblico*.

Prescrivendo generali condizioni di validità, il diritto rende possibili posizioni collettive, comuni, pubblicamente seguite, mutualmente riconosciute dai cittadini, che ciascuno può assumere a proprio riferimento. Bentham rivolge questa sua tesi contro il *common law*: obiettivo polemico peraltro del suo impegno civile di riforma del sistema inglese[25]. Le convenzioni cresciute attraverso le relazioni tra i singoli, in termini *consuetudinari*, sono adatte solo all'interazione degli individui intesi ancora come «monadi»[26].

Come accade anche con Kant, secondo Bentham, dunque, il diritto non richiede che si abbandoni il diritto ad avere propri «criteri di giudizio privati» («right to private judgement»). Ciò nonostante, proponendo e prescrivendo criteri generali, ossia utilizzabili da tutti, il diritto mira ad assicurare la coordinazione sociale, a fronteggiare i disaccordi che, come egli sottolinea, non derivano solo da contrasti di *interesse*, ma anche da diverse visioni *ideali* del mondo, diversi giudizi di valore a proposito di questioni collettive[27].

Come Bentham insegna, da sola la «moralità» non basterebbe a tenere in ordine una collettività. Non potremmo facilmente immaginare che il pubblico sia organizzato semplicemente attraverso la trama delle nostre effettive convinzioni morali. Una volta alla ricerca di una dimensione pubblica comune,

[25] Per uno studio generale, A. Loche, *Jeremy Bentham e la ricerca del buongoverno*, Milano, Angeli, 1991.

[26] J. Bentham, *Of Laws in General*, London, The Athlone Press, 1970 (The Collected Works of Jeremy Bentham), p. 192.

[27] G. Postema, *Bentham on the Public Character of Law*, in «Utilitas», I, 1989, p. 41, sottolinea che il carattere pubblico del diritto in Bentham dipende dalla funzione di coordinazione, concludendo che la vera debolezza della posizione assunta da Bentham non sia aver puntato sulla connessione tra coordinazione e diritto, ma aver sottostimato il ruolo che il diritto gioca anche successivamente al momento in cui una soluzione, un assetto, sia stato raggiunto: «Concentrarsi solamente sulla capacità del diritto di porre alcune questioni al riparo da nuove discussioni oscura il ruolo che il diritto gioca nello strutturare il dibattito che prosegue. Le sistemazioni giuridiche, lungi dal calmare le acque della politica nel modo in cui la teoria di Bentham prevede, spesso attraggono e persino incentivano disaccordi e contese» (*ibidem*, p. 60). Postema giustamente evidenzia la necessità di tener in conto che le soluzioni sociali sono legittimate attraverso la discussione di principio che le ha prodotte e che può costantemente essere risollevata: le soluzioni giuridiche sono infatti per noi un problema politico (*ibidem*, p. 61).

non possiamo organizzarla senza condizioni determinate attraverso il diritto. Non è solo che il diritto possa sovrapporsi o coincidere con la moralità, ma che quest'ultima non ha *chances* di realizzazione altrimenti, al di fuori di un diritto che renda possibile il perseguirla in un ordine sociale.

In termini simili ha scritto Tony Honoré: la «moralità non può fare a meno del diritto». La sua autosufficienza è piuttosto sopravvalutata, dato che miriadi di conflitti si danno che resterebbero insuperabili, o intuizioni morali che hanno bisogno di essere tradotte in regole e declinate in concreto, nonché problemi di giustizia distributiva che sono prodotti proprio dalla convivenza: tutte queste situazioni richiedono diritto e sistemi giuridici, se devono essere risolte[28]. Il diritto agisce dunque come «determinant of justice»[29]. In definitiva, sebbene, da un lato, la *separazione* della morale[30] (dal diritto) ne consenta l'autonomia e renda possibile il pensiero *critico* nei confronti del diritto, d'altro lato, una moralità realizzabile, viva nel tessuto sociale, deve tuttavia avvalersi di «una componente giuridica»[31]. E naturalmente questo richiede autorità, istituzioni che reclamino supremazia sulla comunità e il primato del diritto, com'è il caso dello stato (e, sino a un certo punto, dell'ordinamento internazionale).

Una concezione del diritto come condizione *generatrice del pubblico*, associata sin dall'inizio alla protezione della giustizia e alla creazione di standard, è proposta da Kant. Come egli scrive,

> la prima cosa che ognuno è obbligato a decidere, se non vuole rinunciare a ogni concetto di diritto, è il principio seguente: si deve uscire dallo stato di natura, nel quale ognuno fa di testa sua, e ci si deve unire con tutti gli altri (con i quali l'uomo non può evitare di trovarsi in relazione reciproca) al fine di sottomettersi a una coercizione esterna pubblica-

[28] T. Honoré, *The Dependence of Morality on Law*, in «Oxford Journal of Legal Studies», 13, 1993, pp. 1-17. Honorè nota però, correttamente, che tra quei problemi ce ne sono molti che sono creati dal diritto stesso, e che non nascerebbero in mancanza delle istituzioni giuridiche (ad esempio il problema della regolazione fiscale).

[29] *Ibidem*, p. 16.

[30] Com'è noto, chiave del giuspositivismo contemporaneo ed epicentro di ricorrenti controversie.

[31] *Ibidem*, p. 2.

mente legale; bisogna dunque entrare in uno stato, in cui a ognuno è *legalmente* determinato ciò che deve essere riconosciuto come suo[32].

Questa petizione del diritto è concepita da Kant proprio come creazione del pubblico; fa coincidere la nascita del diritto con quella del pubblico; equivale a quella che chiamerei l'idea del «pubblico *attraverso* il diritto»[33].

Diritto e giustizia entrano nella fondazione del pubblico, inteso come superamento dello stato di natura, ossia di quella condizione in cui, contro la violazione della libertà e del «possesso esterno», *non può sollevarsi alcuna obiezione.* Sebbene lo stato di natura non debba necessariamente essere ingiusto, esso è *privo* di giustizia: così che gli uomini «non commettono nessuna ingiustizia, *l'uno verso l'altro*, se reciprocamente essi si combattono»[34]. Nondimeno, «in linea generale però commettono un'ingiustizia al massimo grado nel voler essere e rimanere in uno stato che non è giuridico, nel quale cioè nessuno è certo del suo contro la prepotenza degli altri»[35]. Ciò consegue al fatto che l'imperativo di uscire dallo stato di natura è allo stesso tempo l'imperativo morale fondamentale e l'unico essenzialmente legato al solo diritto naturale, il diritto di libertà. Perché vi sia uno stato civile, è necessario un «insieme» di leggi, anzi un «sistema»[36] di norme che è esso stesso per Kant «diritto pubblico». Questa necessità logica – che fa riferimento alla legislazione esterna come mezzo per evitare la violenza e la sottomissione all'unilaterale volontà di altri – si applica agli individui quanto ai popoli e alle nazioni simultaneamente (*jus gentium* e *jus cosmopoliticum*)[37].

[32] I. Kant, *La metafisica dei costumi* (*Principi metafisici della dottrina del diritto*), Roma-Bari, Laterza, 1983, p. 140.

[33] Non nascondo che uso quest'espressione (in inglese, *public through law*) consapevole della sua assonanza con *peace through law*, che un kantiano come Hans Kelsen scelse quale titolo di un suo famoso scritto: H. Kelsen, *Peace through Law* (1944), New York, Garland Publishing Inc., 1973; trad. it. Torino, Giappichelli, 1990. Ciò che con essa intendo qui indicare è, in particolare, la forza istitutiva del diritto: in modo pregnante (ma inglese), una *bootstrap conception* del diritto pubblico.

[34] Kant, *La metafisica dei costumi*, cit., p. 134.

[35] *Ibidem*, pp. 134-135.

[36] *Ibidem*, p. 139.

[37] *Ibidem*, pp. 139-140, e anche pp. 179-195.

C'è dunque una ragione per *stabilire* il diritto, e si tratta della natura necessariamente *pubblica* della *giustizia*, che *né può essere predicata da posizioni autoreferenziali o parziali, né disgiunta dall'uguale libertà, dall'indipendenza di ciascuno dalla volontà di un altro*. È questo l'itinerario attraverso cui il diritto inerisce necessariamente al pubblico.

La lezione kantiana e il suo contributo alla concezione moderna (e liberale) non possono concludersi qui, non senza chiarire ancora che, comunque, l'intero itinerario riguarda il giusto, non il bene (o la felicità privata e pubblica). E ciò è determinante per la comprensione della *positività* del diritto. Essa controlla le inevitabili divergenze che diverrebbero fonte di ingiustizia; la spontaneità di accordi privati, provvisorie convergenze, non conduce a una società civile: essi sono solo relazioni tra «monadi», secondo l'espressione di Bentham. La *positività* del diritto costituisce il pubblico sin tanto che ne previene l'appropriazione da volontà private. Ma non è pensata per invadere l'area in cui ciascuno presceglie le vie della propria felicità[38]: le idee del bene nella vita individuale non possono essere imposte attraverso il pubblico[39]. E sinché gli individui rispettano ciò che si deve a ciascun altro, secondo una legge universale di libertà, la fisionomia del pubblico, le sue coordinate, non sono tracciati da finalità *etiche*.

È in coerenza con questo presupposto che il diritto non pretende da noi niente di diverso dalla mera conformità esterna del nostro comportamento alla legislazione[40]. Non serve che

[38] Motivo altrettanto qualificante della Dichiarazione statunitense del 1776 («the right to the pursuit of happiness»).

[39] La legislazione morale richiede l'universale riconoscimento degli esseri umani come coesistenti sotto una uguale innata libertà. Pertanto, come ho già ricordato *supra* (cfr. cap. I, par. 8) «nessuno può costringermi ad essere felice a suo modo» (I. Kant, *Sopra il detto comune: «Questo può essere giusto in teoria ma non vale per la pratica»* (1793), in Id., *Scritti politici e di filosofia della storia e del diritto*, Torino, UTET, 1978, p. 255.

[40] Ho osservato *supra* (cap. I, par. 8) che coerente con questo carattere esterno dell'osservanza richiesta è la giustificazione di una coercizione basata sulla libertà: «quando un certo uso della libertà è esso stesso un ostacolo alla libertà secondo leggi universali (vale a dire che è ingiusto), allora la costrizione oppostagli, in quanto *impedisce* un *ostacolo di fatto alla libertà*, s'accorda con la libertà secondo leggi universali, ossia è giusto: al diritto è quindi immediatamente connessa, secondo il principio di contraddizione, la facoltà di costringere colui che lo pregiudica» (Kant, *La metafisica dei costumi*, cit., par. D, p. 36).

il motivo *interno*, per cui osserviamo le leggi[41], sia uno solo, il dovere per il dovere, ad esclusione di ogni altro, ossia che l'osservanza avvenga solo «per amore di quell'obbligazione»[42]. Come Kant scrive, «quando non si ha l'intenzione di insegnare la virtù, ma soltanto di esporre cosa sia il diritto, allora non si può né si deve presentare quella legge del diritto come un impulso all'azione»[43].

Conseguentemente, la coercizione è possibile quanto coerente con il diritto stesso: ma solo ad opera delle istituzioni pubbliche. Non può essere esercitata dai singoli in quanto persone private, poiché assecondandosene così la forza, si cancellerebbe l'uguale libertà di tutti, e si permetterebbe che preferenze private prevalgano sulla giustizia.

Certamente, la protezione del giusto non è senza conseguenze (ma indirette) per il bene: dovranno essere escluse idee del bene inaccettabili dal punto di vista della giustizia, e ammesse altre compatibili con il giusto. Il sistema kantiano del diritto nasce privilegiando, con l'indipendenza privata, anche la libertà dei contratti e la saldezza dei possessi. Una certa visione del bene politico vi si connette più naturalmente di altre. E Kant infine pensa a una *repubblica*, e all'*idea regolativa* dei regimi democratici, al principio del «volenti non fit iniuria» e dunque alla «facoltà» che spetta agli esseri umani «di non obbedire ad altra legge che non sia quella a cui essi hanno dato il loro consenso»[44]. Ma non mi soffermerò su questo versante del progetto kantiano, che qui richiamo per la sua connessione alla prevenzione dell'arbitrio e alla costruzione legale del pubblico. Questa è la ragione *morale* per la quale chiunque può essere *costretto a lasciare lo stato di natura* e ad osservare il giusto: perché diversamente sottoporrebbe gli altri al suo libito.

In conclusione, il pubblico ha un aspetto *sistematico*: da ciò l'inadeguatezza di accordi privati in assenza di un'*istituzione* di giustizia distributiva, come Kant la chiama. E dipende dalla

[41] Questo è il problema della fonte dell'obbligazione giuridica, per le cui evoluzioni nelle teorie contemporanee cfr. A. Schiavello, *Perché obbedire al diritto? La risposta convenzionalista ed i suoi limiti*, Pisa, ETS, 2010.

[42] Kant, *La metafisica dei costumi*, cit., par. C, pp. 35-36.

[43] *Ibidem*, pp. 35-36.

[44] *Ibidem*, p. 143.

nascita della «categoria giuridica»: la formazione di uno stato civile non è un imperativo (etico-)*politico*, nel senso in cui lo è per Rousseau, ma ha struttura e tessuto giuridici, ed è originato e sostenuto da una giustificazione *morale*: la coesistenza nella libertà, prima che il diritto possa essere investito di un qualsiasi scopo etico.

Come ho sostenuto nel capitolo I di questo volume, ci sono una necessaria distinzione e una necessaria connessione tra il bene e il giusto: il rischio più grave che si può correre, dal punto di vista del principio del *Rule of law*, è la perdita della relativa *autonomia* delle pretese che si levano da ciascuno dei due versanti. Proteggere la tensione tra essi, attraverso adeguate garanzie istituzionali di diritto positivo, equivale a scongiurare la piena sottomissione del diritto, senza altri presidi, senza residui, alle prevalenti concezioni del bene, privato e pubblico. In questo archetipo (che ho chiamato il «pubblico attraverso il diritto»), dunque, il pubblico diviene solo parzialmente *disponibile*: se non dipende interamente dalle contingenti elaborazioni politiche del bene, non è nemmeno riducibile alle ragioni del sovrano, non è il luogo che questi può disegnare a suo esclusivo piacimento. Da questo angolo visuale, siamo ricondotti alle radici liberali del *Rule of law*, alla dualità e all'equilibrio tra *jurisdictio* e *gubernaculum*[45], all'invenzione di istituzioni pubbliche che rendano illegale per il sovrano l'appropriazione unilaterale di tutto il diritto disponibile come uno strumento del suo volere. Un timbro del pubblico decisamente diverso rispetto a quello del *droit politique*. Certo, questo aspetto così preminente ed essenziale può non apparire in perfetta armonia con altre scelte che Kant compie, come quella di escludere qualsiasi diritto di ribellione o di resistenza[46]: tuttavia, il legislatore è – nella regione ideale kantiana – pur sempre sottoposto allo scrutinio della ragione, e alle condizioni di una legislazione universale di libertà, e infine, «deve» concepire ogni sua legge come se idealmente potesse essere il popolo a volerla. Da questa prospettiva, di nuovo, è necessaria implicazione che la giustizia (e la *jurisdictio*) resti *indisponibile* anche per la legge del sovrano[47].

[45] Cfr. *supra*, cap. I.
[46] Kant, *La metafisica dei costumi*, cit., pp. 150-151.
[47] Cfr. *supra*, cap. I.

Sino a questo punto, ho delineato due direttrici del pubblico, l'una intessuta dei fili sostanziali del politico, e l'altra istituita dalla positività del diritto. *Entrambe* contribuiscono a formare l'idea del pubblico che si è andata consolidando tra lo stato moderno e il mondo contemporaneo; solo la loro tensione, la loro divergenza e la loro complementare *presenza* rappresentano pienamente il nostro mondo. Ora è necessario però chiedersi cosa accada con riguardo alla *ratio* e alla sopravvivenza del pubblico in un nuovo, o mutato, universo, che conosce un'estensione inedita, globale, e del quale delineerò alcune, ulteriori, caratteristiche (quelle che ritengo qui rilevanti). Subito dopo, verrà in primo piano proprio il rapporto tra le due grandi tradizioni, tra le due componenti del pubblico (nel diritto) che noi conosciamo: se un tale rapporto si perda o persista, o possa altrimenti riproporsi, in questo orizzonte che spazia ben oltre lo stato e il suo rassicurante limite.

4. *Il «pubblico di Penelope»: lo «status» sospeso del globo*

4.1. Alla ricerca della *ratio* del pubblico nello scenario globale, ci s'imbatte in fenomeni che pur conosciuti restano di controversa decifrazione: l'incertezza nasce anche dalla mancanza di un orizzonte di adeguate e, soprattutto, condivise categorie interpretative.

Di fatto, dalla prospettiva *politica*, ciò che sarebbe globale è visto in modi opposti, in ragione, innanzitutto, della posizione che venga riservata alla sovranità dello stato. Gli studiosi delle «relazioni internazionali» appaiono *in limine*, e ci sospingono ancora al di qua o al di là di soglie di separazione, tra realismo e istituzionalismo, tra unilateralismo e multilateralismo, e via seguendo; da un lato, il noto dogma realista dell'anarchia internazionale, il potere, l'autodifesa e il *self-interest* come chiavi di accesso ai (presunti) lineamenti ontologici degli stati, al mondo globale come una sorta di spazio di natura. Dall'altro, l'inevitabile riconoscimento, sospinto da nuovi paradigmi teorici, dell'incessante sforzo verso la produzione di istituzioni e norme comuni, capaci (è questa una delle novità) di pesare nella trasformazione dei comportamenti. Ma l'immagine complessiva che ne riceviamo resta appunto quella del *limen*:

la cui frequentazione rispecchia e – risulta da – una sorta di insuperabile incompiutezza nella tessitura del pubblico, in un tale indefinito orizzonte. In breve, il pubblico come una vera tela di Penelope.

Il suo emergere nella visuale delle relazioni internazionali è sempre incerto e irrisolto. Qui il pubblico non viene fatto coincidere epistemologicamente con l'esistenza stessa del diritto internazionale, la cui efficacia viene sistematicamente discussa e concepita come secondaria o come variabile dipendente dei fattori che la scienza politica studia. A loro volta, le relazioni internazionali, che sono orientate invece al (preteso) stato reale delle cose[48], sul campo, restano, se non altro, in quel punto intermedio tra i due poli evocati nelle parole di Hedley Bull: tra un mero sistema internazionale di fatto e una società internazionale. Qui, appunto,

> consapevole di certi interessi e valori comuni, un gruppo di stati forma una società; nel senso che essi si concepiscono come legati nelle loro reciproche relazioni a un comune insieme di regole e hanno parte nel funzionamento di comuni istituzioni[49].

O almeno questa situazione irrisolta è quanto si deve desumere da quella fortunata etichetta, *organised hypocrisy*, con cui Stephen Krasner ha definito ricorrenti esempi di «modelli di comportamento» che sono, nel caso degli stati, in aperta contraddizione con le «norme professate»[50].

Sicuramente, su questo stabile sfondo, l'ontologia realista e la sua tradizione reggono, con il menzionato assioma dell'identità naturale degli stati, fissa, esclusivamente autodifensiva e autointeressata. E non conducono neppure all'imperativo utilitario che accompagnava lo schema hobbesiano: *exeundum e statu naturae*.

[48] Fondamentale rielaborazione della teoria realistica in Kenneth Waltz, che comunque conferma la struttura del sistema internazionale come intrinsecamente anarchico, orientato dal *self-interest* e dall'autodifesa degli stati (*Theory of International Politics*, New York, McGraw-Hill, 1979, spec. pp. 79-128).

[49] H. Bull, *The Anarchical Society*, New York, Columbia University Press, 1977, p. 13.

[50] S.D. Krasner, *Sovereignty: Organized Hypocrisy*, Princeton, N.J., Princeton University Press, 1999.

Sul fronte contrario, il rovesciamento promosso specialmente dal paradigma *costruttivista*: le identità sono forgiate intersoggettivamente (che questo conduca a risultati «buoni» o «cattivi»), e soprattutto, come in un celebre articolo di Alexander Wendt, «anarchy is what states make of it»[51], l'anarchia è solo ciò che gli stati ne fanno.

Certo le analisi della scienza politica non si fermano ai soli protagonisti statali, e il loro contributo copre versanti diversi, illustra le sorti alterne di uno scenario sempre più importante anche per le ricostruzioni dei giuristi, sul terreno amministrativo, internazionale, costituzionale. Uno dei significati, e dei risultati, di quel punto di vista sul globo sta nel ritrarre un passaggio inconcluso: un interminabile *status nascendi*, la difficoltà che un suo senso pieno si manifesti in modo compiuto. E comunque, il passo *oltre* questo terreno intermedio è sempre sul punto di avvenire. Si pensi al contributo che proviene dalla tenace riproposizione del multilateralismo[52], un'istituzione e un metodo, la cui realtà suffraga l'aspettativa che anche nelle relazioni internazionali *le norme contino*[53]. Non debole tradizione è ormai quella che restituisce ruolo alle norme giuridiche anche in questo contesto: non a caso sviluppata da quelle teorie *liberali* che hanno visto per tempo

[51] A. Wendt, *Anarchy is What States Make of It: The Social Construction of Power Politics*, in «International Organization», 46, 2, 1992. Cfr. anche G.J. Ruggie, *What Makes the World Hang Together? Neo-utilitarianism and the Social Constructivist Challenge*, in Id., *Constructing the World Polity. Essays in International Institutionalization*, London-New York, Routledge, 1998, pp. 1-39. Inoltre, A. Wendt, *Collective Identity Formation and the International State*, in «American Political Science Review», 88, 2, pp. 384-396. In generale, A. Caffarena, *Il costruttivismo*, in G.J. Ikenberry e V.E. Parsi (a cura di), *Teorie e metodi delle relazioni internazionali*, Bologna, Il Mulino, 2001, pp. 71-93.

[52] J.A. Caporaso, *International Relations Theory and Multilateralism: The Search for Foundations*, in «International Organization», 46, 3, 1992, p. 603, scrive: «Multilateralismo è la convinzione che le attività dovrebbero essere organizzate in termini universalistici (o almeno multilaterali) con riferimento al "gruppo" rilevante».

[53] Senza dubbio, invece, «anarchia» indica unilateralità: significativamente, Robert Kagan nota (nel suo *Of Paradise and Power: America and Europe in the New World Order*, New York, Knopf, 2003, p. 36) che essa serve meglio gli interessi degli stati più potenti, che possono meglio trarre profitto dalla mancanza di ordine sociale e giuridico.

l'opportunità di elaborare una nuova agenda[54]. E le medesime indagini, evidenziando da tempo la complessa metamorfosi del potere, esercitato da reti di attori in posizione equiordinata (eterarchica), da protagonisti nuovi, mostrarono che il valore epistemico della prospettiva di osservazione centrata sullo stato era diminuito drasticamente. La formazione di network portava in prima linea anche attori una volta gregari rispetto al potere accentrato statale, che appartengono a livelli diversi di competenza territoriale, ma sono omogenei funzionalmente, coprono simili aree operative, o profili tra loro complementari; parti diverse degli stessi apparati funzionali/amministrativi, o giurisdizionali, o politici, degli stati entrano in relazioni trasversali. L'insieme di questi fenomeni, come si disse, sembra operare «disaggregando gli stati»[55].

Nel complesso, il quadro che la scienza politica ci offre, grazie a questa varietà di persistenze e di mutamenti, in direzioni concorrenti o divergenti, resta dunque il ricordato quadro di un permanente passaggio. Devo sottolineare l'importanza di riconoscere questa costituzione del pubblico come una tela di Penelope, e la sua natura sospesa: né l'ambiente totalmente strutturato dello stato (il pubblico che ci è familiare), né l'irrecuperabile stato di natura, la condizione primaria, impregiudicata, il ricovero a secco in cui ricostruire la nave[56]. Dato il carattere

[54] Questo è uno dei principali contributi delle teorie liberali nelle relazioni internazionali. Cfr. A.-M. Slaughter, A. Tulumello e St. Wood, *International Law and International Relations Theory: A New Generation of Interdisciplinary Scholarship*, in «American Journal of International Law», 92, 1998, pp. 373, 378; e A.-M. Slaughter, *International Law and International Relations Theory: A Dual Agenda*, in «American Journal of International Law», 87, 1993, pp. 226-238 con riferimento al «Liberal Paradigm».

[55] A.-M. Slaughter, *A New World Order*, Princeton, N.J., Princeton University Press, 2005, pp. 12 ss., spec. pp. 131-165. Si pensi a ciò che costruiscono o decidono i rapporti autonomi tra le amministrazioni periferiche substatali e organismi sovranazionali; tra apparati di organi giurisdizionali subnazionali e internazionali o sovranazionali, si pensi alla partecipazione *ratione officii* di membri degli apparati statali o periferici ad organismi internazionali, al formarsi, non governato dagli stati, di aggregazioni e *fora* di interessi trasversali, alle relazioni tra parlamenti, a quelle tra corti sovranazionali e assemblee nazionali, e via seguendo.

[56] Il nostro lavoro inevitabilmente rispecchia una famosa metafora di Otto Neurath: «siamo come marinai che devono riparare la loro nave in mare aperto

sui generis del dominio ultra o extrastatale, il lento lavorio della creazione di istituzioni (l'*institution building*) e le altre trasformazioni globali diventano rilevanti per ciò che appare come il venire in superficie del pubblico. La loro tensione in direzione del multilateralismo, l'istituzione di regimi regolativi, la definizione di ancoraggi di giustizia, il crescere del confronto tra giurisdizioni, il proliferare di entità normative sovranazionali – e non necessariamente interstatali –, inevitabilmente, lanciano una sfida, di lungo periodo, in contrasto con l'unilateralismo e l'arbitrio. Non tanto perché li rendano impossibili, ma al contrario perché li rendono *concepibili*. Tali trasformazioni divengono cioè istituzioni *epistemiche* proprio con riferimento all'arbitrio e all'unilateralità; questi ultimi non sono pensabili a meno che una cornice di istituzioni (normative) sia definita così da dare origine alla categoria: dunque generare la pretesa normativa e il criterio rispetto al quale le cose divengono arbitrarie o unilaterali. Sebbene le une e le altre siano per noi come il *modus essendi* di uno stato *senza legge*, per la verità entro quest'ultimo, dal suo *interno*, non sarebbero nemmeno immaginabili. In un ambiente che rappresentasse uno stato di natura, come Kant avrebbe detto, esse non possono nemmeno prospettarsi, precisamente perché non se ne può dare il senso né in luoghi di nudo e crudo potere, né in mondi dove non sono stabilite coordinate comuni per una coesistenza ordinata (secondo criteri normativi predefiniti).

4.2. La rappresentazione dello spazio extrastatale, dalle prospettive del diritto internazionale e della *global governance* (tracciate nei capp. II e III), ruota dunque attorno alla creazione di relazioni multilaterali, la materia di cui può consistere il pubblico internazionale. Se si diffondono forme ultrastatali di regolazione attraverso entità inedite, anche ibride (soprattutto pubblico-private) o informali, o autoautorizzate, ecc. si dà luogo a una multistruttura normativa, e dunque un fenomeno produttivo di regole e retto da regole.

Come MacCormick mostrò nella sua teoria del diritto,

senza poterla smantellare in un bacino per ricostruirla con materiali migliori» (*Sociologia e neopositivismo*, Roma, Ubaldini, 1968, p. 56).

le strutture di istituzioni poggiano su regole: istitutive, consequenziali e terminative[57]. Spesso sono proprio le regole a consentire la nascita di nuove forme di attività, piuttosto che semplicemente disciplinarle o razionalizzarle. Se si mette a fuoco l'istituzione come un intero, tale questione, ossia di quale sia stata la priorità *temporale* tra le pratiche e le regole corrispondenti, potrebbe essere considerata relativamente astratta o non decisiva quanto al complesso insieme dei fatti istituzionali. MacCormick aveva però ben presente la distinzione proposta da John Searle tra regole regolative e *costitutive*, le quali ultime non semplicemente regolano, ma creano o definiscono nuove forme di comportamento[58], sebbene intendesse superarla, e criticasse la natura non normativa ma definitoria delle regole costitutive searliane.

Pur con ogni *caveat*, tale distinzione, che può essere trascurabile, ad esempio, per la comprensione di istituti millenari del diritto privato occidentale, può aiutarci in questa realtà in formazione – né uno stato di natura né la società di uno stato moderno –, evidentemente estranea al loro spazio e al loro tempo[59]. Pratiche spontanee[60] sono registrate come la chiave della scena transnazionale e in gran parte poste in essere da attori privati capaci di darsi norme autonomamente. Nondimeno, esse sono state progressivamente affiancate dalla costruzione di regimi sovranazionali, interstatali, privati o ibridi: un'impresa prometeica, una costruzione voluta, piuttosto che un lento *spillover* o l'immagine orizzontale di una riaggiornata *lex mercatoria*[61].

[57] N. MacCormick, *Il diritto come fatto istituzionale*, in N. MacCormick e O. Weinberger, *Il diritto come istituzione*, Milano, Giuffrè, 1990, p. 65.

[58] J.R. Searle, *Atti linguistici*, Torino, Einaudi, 1976, p. 61.

[59] Cfr. l'elaborazione, su questo punto, di N. Walker, *Out of Place and Out of Time: Law's Fading Co-ordinates*, in «Edinburgh Law Review», 14, 2010, pp. 13-46.

[60] Cfr. i contributi di Gunther Teubner, tra cui, in particolare, *Global Private Regimes: Neo-spontaneous Law and Dual Constitution of Autonomous Sectors?*, in K.-H. Ladeur (a cura di), *Public Governance in an Age of Globalisation*, Aldershot, Ashgate, 2004; Id., *Constitutionalising Polycontexturality*, 2010, disponibile su www.jura.uni-frankfurt.de/l_Personal/em_profs/teubner/dokumente/ConstitutionalisingPolycontexturality_eng.pdfin.

[61] I due aspetti sono intrecciati, che competano o concorrano. Le pratiche di attori finanziari, delle ONG, dei movimenti sociali, delle comunità

Come sappiamo, cicli alternativi spontaneità/istituzionalizzazione, *governance/government* coinvolgono in una trama collettiva reti di interlocutori di *status* o qualità originariamente diverse, miste[62]: e dunque non è particolarmente perspicuo usare categorie rigide per qualificare i protagonisti. Ma questi processi/istituzioni si collocano su una scala di complessità, di maggiore o minore intreccio tra un diritto (originariamente espressione dei privati) transnazionale spontaneo (tessuto direttamente attraverso i comportamenti dei soggetti interessati, degli attori-destinatari) da una parte e dall'altra la creazione ripetuta, costitutiva di regimi internazionali e sovranazionali (in genere con al centro organizzazioni anche di origine pubblica, o organismi regolativi e amministrativi di varia origine ma anch'essi indipendenti, e svariate entità con compiti giurisdizionali o paragiurisdizionali, qui richiamate nel cap. III). Ma il punto è che, attraverso questa seconda modalità, quest'opera di *institution building*, l'istituzionalizzazione dei diversi dominii della *governance* è stata crescente[63].

Queste istituzionalizzazioni danno senso e funzione a un versante *giuridico*: il quale appare *ipso facto* come il superamento di ogni stato provvisorio, con la creazione di una cornice regolativa che declina in termini normativi gli standard delle rispettive pratiche. Si può dire che qui si mescolano i contributi di due differenti narrative: quella che muove dal senso del pubblico promosso attraverso l'esperienza di pratiche sociali che sono precondizione dell'emergere di regole di diritto; e l'altra che vede il diritto come costitutivo, assunto come precondizione per il nascere delle pratiche che esso istituisce e regola. Una funzione che non è dissonante con la concezione della positività

epistemiche di giuristi, giudici, arbitri, esperti e tecnici di settore, giocano un ruolo di costruzione e definizione, e sono una componente essenziale di qualsivoglia attività o processo nello scenario globale.

[62] Su cui cfr. *infra*.

[63] Un ottimo esempio nell'ambito regionale dell'UE: le consolidate strutture della *governance*, i comitati, le agenzie e l'*Open Method of Coordination*, istituzionalizzato nel Trattato di Lisbona a tenore del quale la Commissione può incentivare la cooperazione tra stati membri negli ambiti di comune interesse che richiedano politiche sociali. In genere, gli stati operano attraverso *soft law*, definiscono linee guida e indicatori, tendono a costituire canali di reciproco confronto, a formare *best practices*, e ad impostare valutazioni periodiche (cfr. art. 156 TFUE).

del diritto, in Bentham o in Kant, condizione per l'istituzione di pratiche sociali guidate da una nuova prospettiva normativa, posta al di là delle visioni individuali, delle loro divergenze e convergenze[64].

Qui la nostra attenzione è diretta soprattutto alla seconda tra le due narrative, con lo scopo di gettare luce sul lato normativo costitutivo, della costruzione di regimi e istituzioni: la quale in modo peculiare si concentra sulle funzioni di coordinazione, orientate multilateralmente, qualcosa che, per quanto possa derivare da esigenze emerse nei processi sociali rilevanti (ad esempio la protezione di una competizione commerciale senza distorsioni), certo non semplicemente li riflette, non semplicemente risulta dalla formalizzazione degli usi emersi tra competitori autoreferenziali nell'agone del mercato, e così via[65].

Infine, ancora una caratteristica saliente di questo profilo della *governance*, di queste forme istituzionalizzanti che non ripetono i lineamenti e le componenti sociopolitiche di comparabili figure all'interno dell'orbita statale: esse espongono una ricaduta delle *trasformazioni della conoscenza*, sono un particolare epifenomeno del diffondersi e dell'approfondirsi del suo carattere specialistico, settoriale, funzionale. Come si è detto, «il crescere dell'informazione e della conoscenza come la risorsa principale e la cornice di riferimento per produrre decisioni» definisce confini funzionali, e qui genera rapporti tra diversi livelli sia all'interno che all'esterno dello stato, e su percorsi transnazionali[66]. Per questo si producono rapporti sociali, interazioni collettive indipendenti dai limiti territoriali, e quindi sganciate dal tipo di appartenenze, fedeltà, connessione, che qualificano un *demos* rispetto allo stato[67]. Forse, il nuovo spazio

[64] *En passant*, si può affermare che ciò riflette due narrative del diritto: l'una è «humeana», l'altra riferisce la funzione del diritto in termini benthamiani. Proprio su questa distinzione, riferita a Hume e a Bentham, cfr. Postema, *Bentham on the Public Character of Law*, cit., p. 58.

[65] Di nuovo, ciò che Bentham avrebbe equiparato alla consuetudinaria interazione tra monadi, e che, dalla sua *visuale*, era ben lontano dal rappresentare la prestazione offerta dal diritto (Bentham, *Of Laws in General*, cit.).

[66] K.-H. Ladeur, *The Emergence of Global Administrative Law and Transnational Regulation*, IILJ Working Paper 2011/1.

[67] Sul loro ruolo nel costruire lo spazio globale, e nello stabilizzare aspettative normative, cfr. R. Kehoane, *Social Norms and Agency in Global Politics*, Straus Institute WP, 07/2010.

può essere pensato come un nuovo ambito di rappresentanza deliberativa[68] (piuttosto che semplicemente tecnocratico) e, come si è sottolineato nel caso dell'Unione Europea, alcune strutture di *governance* forse offrono, in una situazione di debolezza dei canali sovranazionali di democrazia, una *chance* alternativa di forme sperimentali di partecipazione ai processi deliberativi[69], di volta in volta in ambiti ed aree distinti (l'agricoltura, la sanità, la sicurezza, l'energia, l'ambiente, il turismo, l'immigrazione, i trasporti, il controllo fiscale, ecc.) coinvolgendo interessati, esperti, amministratori, secondo omogeneità funzionali (il che, come ho ricordato, è effetto della specializzazione del sapere, articola necessità tecnico-scientifiche e taglia le separazioni territoriali)[70]. Ma con riguardo specialmente ai regimi globali, tali processi decisionali mancano decisamente di rappresentatività, di un'intrinseca qualità politica (argomento questo che approfondirò più oltre): così, il controllo effettivo degli stati, per non parlare di quello dei governati o di coloro che sono colpiti dalle decisioni, svanisce[71]. La *scarsità* dell'offerta *politica* inerisce alla natura della *global governance* e, come ormai sappiamo, dall'una nasce lo sforzo di sottoporre l'altra a criteri e procedure di *accountability*, e a forme di progressiva giuridicizzazione[72].

Ma ciò non toglie che si tratti di tentativi di fronteggiare lo *status in limine*, tra ordine e disordine, tra privato/unilaterale e pubblico, sebbene in modalità *segmentate*. La World Trade Organisation o l'Unione Europea, la United Nation Convention

[68] J.S. Dryzek e S. Niemeyer, *Discursive Representation*, in «American Political Science Review», 102, 4, 2008, pp. 481-493.

[69] C.F. Sabel e J. Zeitlin (a cura di), *Experimentalist Governance in the European Union; Towards a New Architecture*, Oxford, Oxford University Press, 2010.

[70] Specie con riferimento allo specifico ambito dell'UE, si tratta più propriamente di un sistema ibrido, dove la dimensione di governo e quella della *governance* assumono un ruolo complementare: Kjaer, *Between Governing and Governance*, cit.

[71] Tra molti, un pieno riconoscimento di questo in N. Krisch, *Beyond Constitutionalism: The Pluralist Structure of Postnational Law*, Oxford, Oxford University Press, 2010.

[72] Recentemente, e in generale, Ch. Joerges e E.-U. Petersmann (a cura di), *Constitutionalism, Multilevel Trade Governance and Social Regulation*, Oxford, Hart, 2006.

for the Law of the Sea o la European Convention for Human Rights, la Codex Alimentarius Commission, o la International Standard Organisation (e un numero impressionante di consimili istituzioni) spostano la nostra attenzione oltre il tradizionale fulcro delle relazioni internazionali e naturalmente oltre quello di un pubblico ristretto nella dimensione dello stato.

Da questa prospettiva, allora, non è sufficiente assumere che la *global governance* dovrebbe considerare

> autorità pubblica internazionale ogni autorità esercitata in base a una competenza istituita da un comune atto internazionale di autorità pubbliche, prevalentemente degli stati, per perseguire uno scopo che essi definiscono, e sono autorizzati a definire, di pubblico interesse[73].

Questa definizione porta con sé la gran parte del tradizionale buon senso che riconduce il pubblico a fonti che sono già di per sé di natura pacificamente pubblica, come gli stati, e purché convergano nella cura di interessi comuni. La generazione del pubblico sul globo è qui sempre intesa come d'ordine derivato, e debitrice, o deferente, nei confronti degli stati. Ma la proliferazione dei regimi globali possiede autonomia sostanziale, si distanzia dall'eventuale persistenza della volontà degli stati, e si riproduce attraverso componenti non statali rendendo piuttosto tortuosa se non inadeguata la ricostruzione della validità delle sue norme tramite la catena di delegazione dei trattati. E il tentativo di giuristi, giudici, teorici, esperti in ogni campo di azione, volto a costruire, incrementalmente, metaregole e principi[74] di legalità cui assoggettare l'azione di

[73] A. von Bogdandy, Ph. Dann e M. Goldmann, *Developing the Publicness of Public International Law: Towards a Legal Framework for Global Governance Activities*, NYU IILJ Colloquium Working Papers, 2009, pp. 11 ss. Gli autori sono ben consapevoli del bisogno di integrare, comunque, questo punto di partenza, e prefigurano un approccio eclettico, che dovrebbe combinare «gli approcci istituzionali di diritto costituzionale, amministrativo e internazionale alla *global governance* (e quindi alle istituzioni internazionali)» dal momento che tali approcci condividono tutti «lo scopo di comprendere, inquadrare e controllare l'esercizio di autorità internazionale pubblica nella costellazione post-nazionale» (*ibidem*, pp. 24-25).

[74] Cfr. G. Della Cananea, *Al di là dei confini statuali. Principi generali del diritto pubblico globale*, Bologna, Il Mulino, 2010 e S. Cassese, *Il diritto globale*, Torino, Einaudi, 2009 o anche Id., *The Globalization of Law*, 2006, disponibile su www.iilj.org/GAL/documents/CasseseGlobalPaper.pdf.

entità composite e inedite, separate e autoreferenziali, mostra bene che il lavoro giuridico svolto sulla *global governance* si basa sulle promesse della *forma del diritto*, piuttosto che sulla forma dello stato e sulla sua capacità di controllo e garanzia. Pertanto, la questione può ben essere rovesciata, e invece che il fare appello al pubblico come precondizione della legalità, è *la rivendicazione della legalità che appare condizione della nascita del pubblico.*

Il che spiega, più perspicuamente di quanto esso stesso ammetta, gli intenti, le pretese e le aspettative del GAL sulla *governance* globale. La sua costruzione teorica (cfr. *supra*, cap. III) accredita i regimi globali quali regolatori *giuridici* (*legal regulators*): come si ricorderà, in uno schema hartiano, sono indicate fonti sociali (statali e non) dei criteri di validità giuridica, insieme con criteri sostanziali (non relativi alle fonti) che indicano i caratteri necessari di una dimensione pubblica (pubblicistica), ossia requisiti di razionalità, proporzionalità, il *Rule of law*, il principio di legalità, il rispetto per i diritti umani essenziali[75]. Questi ultimi dovrebbero controbilanciare la frequente autolegittimazione dei regimi globali e la loro natura tecnocratica, e sono prescritti dall'esterno, ricalcati, e presi in prestito da altri contesti in cui si sono consolidati, tratti dal modo in cui il pubblico è concepito in una dimensione, che sia domestica o internazionale, legata allo stato. Qui la connessione tra legalità e pubblicità è costruita rendendo la prima possibile grazie alla precondizione della seconda, e dei suoi requisiti.

Per quanto ho sostenuto sin qui, tuttavia, il rapporto tra legalità e pubblicità è meglio comprensibile se una tale dipendenza viene rovesciata. I requisiti del pubblico, a ben guardare, sono estrapolati da – e, nell'insieme, non sono rintracciabili se non in – consolidati contesti di *legalità*: essi dipendono dal diritto. Difficilmente formerebbero un complesso che possa sussistere in nessun altro luogo che entro (e attraverso) il diritto. Ed essi stessi sono essenzialmente fattori giuridici. Appartengono (*à la* Kant) al diritto e alla costruzione del «pubblico attraverso il diritto». È chiaramente il nostro impegno verso l'affermazio-

[75] Questi requisiti di pubblicità sono resi parte della norma di riconoscimento: B. Kingsbury, *The Concept of «Law» in Global Administrative Law*, in «European Journal of International Law», 20, 1, 2009, pp. 23, 25.

ne della legalità che può riuscire a garantire l'istituzione del pubblico nella sfera globale: nonostante il tentativo (inverso) di immaginare un'autonoma idea del pubblico da tradurre poi in una premessa e in un pilastro di diritto, ossia della nozione di legalità.

5. *Il pubblico diviso e i due piani del diritto sul globo*

5.1. Dove innumerevoli organismi di *governance* emettono direttive normative, la prospettiva giuridica è una sfida decisiva. Ma, come spiegherò, la costruzione del pubblico non può liberarsi della circostanza che, a differenza di quanto accade negli ambiti domestici, il livello globale di legalità può operare solo incidendo sugli altri livelli di legalità e, grazie ad essi, richiedendo la cooperazione degli stati, l'attuazione sul terreno ad opera di (altrui) apparati ed organi politici, giudiziari, amministrativi: in modi simili a quelli per i quali Sabino Cassese sostenne che (persino) l'Unione Europea resta un'unità sovrastatale per la quale è vero che essa «non fa, fa fare»[76].

Se si prende sul serio la realtà di questa prospettiva, *mutatis mutandis*, la stessa autorità del livello globale di legalità non sta – fino in fondo – in piedi da sola, e la sua affermazione, così come l'istituzione, che essa incentiva e genera, di un'altrettanto estesa dimensione del pubblico, restano costantemente debitrici dell'effettiva interazione, della sintesi, per così dire, del buon fine del rapporto con altre legalità. La prospettiva del pubblico attraverso il diritto in questo contesto acquisisce lineamenti inediti: assume una natura *interfacciale*, e resta *incompleta* sino a che un'interazione non ha luogo e le componenti offerte da altri ordini giuridici non giungono a chiudere il circolo. Beninteso, ciò non dev'essere confuso con la mancanza di una forza obbligante sui soggetti, con questioni come la giustiziabilità, o l'effettività, i segni distintivi del diritto «reale». La questione è diversa, e riguarda la natura composita del diritto globale, il quale non può che essere concepito come in corso di comple-

[76] S. Cassese, *Democrazia e Unione Europea*, 2002, disponibile su www.storiacostituzionale.it/doc/Cassese.pdf (ultima visita maggio 2011).

tamento, in attesa del confronto con discrete e separate legalità poste su diversi piani del globo.

Come ho mostrato in precedenza (cap. III) anche accettando che la rete dei regimi globali costituisca, sotto le condizioni di validità suggerite dai teorici del GAL, una legalità a sé stante, quest'ultima resta *altra* rispetto ai persistenti ordini statali e regionali, e data la sua struttura (il trasferimento di potere dagli stati ad autonome entità di *global governance*) non coincide nemmeno con il diritto internazionale in senso stretto. Quale ordine giuridico per sé, il diritto globale non può definire le condizioni di validità pertinenti agli altri ordinamenti, nonostante il suo inevitabile rapporto con essi, il suo operare solo penetrandovi, incidendo sulle persone e sui loro campi d'azione. Ciò, come ho sottolineato, genera una duplice dimensione. Nell'una, un ordine giuridico globale costruisce i propri criteri di unità e di riconoscimento della validità, in modo sia pure incrementale, e lentamente diffondendo principi comuni ai diversi regimi separati che vi fanno parte (*ponti* costruiti in genere su impulso dei casi e dei giudici): da un punto di vista interno alla rete del diritto globale, il pluralismo delle molteplici istituzioni e ordinamenti giuridici di livello ed estensione diversi ricade entro i suoi confini onnicomprensivi ed è pensato come sottoposto alla sua autorità (come parte della catena di implementazione-attuazione). Nell'altra dimensione, esterna alla prima, persiste la differente realtà di ordini giuridici sul globo; ciascuno si rivela come indipendente e a sé stante, e ciascuno mostra il proprio titolo a definire da se stesso i propri criteri di riconoscimento. Il perdere di vista questa bidimensionalità è spesso un limite delle ricostruzioni del diritto amministrativo o costituzionale globali[77]. Le due dimensioni s'intersecano permanentemente e sollevano reciproche pretese, in sede d'implementazione, attuazione o interpretazione, nonché in occasione di controversie, che ri-

[77] Le costruzioni teoriche si collocano principalmente attorno a una delle due seguenti dimensioni: in una prima dimensione, disegnando architetture di una piena supremazia di ciò che è globale, attuata attraverso il diritto, e norme di natura procedurale o sostanziale; in una seconda dimensione, sostenendo solo la natura discreta, slegata, di differenti ordini giuridici e il pluralismo, in versioni più o meno radicali.

chiedono un arbitraggio o una decisione giudiziale[78]. Ora, dal punto di vista del diritto globale, questa costante intersezione offre un'opportunità di *completare* il quadro composito del pubblico attraverso il reciproco collegarsi, il contemporaneo contributo delle diverse legalità in gioco. I prossimi paragrafi sono dedicati a mostrare come questo possa accadere, e quale ne sia il significato.

5.2. Tali inevitabili relazioni hanno luogo tra un diritto (globale) *privo di radici*, disincarnato, e ordinamenti giuridici che invece sono in diverso grado dotati di profondità, radicamento sociale e politico. La legalità dei regimi globali è una *creazione* tecnico-giuridica volta a far fronte alla complessità: ironicamente, la sua distanza e il suo isolamento rispetto al pubblico di coloro che ne sono di volta in volta toccati e che appartengono a comunità reali si traducono in una sua dipendenza operativa da queste ultime e dalle loro strutture giuridiche. Nel contempo, lo *status* della legalità globale manifesta una sorta di incompiutezza, un carattere insaturo[79], così da apparire come una disposizione normativa che attende di essere confermata e completata.

Il complementare profilo che emerge qui è quello dell'inadeguatezza o dell'inesistenza del circolo *politico*: fonti del potere, scelte, mezzi, soggetti incisi dalle decisioni, sono ciò che nell'ordinario confine della vita reale suscita questioni *politiche*. Ma l'impressionante massa di norme e regolazioni che disciplinano il commercio mondiale, definiscono standard e impongono politiche di risultato nei più vari settori, o che, con supplementare enfasi morale, si indirizzano alla protezione dei diritti umani, alla salvaguardia ambientale, alla produzione della sicurezza, è incommensurabilmente distante da coloro che ne sono effettivamente governati o affetti, e che si collocano in un proprio, definito, spazio del globo[80]. Questa circostanza è alla

[78] Interventi su questo argomento in Martinico, Fontanelli e Carrozza, *Shaping the Rule of Law through Dialogue*, cit.

[79] Ho usato la nozione nel mio *Politics and Rights: The Future of the EU from a European Perspective*, in «Ratio Juris», 18, 3, 2005, pp. 400-409.

[80] Un altro esempio di questa critica in Ming-Sung Kuo, *The Concept of «Law» in Global Administrative Law: A Reply to Benedict Kingsbury*, in «European Journal of International Law», 20, 4, 2009, pp. 997-1004.

base del fatto che il pubblico nel diritto (globale) non si edifica compiutamente: una volta *istituito dal diritto* resta una griglia normativa insatura, alla quale manca necessariamente il tessuto *proprio* su cui funzionare, e che a questo essenziale scopo deve essere completata. Essa può trovare un tale completamento, come cerco qui di mostrare, solo in forme equilibrate di quella relazione necessaria che intrattiene con le legalità subglobali, delle quali trapassa il diaframma.

Pertanto, lo *status sospeso* è espressione dello scollamento (un *decoupling*) tra la componente giuridica e quella politica del pubblico, che finiscono per collocarsi su due diversi e separati livelli, e allo stesso tempo manifestano una legalità «a due tempi». La direttrice del «pubblico attraverso il diritto» (di cui ho esposto i caratteri e il senso nel par. 3) resta nel diritto globale una forma normativa ancora *in itinere* grazie al suo isolamento, e sinché non le viene offerto il modo di riconnettersi a coloro che vi sarebbero soggetti: che ciò debba accadere attraverso le promesse forme avanzate di *accountability*, nuove strutture di *governance* partecipativa o deliberativa (del tipo promosso all'interno dell'Unione Europea), oppure la (improbabile) introduzione di strutture politiche di controllo globale della *governance*, o infine, e più realisticamente, attraverso la mediazione degli ordinamenti degli stati.

In conclusione, anche oltre lo stato l'imperativo kantiano del diritto pubblico resta necessario alla possibilità della coesistenza, ma di per sé è insufficiente, e attende di essere, per così dire, applicato: l'istituzione di questa nuova dimensione della legalità produce uno schema provvisorio di pubblicità nel diritto globale, che sembra autorizzarsi da se stessa e sostenersi da sola, ma che manca l'accoppiamento con l'altro elemento del tessuto del pubblico, la generazione politica del diritto.

Lo schema normativo globale deve essere saturato attraverso pretese e significati provenienti da processi sociali, e quindi etico-politici, dei quali *non* è parte. Il ruolo del diritto globale è giustificato dalle necessità della coesistenza e quindi della coordinazione (nello stesso senso del ruolo che Kant e Bentham attribuiscono al diritto positivo per la coesistenza degli individui), dal perseguimento di condizioni di giustizia *vis à vis* le incontrollabili e inevitabili interferenze tra ordinamenti e livelli di legalità, i quali sono espressione di concrete comunità sociopolitiche. La grande varietà di ordini giuridici, regimi che si confrontano sulla scena del globo richiede una forma giuridica che, nel senso del diritto pubblico kantiano, determini le condizioni per prevenire l'unilateralità e l'ingiustizia; quella stessa varietà è portatrice di una corrispondente varietà di nozioni del bene, di razionalità separate senza le quali, peraltro, il pubblico nel diritto globale resterebbe vuoto.

Evidentemente, siamo tornati ormai alla questione da cui eravamo partiti: quella concernente la costituzione *duale* del pubblico, la sua duplice natura, giuridica e politica, e di come esso potesse ridefinirsi nella dimensione del pluralismo delle legalità; com'è possibile curare e superare il «disaccoppiamento», il distaccarsi del giuridico e del politico: fuori della dimensione dello stato, essi appaiono collocarsi su due diversi piani (il giuridico resta l'unica componente di un pubblico globale ed incompleto, e il politico resta saldamente interno alle legalità che sono radicate in comunità sociali dotate di confini).

Possiamo dunque riassumere l'argomento svolto sin qui: nel modello kantiano del pubblico, la nascita del diritto è legata alla sistematica prevenzione dell'interferenza privata, unilaterale, nell'intento di garantire la libertà e l'indipendenza degli individui da ciascun altro. Centrale in questo quadro è la coordinazione, ma ben connessa dunque con una giustificazione *morale* per sottoporsi al diritto, per la nascita stessa del diritto[81]. Nell'insieme, la positività del diritto è necessaria per rendere esplicabili, come ho ricordato nell'Introduzione, le due fondamentali facoltà morali, il senso della giustizia e la capacità di elaborare concezioni del bene.

Ora il pubblico (globale) attraverso il diritto non può trovare la controparte che invece lo affianca stabilmente nella costituzione (duale) del pubblico nello stato contemporaneo. Ma data la compresenza e l'interferenza di legalità sullo scenario globale, si deve a questa se un duplice risultato può essere perseguito:

[81] Postema (*Bentham on the Public Character of Law*, cit.) che considera la coordinazione essenziale tratto della prestazione del diritto in Bentham, la difende anche dall'accusa di non contemplare il peso delle questioni di principio, e sottolinea che il diritto non solo tratta disaccordi una volta per tutte ma, a differenza di quel che Bentham aveva considerato, gioca un ruolo anche maggiore nel consentire il mutamento.

a) in primo luogo, l'attivazione della funzione di giustizia legata all'istituzione del «pubblico attraverso il diritto», come sistema di condizioni volte all'indipendenza e alla corretta, equilibrata interazione tra ordini giuridici che si riconoscono reciprocamente;

b) in secondo luogo, e attraverso questa stessa interazione, la incrementale, discreta, ricomposizione della coppia, del generatore legale e di quello politico del pubblico, attraverso il contributo che alla (e oltre la) forma del diritto globale proviene da legalità socialmente e politicamente ben radicate e in confronto nello spazio ultrastatale.

Ciò è consistente con la nozione del «pubblico attraverso il diritto» sul piano globale, come sin qui descritto, ossia come la definizione di una predisposta legalità, insatura e in costante tensione verso il proprio completamento.

6. *La questione sociale della giuridificazione «ab externo»*

Lo scollamento del giuridico dal politico, nel pubblico, è causato dall'assenza, dall'evaporazione sul piano globale del tessuto sociale proprio di comunità relativamente delimitabili, che ha solitamente ospitato il pubblico all'interno del suo «mondo vitale». Nonostante l'emergere di movimenti sociali transnazionali, di comunità virtuali di utenti della comunicazione planetaria, o forse anche di una società civile globale[82], una certezza rimane: che questi ultimi non sarebbero sufficienti per la creazione del *significato*, del *senso* che dipende dalla loro relazione ultima con il senso interno alla vita materiale degli individui e ai nessi elementari delle collettività. Ed anche l'infinita apertura dei confini, la mobilizzazione delle lealtà nazionali, non sembrano dover rimpiazzare (ma semmai arricchire) i legami sociali intrinseci alla natura necessariamente localizzata dei mondi vitali: rinnovare e sostenere un nuovo dinamismo delle appartenenze liberalizza, apre, ma non sostituisce o cancella la logica delle comunità politiche basate su un fondamento di legami sociali. Le nostre preoccupazioni

[82] Cfr. D. Spini, *La società civile postnazionale*, Roma, Meltemi, 2006.

nei confronti di un diritto globale per sua natura sradicato e disincarnato nascono dal suo essere cinghia di trasmissione, per così dire, di imperativi di efficienza interni a regimi specializzati intrinsecamente avulsi dagli equilibri domestici su cui intervengono scavalcando i contenuti delle relazioni sociali, riscrivendo le interpretazioni interne dei diritti, ridefinendo autoritativamente i bisogni fondamentali, e in definitiva i significati elaborati entro le *polities* su cui interferiscono. Ciò a maggior ragione, data la presunzione di comprensività e la pretesa di un primato di ciò che ha natura sovranazionale, in quanto punto di osservazione universale (e pertanto superiore ai particolarismi). La qual cosa è vista come parte di una più ampia tendenza che conduce allo sbiadirsi (per l'azione di una c.d. «insidia liberale») della «legittimazione repubblicana»[83].

Uno sguardo anche superficiale al diritto dei casi consente qui alla questione di materializzarsi in termini più concreti. Dubbi ricorrenti sono stati sollevati nei confronti di alcune, relativamente recenti, decisioni della Corte Europea di Giustizia, pur trattandosi di una Corte ben diversa dai tribunali istituiti nei diversi regimi globali, e parte di un autonomo ordine giuridico di ben più profonda legittimazione e connessione materiale con popoli e stati membri. Casi come Volkswagen[84], o Laval, Viking, Rüffert[85], hanno suscitato domande importanti a proposito dell'accettabilità stessa – dal punto di vista dell'Unione nonché da quello degli stati membri – di un'opera giudiziale di sbancamento della diversità degli assetti e della fisionomia interna degli stati: con riferimento, ad esempio, alla cancellazione del molto apprezzato e peculiare modello renano

[83] Questa tendenza è messa a fuoco da F. Scharpf, *Legitimacy in the Multi-level European Polity*, in P. Dobner e M. Loughlin (a cura di), *The Twilight of Constitutionalism?*, Oxford, Oxford University Press, 2010, p. 111. La legittimazione riposa su una concezione politica, repubblicana della Costituzione, come nella raffigurazione che ne dà M. Loughlin, *What is Constitutionalisation?*, ivi, pp. 47-69 ed anche D. Grimm, *The Achievement of Constitutionalism and its Prospects in a Changed World*, ivi, pp. 3-22.

[84] ECJ, decision of 23 October 2007 Commission v. Federal Republic of Germany «Volkswagen» (Case C-112/2005).

[85] ECJ, Case C-341/05, Laval un Partneri Ltd, ECR 2007, I-11767, Case C-438/05, Viking, ECR 2007, I-10779, Case C-346/06, Rüffert, ECR 2008, I-1989.

di un capitalismo sociale di mercato[86] (in *Volkswagen*), o alla ridefinizione del contenuto, dell'esercizio e dell'ampiezza di un diritto fondamentale (come il diritto di sciopero, che in *Viking* sfocia in un conflitto con varie tradizioni costituzionali degli stati membri). In una diagnosi proposta da Fritz Scharpf, l'incondizionata supremazia del diritto europeo, attraverso il noto attivismo della Corte[87], ha avuto «l'effetto di trasformare la relazione gerarchica tra l'Europa e il diritto nazionale in una relazione gerarchica tra i principi costituzionali liberali e quelli repubblicani»[88].

Tale perplessità a proposito dell'ignoranza delle diversità appare istruttiva per ciò che mi propongo in questo capitolo: proprio perché essa sorge nonostante il fatto che si tratti dell'Unione Europea, ossia di un teatro ben più partecipe, un insieme ben diverso e ben più coeso rispetto a quello globale. Gli impegni degli stati membri dell'UE non possono essere presi a modello per la sfera globale, perché si riferiscono a una comunità molto più stretta e strutturata, un ordinamento con (almeno alcuni) profili politici esso stesso. E del resto, l'unità regionale possiede una sua costituzione *sui generis* che include fini e strumenti privi dell'uguale al di fuori dell'Unione.

Motivi di perplessità e irrisolti attriti sorgono dunque a più forte ragione fuori dell'Unione Europea: ad esempio, nei modi con cui la Corte Europea dei Diritti Umani attua la protezione dei diritti previsti dalla Convenzione[89].

[86] In generale, Ch. Joerges e F. Rodl, *Social Market Economy as Europe's Social Model?*, EUI WP Law 2004/08. Sul caso Volkswagen, P. Zumbansen e D. Saam, *The ECJ, Volkswagen and European Corporate Law: Reshaping the European Varieties of Capitalism*, in «German Law Journal», 8, 11, 2007, pp. 1028-1051.

[87] Anche in aree in cui le competenze dell'Unione sono escluse o in altre dove è richiesta l'unanimità, pure le intrusioni della Corte sono possibili quando appaiono tutelare libertà protette dai trattati: per questa osservazione, Scharpf, *Legitimacy in the Multi-Level European Polity*, cit., p. 116.

[88] *Ibidem*, p. 112.

[89] Lo stato a maggiore disagio è quello con il maggior numero di controversie pendenti innanzi alla Corte Europea dei Diritti Umani, la Russia. Le esemplificazioni potrebbero essere molto numerose. Ma il nodo strategico di questo rapporto sta nell'orientamento della Corte circa il ricorso alla nozione di «margine di apprezzamento» nell'interpretazione di un diritto protetto dalla Convenzione. Naturalmente, minore è il margine di apprez-

Per converso, abbondano esempi di confronto tra ordinamenti, giurisdizioni, che esercitano un filtro, o un'interposizione attiva: l'Unione Europea, come abbiamo ricordato nel capitolo IV, nega effetto diretto alle regole del WTO[90]; con riferimento alle risoluzioni del Consiglio di Sicurezza, la Corte di Giustizia rifiutò di derogare al proprio standard di protezione dei diritti fondamentali e alle proprie norme primarie, e non garantì ossequio agli imperativi della sicurezza globale (il caso Kadi)[91]. Ma ancor più significativamente, un qualche ritorno dello stato si registra nella tendenza, tradizionalmente ispirata alla sola facilitazione del mercato, dei cruciali Bilateral Investment Treaties (ormai assimilati a modello di un vero e proprio regime a sé). Da un lato, il ricorso agli arbitrati tra investitori e stati (Investor-States Arbitrations) è considerato oggetto rilevante su cui concentrare gli sforzi degli studiosi del GAL, oggetto da sottoporre a un concorso di idee per nuovi strumenti e metodi atti a governarne la qualità giuridica e a incrementarne la legittimazione[92]. D'altro lato, si diffonde un'emergente riluttanza, a conferire allo strumento dell'Investor-States Arbitration ogni controversia, e aumenta invece l'interesse degli stati a esercitare un diretto controllo (giuridico e giudiziale, in questo caso) e a riequilibrare o ridurre le condizioni derogatorie di incondizionato favore verso gli investitori. La qual cosa sembra manifestare qui «la fiducia perduta nella deregulation e nella

zamento concesso, maggiore l'attrito nei confronti delle autorità nazionali. D'altro canto, maggiore è il margine che la Corte riconosce, maggiore è il rischio che il diritto tutelato dalla Convenzione non venga universalmente e adeguatamente protetto. In un'ampia letteratura, cfr. I. Rasilla del Moral, *The Increasingly Marginal Appreciation of the Margin of Appreciation Doctrine*, in «German Law Journal», vol. 6, n. 7, 2006, pp. 611 ss.; E. Benvenisti, *Margin of Appreciation, Consensus, and Universal Standards*, in «Journal of International Law and Politics», 1999, pp. 843 ss.; Letsas, *Two Concepts of the Margin of Appreciation*, cit. Cfr. anche *supra*, cap. IV, n. 37.

[90] C. Dordi (a cura di), *The Absence of Direct Effect of WTO in the EC and in Other Countries*, Torino, Giappichelli, 2010.

[91] ECJ, 3 September 2008, Joined Cases C-402/05 P and C-415/05 P, Yassin Abdullah Kadi and Al Barakaat International Foundation v. Council of the European Union and Commission of the European Communities.

[92] B. Kingsbury e S. Schill, *Investor-State Arbitration as Governance: Fair and Equitable Treatment, Proportionality and the Emerging Global Administrative Law*, IILJ WP, 2009/6, 6 ss. e *passim*.

privatizzazione, nella protezione senza alcun imbarazzo della proprietà, e nella totalmente illimitata circolazione dei capitali». Questo si accompagna a una qualche enfasi sulle

> esternalità negative che spesso seguono l'afflusso di capitali, inclusi la diseguale distribuzione della ricchezza, lo spostamento delle persone, distruttivo politicamente, e vari effetti avversi d'ordine sociale o ambientale[93].

Un modello teorico per la comprensione di questi aspetti, *mutatis mutandis*, può essere tratto dalla controversia sviluppatasi negli anni '80, a proposito della giuridificazione dall'esterno del tessuto dei processi sociali: Jürgen Habermas affrontò gli esiti negativi delle politiche di interventismo welfarista che introducevano nuove opportunità di acquisire titoli e protezioni giuridiche. Come egli scriveva, la struttura «dilemmatica» della giuridificazione delle sfere di vita sovrascrive i contenuti preesistenti dell'interazione sociale[94] anche se e quando offre nuovi diritti redistributivi. Significativamente, questo comportava problemi di legittimazione con riferimento a quelle autonome relazioni che per Habermas si avvalgono naturalmente di interazioni autenticamente comunicative: come nell'ambito dell'educazione e della scuola, della sicurezza sociale, della riproduzione culturale, e in molti campi di acuta sensibilità morale, che giungono a comprendere anche aree regolate giuridicamente come nel diritto penale, nel diritto costituzionale, nel diritto che disciplina questioni bioetiche: tutte sfere che hanno bisogno di un diritto basato sul consenso (di merito), di essere cioè supportate da una *legittimazione sostanziale*. Quelle che erano considerate forme di «integrazione sistemica» (ossia la regolazione che segue percorsi di efficienza ottimizzando le prestazioni interne dei singoli subsistemi sociali, obbedendo ai suoi propri imperativi, come in particolare nell'economia)

[93] J. Alvarez, *The Return of the State*, in «ASIL», 19-20, disponibile su www.law.nyu.edu/ecm_dlv2/groups/...law.../ecm_pro_067586.pdf.

[94] J. Habermas, *Teoria dell'agire comunicativo*, Bologna, Il Mulino, 1986, vol. II, p. 1033 e pp. 1030-1046. Come Habermas notò, il diritto ha dovuto entrare pesantemente e in modo capillare in quegli ambiti quotidiani della sfera sociale una volta lasciati al di fuori del controllo giuridico, al fine di accompagnare l'individuo assistito, dalla culla alla tomba.

operano attraverso politiche funzionali le cui misure insidiano il regno del mondo vitale reinterpretandone dall'esterno le relazioni interne attraverso le lenti della loro propria razionalità. Ma solo il mondo vitale rimane il *reservoir* del *significato*.

Rispetto a tale problema, come si disse allora, ogni possibile soluzione avrebbe comunque dovuto assicurare che il diritto di scopo, i programmi di integrazione e *welfare*, si fermassero sulla soglia, si astenessero dall'oltrepassare il confine di quelle aree sensibili, evitando il rischio di assimilarle a sé. È visibile il carattere dilemmatico della giuridificazione: come scrisse Habermas,

> Si tratta di preservare ambiti di vita, che dipendono in modo funzionalmente necessario da un'integrazione sociale attraverso valori, norme e processi di intesa, dal cadere in balia degli imperativi sistemici dei sottosistemi economia e amministrazione che crescono sviluppando una dinamica autonoma e dal venire adattati, attraverso il *medium* regolativo diritto, a un principio di socializzazione che è per essi disfunzionale[95].

In altri termini, il rischio della «colonizzazione» del mondo vitale. Alla domanda se un imperativo giuridico dall'*esterno* offre nei singoli casi una nuova «garanzia» o costituisce una «sottrazione» di libertà, si può dare una risposta solo «dalla prospettiva del mondo vitale»[96].

Come si intuisce, questa elaborazione può essere illuminante anche se trasposta sulle relazioni tra i regimi globali – produttivi di regolazioni e norme – e le comunità politiche discrete (il livello dei «mondi vitali»). Ciò vale anche per la tesi che il diritto assume una diversa funzione in aree – che Habermas chiamava di «diritto-istituzione»[97] – legate a più profonde e preesistenti pratiche sociali, nelle quali esso *riflette* (e può solo riflettere) e *non costituisce*, segue ma non crea dal nulla, le relazioni sociali essenziali e le norme in esse implicite, i processi e le modalità (normative) di coesistenza, cooperazione, comunicazione.

Credo che questo spartiacque concettuale sia utile e di

[95] *Ibidem*, pp. 1045-1046.
[96] *Ibidem*, p. 1037.
[97] *Ibidem*, pp. 1035 ss.: si tratta di aree in cui le norme giuridiche «non possono essere sufficientemente legittimate mediante il richiamo positivistico a procedimenti».

orientamento anche oltre il dominio statale, ove il suo senso può essere esteso, e suggerire la ricerca di criteri di equilibrio, di modalità differenziate nella *relazione tra ordini giuridici* che comunicano reciproche pretese normative: specialmente quando imperativi che provengono dall'esterno rispetto a un ordinamento seguono finalità e razionalità molto diverse da quelle proprie degli ambiti cui dovrebbero imporsi; specialmente se questi ultimi costituiscono aree sensibili, accolgono significati sociali peculiari, essenziali, e legati, in breve, all'identità[98].

Non deve sorprendere allora che un argomento sostanzialmente simile, che si concentra proprio sulla peculiarità di quelle aree (corrispondenti alle zone di «diritto-istituzione»), riemerga dopo qualche decennio grazie alla Corte Costituzionale tedesca e proprio in un altro dei suoi famosi *Urteile*, quello, recente, sul Trattato Europeo di Lisbona. La Corte, all'interno di un lungo e complesso saggio di dottrina giuridica, politica e sociologica, insisté sul punto che l'*esternalizzazione* di competenze verso l'Unione dovrebbe essere cauta

> particolarmente in aree politicamente centrali dello spazio di sviluppo della persona e che danno forma alle condizioni di vita attraverso politiche sociali. In queste aree, è particolarmente essenziale definire il limite in cui il coordinamento tra situazioni di confine è di fatto necessario.

Coerentemente, tra le aree più delicate include quella del «diritto penale sostanziale e procedurale», delle decisioni in materia fiscale, soprattutto se legate a «valutazioni di politiche sociali»; pone in evidenza le scelte che definiscono le «condizioni del modo di vivere in uno stato sociale» e tutte le «determinazioni di particolare importanza culturale, ad esempio nel diritto di famiglia, nel sistema dell'istruzione e della scuola e nei rapporti con le comunità religiose»[99].

[98] Non è qui necessario adottare e indicare una concezione particolare dell'identità: non suggerisco concezioni ontologiche, organicistiche, statiche, né storicistiche, interazionistiche, dinamiche (e via seguendo) di identità: uso il termine in modo generale ed aperto.

[99] BVerfG, 2 BvE 2/08 vom 30.6.2009, Absatz-Nr. (1-421), disponibile su www.bverfg.de/entscheidungen/es20090630_2bve000208en.html; cfr. parr. 251-252 ss.

Ciò detto, nelle coordinate esposte sin qui, la giuridificazione dall'alto (o dall'esterno), non meno dell'opposta chiusura incondizionata alle prescrizioni di forme di coordinazione globale, solleva la comune questione di fondo circa il bisogno di una costruzione bilanciata della dimensione del pubblico che ad esse si accompagna.

7. *Il pubblico multilivello e la sintesi delle legalità. Modelli e conclusioni*

Come ho sottolineato, sebbene razionalità differenti si collochino su una pluralità di livelli e di ordinamenti giuridici, essi non riescono a restare sino in fondo sistemi chiusi. In secondo luogo, anche la neutra amministrazione tecnica della realtà, immune da valutazioni e negoziazioni politiche, in ogni caso produce più o meno dirette ricadute sociali con un più o meno rilevante peso politico ed etico. L'idea della ricostituzione del pubblico pone al centro questa inevitabile interferenza, e nasce sulla premessa che essa possa essere «ragionata», bilanciata, senza considerare inevitabili anche gli esiti negativi che deriverebbero dall'ignorarla. Il completamento del carattere ancora astratto e *in itinere* del pubblico globale ha dunque questo senso. I modelli per generare la ricomposizione della dualità del pubblico nel diritto sul globo possono essere vari, ma devono tendere a curare la relazione tra la forza regolatrice del diritto globale e le aspettative dei tessuti o degli ambiti su cui essa ricade. Ciò attiene alla qualità delle conseguenti relazioni giuridiche tra legalità diverse.

In un certo senso, il perseguimento di particolari idee del «bene» in ciascuno dei segmenti d'ordine (inclusi gli spesso richiamati regimi globali specializzati) che abitano il globo, e le pretese particolari di ciascuno degli ordinamenti o dei regimi che accade debbano confrontarsi devono essere visti alla luce di una *considerazione* reciproca, secondo modelli di praticabilità, alcuni dei quali sono già emersi in molti casi e utilizzati da organi di tipo giudiziale, da corti costituzionali, dalla Corte Europea di Giustizia, dalla Corte Europea dei Diritti Umani[100].

[100] Della varietà di tali metodologie si è già discusso nei capitoli precedenti. Circa lo stato dell'arte a riguardo delle relazioni tra giurisdizioni, cfr. Y.

La *ratio* generale può essere caratterizzata come dotata di un duplice passo:

a) da un lato tali modelli di confronto operano in quella zona interfacciale che sta tra ordini giuridici diversi, ed esprimono spesso un'ipotesi di ricucitura tra il generatore giuridico del pubblico (il pubblico *attraverso il diritto*) e il generatore politico (il *droit politique*), dislocati in separate sedi quando si fronteggiano il diritto astratto degli ordini sovranazionali/globali e il diritto di ordinamenti come quelli propri degli stati;

b) d'altro lato, ciò accade perché si definiscono, o si adottano, strumenti e *topoi* comuni, ragioni giuridiche che possano valere al di sopra delle parti, e oltre i confini dei singoli rispettivi ordini: il che, di fatto, significa che gli interlocutori presuppongono una sorta di idea trascendentale della funzione del diritto, o la premessa di un qualche universale di relazione, di coesistenza, che sia al di là della disponibilità delle parti medesime.

Con riferimento alla scena del diritto dell'Unione Europea, Christian Joerges (con Neyer) ha negli ultimi anni sviluppato un modello interpretativo che, sebbene riguardi l'Europa, mi pare in possesso di una *ratio* più adatta allo scenario globale. L'argomento di Joerges, visto sotto il profilo che può essere rilevante qui, è che la *governance*, per quanto orientata al *problem-solving* o da *mere* tecniche di coordinazione, non sarebbe priva né di obiettivi né di conseguenze indirettamente distributive o redistributive[101], e naturalmente tocca spesso «questioni politicamente molto sensibili»[102]. Nondimeno, la *diversità* dei livelli su cui si collocano gli ordinamenti giuridici (anche nel rapporto tra Comunità Europea e stati membri) richiede considerazione, riconoscimento; le questioni politiche e redistributive devono essere elaborate *negli stati membri*, e spettano a loro, mentre le istituzioni europee (con il loro folto corredo di rappresentanze degli interessi e di esperti

Shany, *Regulating Jurisdictional Interactions between National and International Courts*, Oxford, Oxford University Press, 2007.

[101] Ch. Joerges, *European Law as Conflict of Laws*, in Ch. Joerges e J. Neyer, *«Deliberative Supranationalism» Revisited*, part II, EUI Working Paper Law No. 2006/20, p. 16, e G. Majone, *Regulating Europe: Problems and Prospects*, in «Jahrbuch zur Staats-und Verwaltungswissenschaft», 3, 1989, pp. 159-177.

[102] Joerges, *European Law as Conflict of Laws*, cit.

scientifici) si collocano non solo su un piano ma in un dominio di questioni d'ordine «transnazionale»[103]. Dispute tra i diversi livelli devono essere arbitrate, secondo Joerges, sulla falsariga di matrice prevalentemente internazional-privatistica delle tecniche di soluzione di conflitti tra norme (l'istituto anglosassone è il *conflict of laws*). Ora, in questa costruzione, la supremazia e il primato del diritto europeo si giustificano perché limitano e disciplinano gli stati membri la cui azione potrebbe ingiustamente incidere su altri popoli, al di fuori dei loro confini. Regole e principi di coesistenza, progetti di compatibilità o cooperazione tra differenti basi popolari, nazionali, sono prodotti entro la cornice istituita dal loro comune vincolo europeo[104]. In conclusione, l'interdipendenza non è solo un fatto ma è una costruzione che deve essere governata attraverso principi di *giustizia*, correttezza e coerenza in un ordine sovranazionale[105].

Questa visione delle cose sottolinea una questione cruciale e in modo rivelatore. Essa considera l'Europa come un livello «transnazionale» e come al servizio di uno scopo fondamentale, la *giustizia*: al fine di domare l'egoismo delle democrazie nazionali, curare e compensare le carenze o i fallimenti – all'esterno – degli stati, che come tali hanno portata molto limitata

[103] In quanto «né puramente europea né puramente nazionale» e «come attività politica né genuinamente legislativa né puramente amministrativa»: l'intenzione di Joerges è porre la questione di quali condizioni debbano essere soddisfatte perché questo livello di azione «meriti riconoscimento» (*ibidem*, p. 17).

[104] Questa metodologia del «"Conflict of laws" riguarda il riconoscimento del diritto straniero, l'adattamento del diritto domestico ai bisogni di cooperazione e agli impegni e i principi giuridici che promuovono la cooperazione e la soluzione dei problemi. Un *problem-solving* coordinato nella costellazione europea richiede un nuovo passo avanti, e in particolare un'apertura cognitiva dei sistemi giuridici alla competenza scientifica e ad altre expertise» (*ibidem*, p. 27).

[105] I conflitti sono categorizzati in tre dimensioni: verticale, orizzontale e diagonale (cfr. *ibidem*, 24 ss.). Nei conflitti diagonali, dove la stessa questione «appare regolata diversamente a differenti livelli, una superiore risposta ultima non può essere data in assenza di un principio di competenza onnilaterale di supremazia». Quanto all'ipotesi normativa avanzata da Joerges, essa può generare delusione nell'UE. Nondimeno, il suo schema possiede un'interessante potenzialità soprattutto se proiettata nel meno esigente scenario globale.

rispetto a problemi di natura extranazionale, e le cui decisioni politiche tuttavia incidono su altri popoli e altri stati in virtù degli inestricabili nodi dell'interdipendenza.

A mio modo di vedere, il primo elemento importante nella reinterpretazione del metodo del *conflict of laws* è che esso offre una falsariga per le relazioni globali tra legalità, più che per le relazioni intraregionali, come quelle dell'Unione Europea, alle quali è invece diretto. Mentre l'Unione Europea coltiva legittimamente l'ambizione di costruire una compiuta comunità politica ispirata alle *democrazie* contemporanee, lo scenario globale nutre un intreccio di legalità diseguali che deve essere dipanato con stabili criteri di (mera) *giustizia*, e con ponderato, aperto e rivedibile equilibrio. Dal punto di vista del metodo, il salto di qualità rispetto alle categoriche divisioni delle tradizionali dottrine internazionalistiche può riassumersi nella circostanza che gli ordinamenti giuridici stranieri non sono meri *fatti, e possono sollevare pretese verso l'esterno, verso altre legalità, pur senza che un ordinamento giuridico mondiale sia mai venuto in essere*; hanno titolo al tavolo delle ragioni giuridiche: purché esso sia costruito, e si tratti di un luogo non monopolizzabile da alcuno dei partecipanti. La direzione non è tanto, o non è in primo luogo, quella di disegnare soluzioni democratiche, ma di determinare criteri del confronto tra legalità. Ad un tale confronto è legata la sorte di un bilanciamento tra le ragioni di un'astratta e sradicata legalità sovranazionale e quelle delle comunità politiche concrete: una *chance* di ricomporre provvisoriamente, ossia di volta in volta, non una volta per tutte, questi due separati versanti[106], dalla cui relazione, come ormai

[106] Con riguardo all'UE ad esempio, Weiler scrive: «Il fatto che così regolarmente la costruzione europea sia apprezzata senza alcuna obiezione alla discutibilità delle sue procedure democratiche quotidiane rappresenta l'invasione di una mentalità di mercato nella sfera della politica grazie alla quale i cittadini divengono consumatori di risultati politici piuttosto che partecipanti attivi nel processo politico. Si tratta del processo attraverso cui finiamo per approvare le riservate deliberazioni dei funzionari per via della qualità del loro dialogo e per il merito delle loro conclusioni ma in cui i cittadini o i loro rappresentanti sono al massimo consumatori parzialmente informati di un tale paradiso deliberativo. Sotto questo aspetto, l'Europa sembra riprodurre un negativo effetto *spillover* dal punto di vista morale. Anche nei nostri stati membri siamo andati verso la legittimazione attraverso il risultato piuttosto che attraverso la procedura» (J.H.H. Weiler, *Values and*

sappiamo, dipende la possibilità stessa della ricostituzione del pubblico oltre lo stato.

In tale confronto, non si tratta né di indebolire la normatività sovranazionale (la quale possiede titolo a una funzione di coordinazione) né di destituire in principio le potenziali buone ragioni che gli ordinamenti statali ad esempio potrebbero adeguatamente rappresentare. Ma sono incline a intendere le interconnessioni da una prospettiva che, ben riassunta da Robert Howse, non si concentra solo sul bene (e sui beni) cui le norme dei regimi globali, come il WTO, tendono, e solo su questo angolo visuale (ad esempio la promozione delle libertà di mercato, dell'autonomia dell'iniziativa economica contro l'attivismo autoprotettivo degli stati) ma tiene in pari conto l'altra faccia della medaglia: e così è pronta ad ammettere che, ad esempio,

> la considerazione e il rispetto dei diritti umani richiedono flessibilità verso le norme del WTO perché gli stati possano agire in positivo per proteggere individui e comunità dagli eccessi della globalizzazione economica[107].

Come ho spesso ricordato, l'esperienza delle corti ha prodotto modelli di relazioni aperte, oltre la semplice pretesa di integrazioni puramente autoritative. Nell'analizzare l'implementazione della Convenzione Europea per i Diritti Umani, il giudice Lech Garlicki considera la comunicazione tra corti, sia orizzontalmente che verticalmente, un aspetto essenziale della protezione dei diritti umani, in un triangolo di cooperazione che deve essere accuratamente valorizzato:

Virtues in the Process of European Integration, in «IILJ» Website, New York University Law School, 2010 draft).

[107] Come Howse prosegue: «Ad esempio, se gli stati devono pienamente ottemperare ai propri obblighi con riguardo al diritto al cibo o al diritto alla salute entro la CESC, essi potrebbero aver bisogno di varie deroghe o previsioni di salvaguardia rispetto ai trattati del WTO. Interpretare tali trattati alla luce degli obblighi di tutela dei diritti umani sarebbe d'ausilio nell'assicurare che le eccezioni o le limitazioni in questione aprano alle politiche degli stati spazi utili a soddisfare tali obblighi» (cfr. R. Howse, *Human Rights, International Economic Law and «Constitutional Justice»: A Reply*, in «European Journal of International Law», 19, 4, 2009, in risposta a E.-U. Petersmann's, *Talk!*, in «European Journal of International Law», 9 dicembre 2008).

c'è sempre il rischio di una potenziale collisione, e in quel caso il triangolo della cooperazione può degenerare in un triangolo delle Bermuda in cui i diritti individuali e le libertà possono semplicemente scomparire[108].

Ma la Corte Europea ha fatto uso sapiente delle possibilità di dialogo tra autorità diverse, come si può apprendere, ad esempio, rileggendo i molteplici intercorsi nell'istruttiva saga concernente il controllo statale delle locazioni abitative (*rent-control cases*) in Polonia: in una serie di casi relativi all'eccessiva compressione del diritto dei proprietari ad opera delle politiche legislative a tutela delle abitazioni, alcuni anni di decisioni, interpretazioni, adempimenti, hanno coinvolto in un rapporto di lunga durata la Corte Europea, la Corte Costituzionale e il Parlamento della Polonia[109].

Tutto ciò riposa più che su un'identica interpretazione precostituita di norme, su una *grammatica* basata su ragioni di universalizzabilità, di coerenza, di proporzionalità, di sussidiarietà, di coordinazione, di compatibilità, di coesistenza. La dimensione del pubblico, su questo piano, segue una logica tipica *del diritto, non dello stato*, e deve necessariamente proteggere l'indipendenza come una premessa essenziale innanzi all'inevitabile interdipendenza. Questo ci riconduce proprio alla rivendicazione del *Rule of law* come un ideale irriducibile a una misura autoreferenziale, e puramente interna o relativa a ogni singolo ordinamento statale. La scelta di perseguire le relazioni tra legalità in base all'ideale del *Rule of law* nello spazio globale riflette l'esigenza di sottrarre la scena mondiale all'unilateralità, come tale asserita senza ragioni che siano sostenibili su un comune *forum* giuridico. L'impresa della costruzione del pubblico attraverso il diritto consiste appunto in questo: non si tratta affatto dell'autoaffermazione di un diritto disincarnato, com'è tipicamente quello prodotto da legalità globali. Al contrario, esso muove dalla premessa della sua necessità nonché della sua natura insatura, che può essere completata solo attraverso le relazioni con ordini giuridici dotati di diversa profondità,

[108] L. Garlicki, *Cooperation of Courts: The Role of Supranational Jurisdictions in Europe*, in «International Journal of Constitutional Law», 6, 2008, p. 512.
[109] *Ibidem*, pp. 514 ss.

spessore, e della consistenza sociale delle comunità politiche. Naturalmente è funzione del giuridico di istituire e delimitare la scena del pubblico in questo contesto, di declinare i criteri costitutivi della non-arbitrarietà, e della non-dominazione, che sono iscritti nella storia istituzionale del *Rule of law* che ho richiamato in queste pagine. Il comportamento che non supererebbe il test della razionalità, della proporzionalità, della giustificazione al di là del *self-interest*, semplicemente violerebbe le condizioni del giusto, imponendo sul globo un'insostenibile, unilaterale concezione del bene. La ricostituzione del pubblico, a partire dalla sua componente astratta, kantiana, non è che un'altra forma di presentazione di una scelta per il *Rule of law* su scala globale. La sfida di ricomporre la dualità del pubblico può essere affrontata solo a partire dalla premessa di quel «pubblico attraverso il diritto» con il conseguente dovere di abbandonare quel genere di stato (di natura) dove non vi sono vie per eccepire all'ingiustizia.

APPENDICE

IL DIRITTO PUBBLICO DELL'EUROPA: L'IMPRESA INCOMPIUTA

L'Unione Europea è un peculiare ambiente sovranazionale, con caratteristiche uniche e all'incessante ricerca di un perfezionamento. Nel corso di sessant'anni, il momento forse cruciale, nell'aprire una fase qualitativamente nuova dell'avventura europea e del suo stesso assetto politico-monetario, risale ad un ventennio fa; e proprio quel momento resta consegnato al titolo di uno tra i più influenti e celebrati studi sull'Unione, *The Transformation of Europe*[1], di Joseph Weiler. Oggi, a solo qualche anno dal fallimento di un volenteroso tentativo di costruzione costituzionale, gli europei fronteggiano un corso di ulteriori crisi, e un grave rischio economico-finanziario: sono richiamati all'unità ancora una volta, ma in questo caso per scongiurare il forzato ritorno ad un ormai lontanissimo passato. Il famoso «intergovernamentivismo»[2], la prassi deliberativa che, nonostante le molte sedi decisionali, riconduce sostanzialmente alla volontà degli stati membri la guida effettiva della Comunità, è riemerso imperiosamente ponendo in secondo piano le istituzioni e i poteri dell'Unione, dalla Commissione al Parlamento. Una volta messa da parte la ricerca della *finalità*, dal 2000 mobilitante parola d'ordine[3], il vecchio e persistente

[1] J.H.H. Weiler, *The Transformation of Europe*, in «Yale Law Journal», 100, 8, 1991.

[2] Rimando qui a A. Moravcsik e F. Schimmelfennig, *Liberal Intergovernmentalism*, in A. Wiener e Th. Diez (a cura di), *European Integration Theory*, Oxford, Oxford University Press, 2009. Di A. Moravcsik, *The Choice for Europe: Social Purpose and State Power from Messina to Maastricht*, London, Routledge/UCL Press, 1998.

[3] Promossa nel noto discorso di Joschka Fischer alla Humboldt-Universität di Berlino, il 12 maggio 2000: «Vom Staatenverbund zur Föderation: Gedanken über die Finalität der europäischen Integration». Cfr. il testo anche in Id., *From Confederacy to Federation: Thoughts on the Finality of European*

metodo «funzionalista» sembra tornato anch'esso in azione: non una nuova riflessione sul futuro, non un più ambizioso traguardo politico; piuttosto, fatale conseguenza di uno *status quo* che impone passi improrogabili e ulteriori, coerenti misure istituzionali[4]. Ironicamente, è un funzionalismo più conservatore del suo così spesso aspramente criticato predecessore (ispirato alle idee di Jean Monnet). Quel funzionalismo possedeva un'implicita dimensione normativa, poggiava sugli ideali costitutivi, pace, libertà, posperità economica, solidarietà, come premessa e scopo di una progressiva e consequenziale integrazione; un funzionalismo anche efficace nel provvedere «risposte semplici alla domanda: che cosa rappresenta l'Europa?»[5]. Esso era orientato al futuro dunque, offriva il fulcro e le ragioni dell'innovazione. Il funzionalismo odierno opera invece in uno spirito che guarda al passato, ossia a come salvaguardare l'*acquis*, alla conservazione del presente in pericolo. Vengono in mente quelle parole simbolo di una decadente aristocrazia sotto i colpi dell'unificazione nell'Italia di tardo Ottocento: «Se vogliamo che tutto rimanga com'è, bisogna che tutto cambi»[6].

Una nuova autorità economica europea, in grado di controllare e imporre politiche fiscali e redistributive, è necessaria per impedire la dissoluzione dell'unità monetaria, ma siamo lontani dall'orizzonte di un nuovo, da alcuni atteso, messianismo, o

Integration, in C. Joerges, Y. Mény e J.H.H. Weiler (a cura di), *What Kind of Constitution for what Kind of Polity? Responses to Joschka Fischer*, Firenze, Robert Schuman Center, 2000.

[4] M. Maduro, *The Euro's Democratic Deficit* (Project Syndicate disponibile su www.project-syndicate.org/commentary/maduro1/English), suggerisce di sciogliere il nodo della democrazia nel perseguimento della *governance* economica: «Se il modo attraverso cui l'UE si procura denaro è reso più democratico, anche decidere come spendere quel denaro diventerebbe più democratico. Questo è cruciale per assicurare la legittimazione della *governance* economica dell'eurozona».

[5] «La comunità del carbone e dell'acciaio significava pace e libertà, il mercato comune stava per prosperità economica, e così il mercato unico negli anni '80» (R. Dehousse, *Rediscovering Functionalism*, Jean Monnet Working Paper, 7/00, 2000), e cfr. anche M. Cahill, *The Constitutional Success of Ratification Failure*, in «German Law Journal», 7, 11, 2006, pp. 947-966, che sottolinea come il funzionalismo fosse tutto tranne che privo di direzione, e critica invece come inadeguata la prospettiva della *finalité*.

[6] Parole del giovane Tancredi in *Il Gattopardo*, di Filippo Tomasi di Lampedusa.

dagli ideali progressivi che mossero la fondazione. L'evoluzione europea appare ora chiusa tra un funzionalismo e un altro. E forse è vero quel che si è detto, che essa ha raggiunto il suo punto più basso[7].

Come comprendere questa situazione, dove l'Europa sia andata, quale sia il senso della sua trasformazione, sono domande naturali innanzi a grandi tornanti della vicenda europea. Ma movimenti e trasformazioni sono dipendenti dai nostri punti di osservazione e dai nostri quadri di riferimento: nel linguaggio di Galileo, il moto relativo della nave europea può sembrare lento, eppure il suo moto assoluto, nel complesso, intenso[8].

1. *Tre linee d'analisi*

1.1. In quell'articolo sullo «Yale Law Journal»[9], si trovavano parametri importanti per la nostra valutazione, con cui è necessario confrontarsi alla luce del presente, e che intendo preliminarmente riassumere ponendo in risalto tre aspetti che hanno a che fare con il ruolo generale del diritto entro un'avventura sovranazionale *sui generis*, e con il compimento atteso di una dimensione matura di un diritto pubblico europeo.

Il primo: la *Gestalt* dell'Europa e il suo itinerario storico sono visibili proprio per mezzo di un'analisi *giuridica*, ma profonda, che si misuri sia con i valori della Comunità, sia con la peculiarità delle *istituzioni* europee. In quel saggio del 1991, il diritto non è concepito come un sistema di norme ma come un sistema di istituzioni, in delicato equilibrio *inter se* come verso l'ambiente esterno e la sfera politica in senso stretto. Una tale cornice, ad esempio, spiega come alcuni decenni di integrazione *attraverso il diritto* – l'attivismo della Corte di Giustizia di un lontano paese incantato[10] – dovessero vivere

[7] Joseph Weiler, May 2011, Florence, Festival of Europe, intervento disponibile su www.euractiv.com/fr/avenir-europe/lue-son-plus-bas-niveau-news-504676.

[8] Mi riferisco metaforicamente alla nota teoria galileiana del moto relativo e alle sue numerose conseguenze, anche con riguardo ai risultati dell'osservazione, che dipendono dalla preventiva definizione del sistema di riferimento.

[9] Cfr. *supra*, n. 1.

[10] «Tucked away in the fairyland Duchy of Luxemburg and blessed, until

un'incessante tensione con l'autorità dei governi, con quel recalcitrante «intergovernativismo», centrato naturalmente sugli stati. L'intuizione di Joseph Weiler fu di individuare il gioco idraulico tra i poteri, ricorrendo alle categorie politologiche ed economiche di Hirschman, *Exit* e *Voice* in particolare: poste in proporzione inversa e tradotte in termini di garanzie e di istituzioni giuridiche. Il diritto, dunque, apparve replicare con autonomia al tentativo di piegarlo a mero strumento di contingenti convenienze politiche: nella crisi europea degli anni '60 rispose in termini sovranazionali, comunitari, se non federali, a un «distruttivo sviluppo politico in direzione confederale»[11]. Poi, l'irrigidirsi di un diritto europeo (*hardening law*) che richiedeva agli stati osservanza e riduceva la possibilità di uscita selettiva (*Selective Exit*), ossia di sottrarsi a seconda delle circostanze, costrinse gli stati ad accrescere il proprio coinvolgimento attivo, la propria Voce, intensificando il proprio contributo alla creazione legislativa (*hardening lawmaking*).

Il ruolo creativo del diritto nel produrre, allargare e approfondire l'integrazione non viene spiegato come un mero effetto di una causa politica esterna. Il *Rule of law*, per così dire, affronta con i suoi impegni e le sue fermezze il *Rule of power*. Ma coesiste con esso: «Se non vi fosse stato alcun potere di veto da parte degli stati, se l'intergovernativismo non fosse diventato l'ordine del giorno», gli stati membri non avrebbero potuto accettare «con tale equanimità ciò che la Corte Europea di Giustizia stava facendo»[12].

Equilibrio tra i poteri nel sistema giuridico è dunque la chiave interpretativa, che illumina anche fasi storiche successive. Con il completamento del mercato interno, l'istituzione del voto di maggioranza, l'allargamento e infine l'espansione delle competenze nonché l'erosione dei limiti indicati dalle competenze enumerate, gli stati membri si trovarono innanzi a

recently, with benign neglect by the powers that be and the mass media» scrisse, riferendosi alla Corte Europea di Giustizia, E. Stein nel suo (ormai un vero classico della letteratura europeista) *Lawyers, Judges and the Making of a Transnational Constitution*, in «American Journal of International Law», 75, 1, 1981, p. 1.

[11] *The Transformation of Europe*, cit., p. 2425.

[12] *Ibidem*, p. 2429.

«norme vincolanti adottate interamente o parzialmente contro la loro volontà, con effetto diretto nei loro ordinamenti nazionali»[13]. Questo generò uno squilibrio inedito, grazie all'abbandono della necessità del consenso unanime e della precedente logica internazionalista; ed è questo scompenso tra elementi costituzionali e modificazioni istituzionali che produce uno sbilanciamento, da cui nascono le principali tensioni, positive e negative, del successivo percorso europeo. Ed è in questo punto che il primo grande slancio alla costruzione politica ed economica di un'Europa nuova, rispetto a quella dei trattati istitutivi, si colloca e ruota attorno al momento di Maastricht (91-92).

1.2. Un secondo importante tratto nell'analisi dell'Europa è stato, ed è ancora, l'interpretazione del suo deficit democratico: l'assenza di tradizionali canali deliberativi e di partecipazione presenti invece nei paesi membri, il prevalere di una guida controllata da tecnici e burocrati (la Commissione) e dal Consiglio degli Esecutivi Nazionali, entrambi legislatori e, per lungo tempo, non sottoposti ad alcun reale controllo parlamentare, né europeo né nazionale. Nonostante la comune convinzione che la democrazia potesse giovarsi di sempre nuovi e accresciuti poteri del Parlamento europeo, l'approccio di allora, in *The Transformation of Europe*, pose un molto tenue accento sui veicoli procedurali della democrazia e sulle promesse di un vero legislatore parlamentare europeo: comunque definiti, essi non potrebbero fino in fondo compensare la perdita di un'influenza diretta dei singoli popoli sul proprio destino. Si tratta di un effetto che l'integrazione determina proprio per via dei più larghi, ultranazionali, confini europei. L'unico auspicio – e di lungo periodo – è che si formi una vera cultura politica europea (immediatamente sovranazionale) la quale riesca a compensare la mancanza di «riflessività politica»: inevitabilmente percepita quando ciascun popolo deve obbedire a decisioni la cui autorità non deriva dalla sua esclusiva autonomia ma dalla volontà di un grande numero di altri. Sebbene vent'anni fa a molti sia apparso dunque plausibile che procedure giuridiche

[13] *Ibidem*, p. 2462.

più democratiche potessero profilarsi col tempo, non si affida loro una funzione salvifica, capace da sola di sanare il deficit democratico, di legittimazione e di partecipazione politica.

Così, la questione si sposta dal parametro della democrazia in sé e per sé a quello della *legittimazione sociale*. Non occorre ricordare che, vent'anni dopo, questo argomento sembra il più adatto a spiegare come mai anche l'estensione del voto a maggioranza e l'incremento del ruolo del Parlamento europeo, dopo il Trattato di Lisbona, continuino a non generare vitalità e mobilizzazione politiche, autonome, autenticamente europee.

1.3. Il terzo ed ultimo aspetto ha due componenti.

In primo luogo, la critica alla retorica della neutralità ideologica, caratteristica della prassi e della cultura europeista[14]: nelle prospettive del rinnovamento del 1992, la retorica della neutralità europea appariva un segno di immaturità politica da considerarsi ancor più inadeguato che in passato. Un segno inattuale e destinato a scomparire, per via della strategia di sviluppo del mercato unico, delle conseguenze dell'unione monetaria, delle nuove ambizioni verso una sia pur vaga comunità *politica* europea. Gli sforzi in direzione del mercato hanno senso e conseguenze ben maggiori rispetto al loro profilo tecnocratico (rimuovere gli ostacoli alla libera competizione commerciale), presuppongono una filosofia, una scelta, ed esprimono «una pressione nel dar forma alla cultura politica della Comunità»[15].

In secondo luogo, una componente correlata riguarda l'idea della «terra promessa», e la natura stessa dell'Unione. Se il programma *1992* aveva una debolezza, era suggerire una resipiscente idea di «unità», piuttosto che di una «comunità» (termine adottato qui in un'accezione peculiare all'avventura europea). L'ethos dell'unità (nel senso dell'*e pluribus unum* statunitense) non avrebbe dovuto (né potuto) essere il motore ultimo, perché insieme con la retorica del mercato unico, scrisse Joseph Weiler, avrebbe rischiato di corrodere i valori comunitari, ossia quei valori che privilegiano la diversità degli stati e dei popoli europei, ed allo stesso tempo perseguono un'incondi-

[14] Che trascende le divisioni ideologico-politiche (destra/sinistra). Un aspetto che si riteneva dovesse declinare rapidamente.

[15] *Ibidem*, p. 2478.

zionata apertura alle relazioni umane in termini transnazionali, sciolte dai vincoli e dalle barriere delle nazionalità[16].

1.4. Tra molte importanti applicazioni di queste cornici d'analisi, si può ben vedere, ad esempio, come il primo tratto, l'approccio giuridico-istituzionale all'Unione, e il terzo, l'idea di comunità (v. unità), sono entrambi necessari se si vuole comprendere quella nozione di «tolleranza costituzionale»[17] che comparve qualche tempo dopo il 1991, e che appare, anche alla luce della storia successiva, la più adatta a rappresentare lo stato dei rapporti reali tra i profili costituzionali dell'Unione e dei suoi membri: una nozione del tutto incomprensibile su un piano puramente legalistico (kelseniano, ad esempio), se la prospettiva costituzionale formale, statocentrica, esclusivista, viene presa da sola, senza la contaminazione con la dimensione interna della prassi istituzionale, senza riferimento alle sottostanti scelte di cooperazione, di partecipazione europea, all'impegno di armonizzazione verticale che induce i ben persistenti ordini giuridici statali a comporre, con ragionevolezza e senza rigidi formalismi, un riconosciuto, plurale e condiviso equilibrio[18].

E su un altro piano, la tesi[19] che la legittimazione non deriva semplicemente dalla procedura (o che la legittimità attraverso gli *outputs* serve poco a sviluppare un tessuto democratico) si rivela sempre più perspicua: adatta a far risaltare il ruolo e il tema della legittimazione *vis à vis* la democrazia, e ad evidenziare l'inconsistenza di forme sradicate di giuridificazione (per le quali cfr. *supra*, cap. IV). Quel che, ad esempio, Weiler oggi coglie come l'alienazione dell'Europa dai suoi ideali fondativi è esso stesso in linea con la cesura tra legittimazione sociale e

[16] Per questo, venti anni fa, la «terra promessa» era vista come il futuro modello di «un discorso transnazionale tra stati, popoli e individui».

[17] J. Weiler, *Federalism and Constitutionalism. Europe's Sonderweg*, Harvard Jean Monnet Working Paper, 10/00, 2001.

[18] «Neither Kelsen nor Schmitt», Weiler (*ibidem*, disponibile su http://ftp.infoeuropa.eurocid.pt/database/000036001-000037000/000036583.pdf, ultima visita marzo 2012).

[19] Questa visione è associata con l'idea di messianismo politico (legittimazione attraverso gli ideali, l'idea di destino comune, una volta presenti ma oggi assenti). Cfr. l'editoriale dell'«European Journal of International Law», 22, 2, 2011, p. 306.

procedure democratiche, e con il *caveat* che la loro relazione possa anche tradursi in un'illusione. Si potrebbe dire che i due termini erano sospetti di formare un circolo vizioso, una strada senza uscita. Ed effettivamente, la lamentata corrosione dei valori fondanti viene fatta dipendere, oggi, da comportamenti istituzionali, scelte e pratiche interpretative che rendono impossibile a popoli e attori europei sviluppare quelle virtù che sarebbero necessarie per perseguire quegli ideali[20]. Virtù è un'attitudine operativa, un atteggiamento culturale, senza i quali nessuna ingegneria costituzionale, posta in opera senza la disposizione costante alle scelte etico-politiche di fondo, raggiunge i propri obiettivi.

In verità, e per concludere con il quadro dei criteri di comprensione dei mutamenti dell'Europa, continuità e innovazione, come di solito, si susseguono, e molti elementi fondamentali rilevati negli anni '90 restano ancora validi. Nonostante il progresso, notevolissimo, nel famoso «approfondimento ed allargamento» («deepening and widening»), che da Maastricht l'Europa ha perseguito sin qui, la sensazione è diffusa che alcuni nodi restino irrisolti, come se per certi aspetti non molto fosse accaduto. Come in *Vent'anni dopo* di Dumas: la prima pagina non si premura nemmeno di far cenno al tempo trascorso, o di disegnare una nuova cornice; semplicemente prosegue, come se riprendesse dal giorno prima[21].

2. *Tre dominii*

2.1. *Il «pubblico» europeo*

Vorrei suggerire tre ambiti da cui ci è possibile osservare la composita realtà della costruzione europea: il diritto pubblico europeo, i diritti e la *governance*. Le sensibilità (le cornici

[20] J.H.H. Weiler, *On the Distinction between Values and Virtues in the Process of European Integration*, disponibile su www.iilj.org/courses/documents/2010Colloquium.Weiler.pdf. Cfr. anche la versione J.H.H. Weiler, *The Political and Legal Culture of European Integration: An Exploratory Essay*, in «International Journal of Constitutional Law», 9, 3-4, 2011, pp. 678-694.

[21] A. Dumas, *Vent'anni dopo*, Novara, De Agostini, 1968.

analitiche) che abbiamo acquisito sin qui, le linee d'analisi che ho enucleato sopra, devono essere utilizzate in *questi ambiti*, anche perché consentono di apprezzare meglio e per contrasto nuove necessità e persistenti domande.

La narrazione dell'Europa che ho rapidamente delineato ha a che fare in profondità con la possibilità di concepire un ambito autenticamente europeo del pubblico e del diritto pubblico. Per quanto ben oltre l'autoreferenzialità di una narrativa statale o statalista, l'idea di pubblico che sottende il discorso sin qui compiuto non corrisponde a un'idea di Europa né come una mera società civile (ed economica) orizzontale (ossia poco interessata agli aspetti verticali, di governo, istituzionali, del pubblico europeo), né come assorbita dall'unico vertice di uno stato federale europeo[22]. Non si tratta di una realtà cosmopolitica, di individui politicamente neutri, né di uno stato regolatore[23], o di un arbitro transnazionale di giustizia tra comunità inevitabilmente interdipendenti[24]. Tuttavia, vi ritorna un'idea di diritto pubblico che appartiene alle tradizioni costituzionali degli europei[25].

Come ho ricordato nel capitolo V, si tratta di un'idea che comprende un doppio nucleo, e la tensione tra due correnti, quella politica e quella giuridica: da un lato, il diritto pubblico come diritto *politico* radicato nelle ragioni sostanziali, nei principi, nei valori fondamentali che in una comunità generano una certa idea del potere, del governo, e la loro forma propria[26]; dall'altro, la nozione moderna di autorità *legale*:

[22] F. Mancini, *Per uno stato europeo*, in «il Mulino», 3, 1998.

[23] G. Majone, *The Rise of the Regulatory State in Europe*, in «West European Politics», 14, 3, 1994, pp. 77-101. G. Majone, *Regulation and its Modes*, in Id. (a cura di), *Regulating Europe*, London, Routledge, 1996. A. La Spina e G. Majone, *Lo Stato regolatore*, Bologna, Il Mulino, 2000.

[24] J. Neyer, *Justice, Not Democracy: Legitimacy in the European Union*, in «Journal of Common Market Studies», 48, 4, settembre 2010, pp. 903-921.

[25] Com'è noto, il Trattato di Maastricht pone le basi del progetto politico dell'Unione Europea assumendo la continuità con le tradizioni costituzionali dei paesi membri, intese come parte sostanziale dell'ordine giuridico europeo. A tali tradizioni la Corte di Giustizia si è riferita in genere come a una fonte di diritto comune, o almeno come una fonte di ispirazione. Un'interessante elaborazione che s'inoltra nelle diverse nozioni di tradizioni costituzionali e di identità costituzionale è in W. Sadurski, *European Constitutional Identity?*, Sydney Law School Research Paper No. 06/37 (2006).

[26] Questa tradizione è visibile attraverso gli scritti di Bodin, Rousseau,

una nozione che, come ho spiegato a suo luogo, pone le condizioni di esistenza di ogni possibile pubblico[27] nonché della coesistenza-coordinazione. L'una risuona elettivamente nella lettura del costituzionalismo centrata sul *demos*, e resistente ad ogni estensione oltre le strutture dello stato[28]; l'altra appartiene alla tradizione dell'illuminismo e attraverso la *forma* del diritto interferisce verso il politico; essa contrasta la possibilità che il potere sia immune da scrutinio legale o se ne liberi semplicemente invocando le proprie radici incondizionate nell'anima del popolo. E di fatto, la storia europea ha sperimentato e testimoniato il ricorrente divergere, separarsi, di queste due componenti del pubblico, che giungono a una più affidabile convergenza solo con le nuove imprese costituzionali della metà del Novecento.

Se qualcosa nel diritto pubblico della comunità sovranazionale europea è sempre in costruzione è proprio la *dualità* del suo nucleo. E non sorprende certo che nelle avventure sovranazionali contemporanee, come ormai sappiamo, le due componenti del diritto pubblico restino tendenzialmente dislocate – separate – su diversi livelli organizzativi e ordinamentali (tra regimi globali e comunità statali, come tra il livello sovranazionale e quello statale dell'UE). Ma le strategie per la loro ricomposizione possono essere diverse e molteplici.

L'effetto performativo dei trattati o la costruzione giudiziale di un ordine giuridico, l'integrazione attraverso il diritto (*integration through law*)[29] ritengo siano, evidentemente, aspetti di quella peculiare dimensione del «pubblico attraverso il diritto»

Hegel, e nella nozione di *droit politique*. Si tratta del punto trattato estesamente *supra*, nel capitolo V, al quale devo rimandare.

[27] Si tratta del pubblico istituito come una posizione terza oltre le parti, il giudizio privato e le divergenze tra i singoli, di cui parla Bentham; e naturalmente anche dell'«imperativo del diritto pubblico» con cui Kant supera lo stato di natura, come quello stato in cui non si dà alcun criterio dell'ingiustizia. Cfr. qui cap. V.

[28] Su tale problema, D. Grimm, *The Achievement of Constitutionalism and its Prospects in a Changed World* e *contra*, U.K. Preuss, *Disconnecting Constitutions from Statehood: Is Global Constitutionalism a Viable Concept?*, entrambi in M. Loughlin e P. Dobner (a cura di), *The Twilight of Constitutionalism?*, Oxford, Oxford University Press, 2010.

[29] M. Cappelletti, M. Soccombe e J. Weiler, *Integration through Law: European and American Constitutionalism*, Berlin, De Gruyter, 1984.

che ho sviluppato nel capitolo V di questo volume. Ad esempio, la teoria implicita in quel saggio-spartiacque nella riflessione europeista, *The Transformation of Europe*, prendeva spunto da qualcosa di molto più simile all'ideale di ricostituzione del nucleo *composito* del pubblico che alla prometeica e per ora non riuscita impresa della formale creazione di una Costituzione dell'Unione. Non vi si trova alcuna base per il ricorrente, ciclico, appello al potere taumaturgico di una costituzione europea: una cultura del governo (in senso lato), del potere legittimo, la condivisione di un destino comune non si producono semplicemente attraverso strappi-creazioni giuridiche, specie se indefinitamente ripetuti al punto da inflazionarne gli sforzi in una continua... ri-costituzione di costituzioni.

Le questioni della legittimazione[30] e di una fede politica europea sono pensate come inerenti alla prassi e al suo innalzamento, alla trama di azione e fiducia, alle manifestazioni ragionevoli di una tolleranza costituzionale, all'originalità stessa del *Sonderweg* europeo: che deve costruirsi sulle legalità esistenti, senza distruggere le originarie fedeltà costituzionali né impedire un loro sostanziale, inedito, intreccio ultranazionale. Ed è proprio questa speciale prospettiva che, consapevolmente o meno, dipende da un sottostante, implicito senso del pubblico. Per esso è essenziale ricostituire costantemente, sul terreno, il nucleo duale del diritto pubblico, nelle dimensioni e nelle favorevoli circostanze giuridico-strutturali già determinate dall'*acquis* dell'Unione[31]. Questo quadro del pubblico europeo richiede dunque una rinnovata attenzione, anche più urgente dopo la perduta occasione costituzionale e nel presente emergere di nuove rafforzate forme di controllo comunitario, in ambito soprattutto economico, finanziario e fiscale.

Del resto, lo scenario di «vent'anni dopo» mostra più grandi complessità: l'allargamento sino a ventisette paesi pone in questione proprio il tessuto connettivo del pubblico europeo,

[30] «È circa dai tempi di Maastricht che il dibattito sull'Unione Europea si è svolto in termini di "crisi" di legittimazione» (G. de Búrca, *The Quest for Legitimacy in the European Union*, in «Modern Law Review», LIX, 3, 1996, p. 349.

[31] Preservando i due elementi: *i*) i componenti politici e giuridici del pubblico e *ii*) il livello nazionale e quello sovranazionale.

e richiede nuove elaborazioni, nuove risposte alle domande tradizionali: quale sia l'*Eros* politico che il livello sovranazionale è in grado di ospitare; se l'Unione ha sempre ancora a che fare con l'obiettivo denso e impegnativo di perseguire un'idea del *bene* unitaria e comune a tutti i popoli europei; se la sua *ratio* non debba fermarsi invece al più sottile proposito di scongiurare l'arbitraria interferenza e l'ingiustizia generate da una forte e opprimente interdipendenza[32]. Queste domande non hanno risposta, comunque, se non entro la preliminare ricostruzione del pubblico, sul piano distinto dell'Unione sovranazionale.

2.2. *Diritti*

Dell'idea del pubblico nel diritto sono componenti essenziali gli altri due dominii cruciali nell'avventura europea attuale, e cioè i diritti e la *governance*: essi sono anche gli scenari di ulteriori trasformazioni, la cui realtà e la cui percezione – due decadi orsono – non potevano essere quelle odierne, e il cui senso, peraltro, appare oggi tanto inedito quanto controverso: possono forse imporci l'obiettivo di un'Europa politica oppure solo compensarne l'assenza, o persino prevenirne o rallentarne la realizzazione.

I diritti sono stati concepiti nelle tradizioni europee continentali come parte della struttura del pubblico, del diritto pubblico, e non solo come ciò che vi si oppone o lo limita. In questa costruzione continentale, essi non assolvono solo una funzione meramente anti-istituzionale[33], ma sono concepiti come parte del bene comune, se non dell'interesse pubblico. Anche quando ottengono la fondazione giuridica della loro autonomia costituzionale (nel secondo Novecento), concettuale e deontologica, anche in questo momento, non viene assicurata

[32] La radice di questa tendenza è nell'approccio di Christian Joerges alla comitologia: C. Joerges e J. Neyer, *From Intergovernmental Bargaining to Deliberative Political Processes: The Constitutionalization of Comitology*, in «European Law Journal», 3, 3, 1997, pp. 273-299.

[33] Per questo punto più estesamente nel mio: *Politics and Rights in European Perspective*, cit., nonché *Rights as Norms and as Ends*, EUI Working Papers, 2007; e nel volume *L'autorità dei diritti*, Roma-Bari, Laterza, 2002.

loro una priorità assoluta ed incondizionata rispetto agli altri valori comuni[34]. Infine, essi non vengono costruiti nei termini tipicamente individualistici[35], propri di altre culture liberali, come quella statunitense. Le fonti continentali del discorso sui diritti ne hanno generalmente concepito la natura latamente pubblica (anche nel senso più tenue di partecipe della natura pubblica del diritto stesso). Dal punto di vista etico-giuridico, anche l'idea di dovere (si pensi all'influenza della stessa riflessione kantiana) contribuisce alla comprensione profonda di quella dei diritti: i doveri non sono solo la conseguenza sugli altri del diritto soggettivo di un individuo[36].

Ora, ciascuno può riconoscere come la traiettoria dei diritti nell'ambito sovranazionale dell'Unione Europea si sia distaccata – probabilmente per necessità – da questo precedente scenario di sfondo. Ciò è, comprensibilmente, accaduto grazie alla pressione civilizzatrice, alla spinta deontologica verso la garanzia dei diritti *umani* da un lato, e dall'altro grazie alla promozione delle libertà economiche, intese attraverso le esigenze di un mercato sciolto da barriere e da vincoli statali, cifra di fatto dominante della cittadinanza europea.

Nonostante l'aggiornamento delle vecchie radici e l'evoluzione delle stesse tradizioni costituzionali eurocontinentali, è percepita una tensione tra l'orientamento tendenzialmente liberista (centrato sulle libertà economiche transnazionali, nucleo primario della Comunità) della cittadinanza europea e le più dense e complesse visioni sociali dei diritti nell'interpretazione costituzionale interna degli stati membri.

[34] La necessità di una *rielaborazione* continentale della logica dei diritti *vis à vis* la loro concezione come *trump cards* sviluppata da Ronald Dworkin è chiaramente visibile in opere come quella di R. Alexy, *Theorie der Grundrechte*, II ed., Frankfurt a.M., Suhrkamp, 1994. Un importante riconoscimento in questo punto, anche con riferimento all'ordinamento italiano, è in un saggio di G. Zagrebelsky, *Ronald Dworkin's Principle Based Constitutionalism: An Italian Point of View*, in «Int J Constitutional Law», 1, 4, 2003, pp. 621-650. Ho sottolineato io stesso il punto nel mio *I limiti del diritto mite*, in «Democrazia e diritto», 35, 1, 1995, pp. 185-217.

[35] Ciò risulta chiaro da una lettura di carte costituzionali come quella italiana o quella tedesca. Ho svolto più estese osservazioni sul tema nel mio *L'autorità dei diritti*, cit.

[36] Cfr. più distesamente nel mio *Diritti* in U. Pomarici (a cura di), *Filosofia del diritto. Concetti fondamentali*, Torino, Giappichelli, 2007.

L'«azione» europea è stata così spesso descritta come un'offerta di diritti universali (libertà di mercato) destinati anche a compensare il cittadino europeo per la soggezione ad una crescente burocrazia regolatrice, una tecnocrazia senz'anima. I diritti (in particolare, le quattro libertà di movimento dei capitali, delle merci, dei servizi, delle persone nei confini regionali europei) sono concepiti *meno* come fini comuni (in una trama di solidarietà e di reciproci impegni sociali) che come carte sempre vincenti a disposizione dei singoli e delle imprese, contro tentazioni di protezionismi statali. Il percorrere questa china in effetti sembra aver reso l'Europa il regno dell'universalizzazione del privato.

È proprio questo che – nel fare l'Europa – ha generato reazioni che icasticamente trovo riassunte nelle parole di Joseph Weiler: i diritti sono divenuti mezzi per sostenere la «tendenza verso il Cittadino-come-consumatore (di effetti politici), ed un consumatore che è sottilmente condizionato a fare scelte non sulla base di principi, ma del *self-interest*». Con la conseguenza che mentre il sistema giuridico «colloca l'individuo al centro», d'altro canto esso «lo rende un individuo autocentrato – in forte tensione con l'ideale spirituale dell'integrazione umana»[37].

Una simile insoddisfazione si è manifestata con riguardo alla stessa tutela europea dei «diritti umani». Grainne de Búrca[38] ha sottolineato la debolezza della scena dei diritti: cronica mancanza di previsioni che ne impongano il monitoraggio, l'accertamento, che dispongano forme di intervento attive, nonostante l'istituzione della Fundamental Rights Agency; conferma della separazione istituzionale giuridica e operativa dell'Unione rispetto alla Convenzione europea dei diritti umani; infine, un *doppio standard*: l'Europa chiede agli interlocutori esterni impegni e rigore che essa non appare nella stessa misura esigere da se stessa, al suo interno. E insieme con il rischio di un isolazionismo europeo a proposito dei diritti umani, si è sostenuto che persino il giudizio e gli argomenti adottati dalla Corte di Giustizia nel famoso caso Kadi (richiamato più volte

[37] Weiler, *The Distinction*, cit., p. VII.

[38] G. de Búrca, *The Road Not Taken: The EU as a Global Human Rights Actor*, in «American Journal of International Law», 105, 2011, pp. 649 ss.

in questo volume) concorrono a testimoniare una chiusura verso gli obblighi nascenti dal diritto internazionale; il che ricorderebbe gli atteggiamenti recalcitranti degli Stati Uniti verso quegli stessi obblighi (il noto *American exceptionalism*)[39]. E tutto ciò è certo in aperto contrasto con le promesse delle origini, alla fondazione negli anni '50[40]. Un tale, non ottimistico, quadro forse non sorprende chi aveva sottolineato come, sin dall'Opinione della Corte n. 2/94, che ne ribadiva l'estraneità rispetto alle proprie (attribuzioni e) competenze, l'Unione Europea avesse scelto un approccio timido ai diritti umani, e non avesse mai preso sul serio il tema, così da non dedicare loro per lungo tempo nemmeno un vero apparato amministrativo, alcuna Direzione generale[41].

Del resto, anche dopo il Trattato di Nizza e quello di Lisbona, si è dato voce al sospetto che i nuovi impegni verso i diritti siano relativamente facili, o declaratori, dato il già alto livello di protezione garantito nelle costituzioni dei paesi membri: Lisbona sembra aver dato finalmente agli europei ciò che già essi avevano[42].

Nonostante tutto questo, credo che il dominio dei diritti in Europa sia oggi aperto verso un destino non così chiuso e irrevocabile come queste analisi lo descrivono. E che al

[39] G. de Búrca, *The European Court of Justice and the International Legal Order After Kadi*, in «Harvard International Law Journal», 51, 1, 2010, pp. 1-49.

[40] «The existing post-Lisbon constitutional framework on the other hand, with the exception of anti-discrimination law, assigns a more circumscribed role to human rights within the context of internally focused EU policies, and the dominant focus is external, empowering and even obliging the EU to promote human rights actively in its international policies». G. de Búrca, *The Evolution of EU Human Rights Law*, in P. Craig e G. de Búrca (a cura di), *The Evolution of EU Law*, II ed., Oxford, Oxford University Press, 2011, p. 467.

[41] Weiler, *The Distinction*, cit., p. 38. E: «Much of the human rights story, and its abuse, takes place far from the august halls of courts. Most of those whose rights are violated have neither knowledge or means to seek judicial vindication. The Union does not need more rights on its lists, or more lists of rights. What is mostly needed are programs and agencies to make rights real, not simply negative interdictions which courts can enforce» (*ibidem*, p. 39).

[42] J. Baquero, *What's Left of the Charter? Reflections on Law and Political Mythology*, in «Maastricht Journal of European and Comparative Law», 2008, pp. 39-49. F. Rubio Llorente, *A Charter of Dubious Utility*, in «International Journal of Constitutional Law», I, 3, 2003, pp. 405-426.

contrario sia ormai esposto a esser rielaborato su un registro ben più ricco di quello monocorde delle libertà economiche e dell'individuo *self-centered.*

Intanto, la prospettiva definita dalla nozione generale di «diritti umani» appare generica e poco perspicua. Il punto di osservazione più adeguato alla realtà attuale dell'Unione è innanzitutto quello dei diritti *fondamentali* contenuti nella Carta di Nizza (del 2000, ma resa vincolante attraverso il Trattato di Lisbona). Proporrò dunque alcuni argomenti che possono compensare o contrastare il quadro.

Di nuovo, non si può dimenticare la circostanza di un'Europa a 27 paesi, ed è in questa situazione che il ruolo sostanziale dei diritti *fondamentali* deve e dovrà essere apprezzato, una situazione nella quale i diritti (si pensi alle minoranze, al principio di non-discriminazione, alle garanzie di protezione sociale, ma anche all'attuazione di diritti civili e politici, all'osservanza delle direttive ambientali, insieme con il nuovo senso che le libertà economiche europee assumono come forme di progresso e di riscatto negli stati dell'Europa postcomunista centro-orientale, e così di seguito) richiedono ogni giorno nuove elaborazioni, subiscono riformulazioni e trasformazioni per contenuto ed estensione, e divengono una sfida anche nelle più vecchie democrazie europee.

Per molti versi, il riferimento della Carta ai diritti «fondamentali» certamente porta con sé un più spesso, più profondo insieme di contenuti e di impegni rispetto al richiamo della più essenziale deontologia dei diritti «umani». È comunque un insieme molto più complesso e ricco di quello che può considerarsi racchiuso dalla Convenzione Europea per i Diritti Umani, istituzione che (conviene ricordarlo) resta creatura interna al diritto internazionale, alla fine incomparabile con l'Unione Europea quale «ordinamento giuridico autonomo», e con la densità degli impegni che in esso gli stati membri hanno assunto. Il dominio dei diritti *fondamentali* nell'Unione include *più* che il riferimento a quei diritti che sono misura essenziale di un universale rispetto per l'umanità, comprende un più ampio novero definito da scelte etico-politiche che richiedono conseguenti azioni istituzionali. E il loro contenuto sostanziale è il frutto di un'elaborazione costante che in ambiti sovranazionali in special modo impone un confronto tra culture diverse e diversi modelli economico-sociali. Il richiamo ai diritti umani è dunque necessariamente insufficiente, da solo, a determinare il posto dei diritti in Europa, senza tenere in primo piano le prospettive di elaborazione dei diritti fondamentali della Carta. Per converso, gli obblighi contenuti in quest'ultima costituiscono una sfida che nel complesso investe il presente e il futuro di un'*identità* europea. Ed è qui che sta il punto circa l'obiettivo europeo principale, il tradurre i diritti in un veicolo della europea *human integration*.

La tiepida attenzione verso i diritti umani in Europa non deve essere sottovalutata, ma dev'essere vista nel nuovo contesto e in un non brevissimo periodo, nonché analizzata in termini diversi da quelli letterali e formali dello stesso Trattato di Lisbona, nel quale in effetti sono confluiti, in forma di limitazioni, protocolli esplicativi e artifici compromissori, i timori di conferire all'Europa un assegno in bianco, di autorizzare un'eccessiva invadenza nelle resistenti maglie di alcuni stati membri.

Inoltre, anche a voler concedere, con Grainne de Búrca, che, ad esempio, il ragionamento della Corte di Giustizia nel caso Kadi sia rimasto autoreferenziale dichiarazione di immunità dagli obblighi internazionali, così da richiamare atteggiamenti ritenuti consimili degli Stati Uniti (come nel famoso caso Medellin[43] e altrove), pure non potremmo far quadrare questa interpretazione con il rimprovero della scarsa sensibilità europea verso i diritti umani: tutto concesso, questa criticabile autoreferenzialità (*vis à vis* un genuino internazionalismo), se v'è stata, è stata diretta a confermare proprio la protezione

[43] Medellin v. Texas, 552 US 491 (2008) è una decisione della Corte Suprema degli Stati Uniti che ribadisce che gli impegni assunti con trattati internazionali non siano vincolanti nel diritto domestico a meno che il Congresso abbia approvato una legislazione atta a renderli *self-executing*, non avendo nemmeno il presidente il potere di renderli tali; e tanto vale anche per le decisioni della Corte Internazionale di Giustizia. Lo stato del Texas eseguì la condanna a morte di José Medellin, ignorando il fatto che la Corte Internazionale di Giustizia (nella decisione Case Concerning Avena and Other Mexican Nationals (Mex. v. US), 2004 ICJ 12 (Judgment of March 31) (*Avena*), asserisse che 51 cittadini messicani avevano diritto alla revisione e alla riconsiderazione delle loro condanne per mancanza dell'assistenza consolare prevista dalla Convenzione di Vienna sulle Relazioni consolari, ratificata dagli Stati Uniti nel 1963. Naturalmente, il merito del caso, e il fatto che José Medellin fosse reo confesso, qui non sono in discussione.

dei diritti fondamentali nel diritto primario, come un pilastro dell'ordine europeo.

Ancora, la stessa separazione rispetto alla Convenzione Europea per i Diritti Umani potrebbe essere compensata da nuove positive dinamiche di convergenza. La Carta si riferisce alla Convenzione Europea come parte integrante dei propri stessi principi normativi fondamentali, e richiede di essere interpretata alla luce della Convenzione. Sembra così persino difficile escludere o finanche prevenire una sorta di *indiretto* «effetto diretto» della Convenzione: il cui testo un tale effetto finirebbe per ottenerlo, appunto già attraverso l'applicazione della Carta negli ordinamenti dei paesi membri dell'Unione. Anzi, si è osservato che proprio in paesi come l'Italia potrebbe persino sbiadirsi la linea che separa la Carta e la Convenzione: il giudice nazionale potrebbe tutelare direttamente i diritti della Convenzione... applicando la Carta e disapplicando le norme interne contrarie. In termini di poteri e tecniche istituzionali, ciò significherebbe l'attenuarsi dell'effettività stessa della distinzione tra il sindacato diffuso del giudice ordinario che conduce alla disapplicazione delle norme interne che violino la Carta, da un lato, e dall'altro il diverso caso di norme che violino la Convenzione: per il quale il giudice nazionale potrebbe solo sollevare la questione di incostituzionalità, e dunque il giudizio di costituzionalità[44] accentrato della Corte Costituzionale.

Certo, non si è potuto non notare che alcune previsioni impongono esplicitamente limitazioni alla portata stessa della Carta. Ma possono ben valere considerazioni contrarie e compensatorie: un limite come quello previsto nell'art. 52 (5) che attribuisce effetto diretto esclusivamente alle previsioni che pongono *regole*, non *principi*, avrà vita controversa, rimessa alla prassi giudiziale, anche per la natura altrettanto controversa della linea di confine tra le une e gli altri. Su alcune materie di più generale rilevanza, questo può condurre

[44] Anche dopo le decisioni della Corte Costituzionale italiana (nn. 348 e 349 del 2007), l'effetto diretto può riferirsi solo alla Carta, e pertanto il giudice nazionale può disapplicare le norme domestiche che vi contrastino. Ma nel caso della Convenzione Europea dei Diritti Umani è necessario sollevare la questione di costituzionalità innanzi alla Corte.

a una riapertura di una discussione, di un dialogo, nazionale e sovranazionale: e non si deve nascondere che il tema dei diritti sociali, novità importante nella Carta di Nizza, possa verosimilmente avanzare in primo piano, ed essere conteso tra principi e regole.

Allo stesso modo, il limite generale della forza vincolante della Carta nei «soli casi di attuazione del diritto dell'Unione»[45], figlio certamente di una cauta, tradizionale *actio finium regundorum*, è probabilmente esposto alle ricorrenti – anche se esplicitamente escluse – tendenze espansive della c.d. «incorporazione»[46]: il limite delle competenze europee è sempre stato visto espandersi verso gli ambiti ritenuti tali da incidere sull'assetto delle materie di competenza. E infine, nello stesso quadro, nonostante la definizione, contenuta nell'art. 51, dell'effetto esclusivamente *verticale* della Carta, il tema dell'effetto orizzontale (anche nelle relazioni tra i privati) dei diritti non mancherà di tornare in discussione: poco prima che fosse sancita la forza legale della Carta, la Corte Europea di Giustizia, in casi come Mangold, o Kücükdeveci[47], ha deciso l'efficacia orizzontale con riferimento a un principio (quello di non-discriminazione).

Infine, grazie al nuovo ruolo che il giudice nazionale deve assumere nel trattare l'effetto diretto della Carta negli ordinamenti statali (e nell'arbitrare la sua coerenza con le norme costituzionali) non si può escludere che un possibile attivismo giudiziale in qualche fase si sviluppi innescando una comparazione tra le rispettive attuazioni nazionali e, nel tempo, un'europeizzazione dell'interpretazione costituzionale (e prima o poi riaprendo il dialogo con la Corte di Giustizia anche attraverso il rinvio pregiudiziale[48]). Un possibile scena-

[45] Art. 51 (1).

[46] Che in sostanza estende l'applicazione a materie esterne nella misura in cui incidano su materie di competenza.

[47] *Mangold*, C-144/04, 22 novembre 2005; *Kücükdeveci*, C-555/07, 19 gennaio 2010. Su cui cfr. M. de Mol, *Kücükdeveci: Mangold Revisited – Horizontal Direct Effect of a General Principle of EU Law: Court of Justice of the European Union (Grand Chamber) Judgment of 19 January 2010, Case C-555/07, Seda Kücükdeveci v. Swedex GmbH & Co. KG*, in «European Constitutional Law Review», 6, 2, 2010.

[48] Art. 267 Trattato sul Funzionamento dell'Unione Europea (TFUE), già art. 234 CE.

rio prospetta un convergente contributo della diversità delle culture nazionali nel padroneggiare la Carta, una sorta di armonizzazione dal basso, e un itinerario verso un più intenso confronto a distanza, forse atto a coordinare nello stesso tempo il primato della Carta e i limiti ad essa derivanti dal rispetto delle costituzioni e delle tradizioni costituzionali posti dagli artt. 53 e 52/4. Alcune note questioni potrebbero condurre a nuove risposte: come la rielaborazione domestica dei diritti alla luce della Carta possa determinare un dialogo transnazionale, come nuove interpretazioni possano ricomporre un bilanciamento tra contesti sociali, mondi vitali e priorità del mercato, diverso da quello che ha suscitato disaccordo (ad esempio in Germania o in Italia) nella già menzionata trilogia dei casi Laval, Viking, Rüffert come decisi dalla Corte di Giustizia[49].

Nonostante la mancanza di una visione univoca di una finalità europea, una maggiore densità nella riflessione sull'Europa potrebbe prodursi, e la stessa conversazione sui diritti concentrarsi sulla loro portata etica e politica, coinvolgere teatri nazionali, e recuperare un contributo nazionale al formarsi di una meno tecnocratica cultura europea. Si tratta di una tra le possibili prospettive per le prossime decadi, il cui senso riguarda il potenziale costituirsi di una dimensione del pubblico in Europa all'altezza degli auspici di vent'anni fa, riducendo il *gap* tra nazionale e sovranazionale, così come tra attivismo giuridico sovranazionale e autonomia politica nazionale, e invertendo la tendenza che ha condotto dalla centralità delle libertà economiche transnazionali a un'interpretazione individualistica (e liberista) dei diritti.

2.3. *La «governance»*

Mentre le prospettive dell'Europa *1992* si concentravano sulle strutture istituzionali dell'Europa, sul *government*, sul loro equilibrio, funzionamento e credenziali democratiche, oggi, e significativamente, quelle credenziali sono invece pressantemente richieste alle strutture di *governance*. Il diritto pubblico

[49] Cfr. *supra*, cap. V, par. 6.

dell'Europa era – ed è – visto come politicamente insaturo, ma negli ultimi due decenni sono le strutture della *governance* a venire in primo piano, per il loro sottrarsi ai consueti vincoli di controllo giuridico, e per la loro mancanza di appartenenza sociale, e di controllo politico. In questo contesto uno dei tratti principali d'analisi che ho illustrato in apertura, la neutralità ideologica di principio dell'avventura europea (in quanto sottratta alle divisioni tradizionali della lotta politica nei contesti nazionali) riposante sulla pretesa natura *super partes* della Commissione Europea, emerge con particolare rilievo. Tale presunzione di neutralità fiorì poi, piuttosto che nella dimensione del *government* istituzionale (del Parlamento, ad esempio, o del Consiglio), in quella della *governance* e dei processi regolativi, appunto: grazie soprattutto alla incessante attribuzione di funzioni quasi-normative e decisionali a un'ampia varietà di organismi, alla cessione a questi di compiti di controllo, monitoraggio, amministrazione, consulenza tecnico-scientifica, valutazione specialistica, nonché al conseguente prevalere del profilo tecnico delle scelte, del registro tecnocratico, in linea di principio esente dalla contestazione nei tradizionali termini *politici*.

Com'è noto, primo tra le strutture di *governance*, l'apparato dei comitati, la c.d. *comitologia*[50], divenne l'asse portante di quello che fu poi definito un *mesolivello*, un piano infranazionale (*infranationalism*)[51], che affianca quello sovranazionale-comunitario e quello intergovernativo: ma saltando le loro dinamiche politiche e soprattutto sviluppandosi al di fuori dalla cornice costituzionale, di inquadramento dei poteri innanzitutto. La *governance* europea crebbe inoltre attraverso due altri plessi-strutture, ora centri istituzionalizzati di azione, le Agenzie e il Metodo Aperto di Coordinamento. Per la verità, l'Europa non è per questo divenuta quella specie di stato regolatore, delineato e difeso nei fondamentali lavori di Giandomenico

[50] Decisione del Consiglio n. 87/373 come modificata dal Consiglio 1999/468, 8 giugno 1999.

[51] In un saggio di vari anni dopo, che è incluso nel volume *The Constitution of Europe*, cit., pp. 96 ss. come *Afterword* a *The Transformation of Europe: Infranationalism*.

Majone[52], e nondimeno può difficilmente essere immaginata e tenuta in piedi senza la *governance.*

Ciclicamente l'intergovernativismo – la ripresa del volano decisionale ad opera dei maggiori stati membri – fa seguito a fasi di sostenuto sovranazionalismo (come quella della fallita progettazione costituzionale): la tensione tra i due metodi non costituisce un fatto nuovo. È invece la *governance*, se vogliamo chiamarla infranazionalismo, che si è affermata arricchendo innovativamente il quadro originario. Con sofisticate teorizzazioni, la *governance* è stata spesso sottratta persino alla sua stessa immagine *passpartout* di neutralità (e di aridità) politica: piuttosto che veicolo di mera efficienza o espressione di *hybris* tecnologica, essa viene descritta come metodo di partecipazione, di comunicazione, di apertura. Nel contempo, essa è però capace di rispondere a criteri di controllo, di *accountability*, sul piano dei processi e dei risultati sostanziali (produce legittimazione tramite la *procedura* o tramite l'*output*, il *risultato*). *Governance* è stata generata dalla Commissione stessa come una promessa di partecipazione degli interessi, come la creazione di canali capaci di accorciare la distanza tra i cittadini e i centri decisionali europei[53]. Anzi, un'accentuata natura deliberativa venne indicata come qualità dei comitati, grazie alla loro composizione e al loro funzionamento[54]; il Metodo Aperto di Coordinamento è stato teorizzato come avanzata sperimentazione di una *poliarchia democratica*[55] e, per parte loro, restano in piedi le virtù delle Agenzie regolative, sottolineate da Majone in contrasto con le inefficienze decisionali proprie della tradizionale negoziazione politica.

Ora, agli occhi della scienza politica, tutto ciò non rappresenta più affatto un effetto secondario di un'immaturità politica sovranazionale dell'Europa, ma un patrimonio, una risorsa, lo scheletro

[52] Cfr. *supra*, n. 23.

[53] *White Paper on Governance*, COM(2001) 428, luglio 2001, disponibile su http://eur-lex.europa.eu/LexUriServ/site/en/com/2001/com2001_0428en01.pdf.

[54] Ch. Joerges e J. Neyer, *From Intergovernamental Bargaining to Deliberative Political Process: The Constitutionalisation of Comitology*, in «European Law Journal», 3, 1997, pp. 273 ss.

[55] Cfr. anche *supra*, cap. V, e C.F. Sabel e J. Zeitlin (a cura di), *Experimentalist Governance in the European Union; Towards a New Architecture*, Oxford, Oxford University Press, 2010.

che le rende possibile funzionare. Le peculiarità della *governance* europea sono sovente raccomandate come modello di successo, nonostante che un tale modello non abbia alcuna reale radice nell'idea del pubblico che vive entro i confini degli stati membri.

Allo stesso tempo, ciò non dice ancora tutto a proposito delle novità sopravvenute negli ultimi vent'anni: proprio con riguardo alla *governance* l'Europa si manifesta come una punta avanzata, che ha precorso quelle trasformazioni verso la *governance* globale analizzate in questo volume, adottando peculiari soluzioni e costituendo un proprio autonomo baricentro: trasformazioni legate a svariati fattori, nate anche dal bisogno di controllare l'incomprimibile vastità dei problemi, la loro densità e complessità, operandone la frammentazione in separati settori specializzati, e portando in primo piano gli intrecci funzionali rispetto alle divisioni territoriali (principio che, per ragioni storiche e politiche diverse, comunque è coerente con la costituzione sovranazionale dell'Europa). Ma quelle trasformazioni sono anche dipendenti da un universale ed esponenziale incremento del peso della conoscenza: *nel perseguimento delle scelte e nel raggiungimento delle decisioni*. Un tale incremento porta con sé anche il riconoscimento della rivedibilità del sapere, e nuovi metodi basati sulla progressività dell'apprendimento (*learning*). In Europa tutto ciò ha da tempo condotto l'analisi teorica ad estendere il proprio oggetto dall'opposizione classica, quella tra intergovernativismo e sovranazionalismo, all'altra, quella tra *governance* e *government*. Ma in che modo quest'ulteriore diade giunge ad assumere la sua attuale centralità?

L'orientamento funzionale della *governance* offre vantaggi pratici e raggiunge obiettivi concreti di guida del comportamento (degli stati come degli individui), diffondendo la sensazione che la realizzazione di un qualche compiuto sogno politico europeo sia meno decisiva; e riducendo la necessità che il controllo legale dell'azione pubblica europea si svolga attraverso le inefficienze dei modelli continentali di amministrazione burocratizzata, tradizionalmente attuata attraverso regole dettagliate e rigide.

Il vecchio «mondo sotterraneo» della *governance*[56] è ormai

[56] J. Weiler, *In der Unterwelt der Ausschuesse*, in «Die Zeit», 22 ottobre 1998.

un frutto maturo. Tuttavia, il fantasma della sua (sconcertante) neutralità ideologica non si è dissolto. All'eccesso di tecnocrazia, si oppone l'argomento che tale è il prezzo di una società della conoscenza, esposta alla complessità e tenuta a governare il rischio[57]. In tale scenario, l'oggetto della scelta politica, il contenuto dell'interesse pubblico finiscono per presentarsi solo come variabili dipendenti da quel rischio e dai metodi tecnici – o dal sapere scientifico – necessari per il suo controllo.

Non possiamo ignorare che, di fatto, la natura e la qualità della *governance* europea si sono sviluppate proprio identificando *beni* (obiettivo), piuttosto che misurandosi con una qualche consapevole nozione del *bene* (comune) elaborata attraverso un sia pur faticoso confronto politico. Il più è derivato dal duro lavoro della Commissione nell'indicare gli obiettivi e i relativi *benchmark*: così dando luogo a quell'inevitabile e spesso disapprovato spostamento dell'UE dalla politica alle politiche (*from politics to policies*). Alla (mancanza o insufficienza della) politica subentra un metodo che impone uno strutturale esercizio della revisione e della critica nelle fasi salienti, e canali idonei al monitoraggio dei problemi concreti, rivolti alla soluzione di questioni specifiche, sorte *in itinere*, attraverso la partecipazione degli interessati (o se non altro di coloro che sono prescelti come tali), di esperti, di parti delle pubbliche amministrazioni periferiche, e via seguendo. È attraverso questi processi che si definisce cosa si deve intendere per scelta informata del consumatore, per salute e stile di vita salutare, per qualità dell'ambiente, ed è da qui che gli attori istituzionali nei paesi membri sono chiamati all'adozione di misure conformi agli obiettivi e alle politiche stabilite. Il metodo genera standard autocorrettivi e obiettivi che progressivamente internalizzano la critica e i fallimenti, ossia si modificano grazie alle numerose *chances* di revisione ed entro i ricorrenti procedimenti di rivalutazione. Tutto ciò è funzionale al principale compito di trattare l'incertezza e il rischio: compito che viene affrontato equilibratamente: «partly

[57] Si pensi alle molteplici attività di valutazione e controllo da parte della Commissione Europea: ad esempio per quanto riguarda la salute e la promozione di un dialogo internazionale sulla valutazione del rischio, cfr. http://ec.europa.eu/health/dialogue_collaboration/policy/index_en.html.

on the authority of expertise» ma anche tenendo conto dei *limiti della conoscenza scientifica*[58]. Si è detto opportunamente che siamo di fronte a una vera e propria *Eudaimonia* europea[59], con caratteri del tutto peculiari: essa naturalmente non può far perno sulla solidarietà per identità-uguaglianza tra i partecipanti-membri (che Émile Durkheim definì meccanica e ritenne propria delle *comunità*[60]) ma sulla solidarietà tra diversità funzionalmente differenziate (che Durkheim definì solidarietà organica, e propria delle *società* contemporanee). Insomma un modello di equilibrio dell'*interdipendenza*, in mancanza di quella nuova identità comunitaria che si porrebbe al di là della mera relazione tra le parti[61].

Ora, i diversi aspetti della realtà dell'UE e della sua azione sono strettamente intrecciati. Anche l'intergovernativismo vigorosamente riemerso a partire dal Trattato di Lisbona è considerato salutare, specialmente in tempi di crisi, specialmente se esso può condurre a necessarie decisioni quadro, atte a stimolare i processi legislativi[62].

È necessario attenuare la rigidità delle nostre tradizionali categorie d'analisi, riconoscere alle strutture della *governance* il posto che effettivamente occupano, nel campo conteso da costituzionalismo, sovranazionalismo, intergovernativismo. Qual è il ruolo di quello che fu un mondo sotterraneo nel progetto di un'unione sempre più stretta tra i popoli europei?

Il progresso della *governance* produce una relazione di connessione e di controllo tra livelli diversi, tra le pratiche intermedie (*mesolevel*) e i processi istituzionali (*higher level*). Il che rende possibile e auspicabile «un movimento verso la ibridizzazione della *governance*» che richiede e genera «la ca-

[58] D. Chalmers, *Gauging the Cumbersomeness of EUI Law*, LSE Working Paper 2/2009, p. 31.

[59] *Ibidem*, pp. 18 ss.

[60] É. Durkheim, *La divisione del lavoro sociale*, Milano, Edizioni di Comunità, 1971.

[61] Chalmers sottolinea giustamente questo punto come connesso alla *governance* della UE, *ibidem*, p. 19.

[62] G. Amato, *Quale governo per l'economia europea?*, in «ItalianiEuropei», disponibile su www.italianieuropei.it/it/italianieuropei-5-2011/item/2141-editoriale-quale-governo-per-l-economia-europea.html.

pacità della dimensione di governo», propria delle istituzioni fondamentali dell'UE, «di imporre una cornice comune alle Strutture di *governance* attraverso i meccanismi propri del controllo verticale-gerarchico»; e questo può favorire lo sviluppo di «legislazione-quadro che preservi un terreno giuridico, nella forma di procedure normative e dell'accesso alla revisione giudiziale, salvaguardando allo stesso tempo la flessibilità propria della *governance*»[63].

Oltre ciò, si tratta anche di perseguire l'obiettivo che scelte e divergenze di portata fondamentale possano essere arbitrate politicamente. Il carattere *sui generis* della *governance* europea è probabilmente suscettibile di un contenimento istituzionale, e di una progressiva riconciliazione non solo giuridica, ma anche politica. Invece di uno strumento, di una mera cinghia di trasmissione della *governance globale* e del suo ineffabile determinismo, quella europea può essere rivista entro un ponderato equilibrio tra infranazionalismo e sovranazionalismo, recuperando forme della responsabilità politica e di armonizzazione ai contesti sociali che la circoscritta dimensione *regionale* permetterebbe di perseguire.

La sfida sta nel fronteggiare l'ambiguità della *governance*, l'irrisolta oscillazione tra un terreno sottoposto a garanzie e procedure giuridicamente regolate, e il terreno della *hybris* tecnocratica padrona di nuovi e ignoti orizzonti. Assumere con consapevolezza questa sfida *internamente* in Europa può essere d'aiuto nel prevenirne la definitiva assimilazione a mera istanza regionale della *governance globale*: che prospera in assenza di interlocutori e per forza propria, indipendente da ogni sorta di comunità politica.

3. *Conclusioni. Passato e futuro*

Nel trarre le conclusioni, il tema di come far tesoro del patrimonio della *governance* quale essenziale veicolo dell'in-

[63] Questa è l'opinione di Kjaer, *Between Governing and Governance*, cit., p. 161. Kjaer tratta estesamente l'evoluzione delle strutture della *governance*, comitologia, OMC ed agenzie, e ne presenta virtù e limiti, con riferimento alle diverse teorie che le hanno tematizzate e sostenute.

tegrazione è dunque al centro dello «stato dell'Unione» e concerne le sue prospettive future: le quali riguardano, nel complesso, il destino stesso del pubblico, la sua organizzazione, definizione, e quella tensione volta a ricongiungere i suoi due separati versanti, il giuridico e il politico, restituendo loro il peso che tradizionalmente hanno assunto nella formazione del diritto pubblico moderno. Per questa ragione, ha un'importanza cruciale quale tipo di elaborazione l'Europa saprà produrre dei diritti fondamentali, e quale dialogo le sue culture potranno intrattenere utilizzando il medium giuridico. È tramite la tessitura dei diritti che la dimensione sociale e la legittimazione della Comunità Europea possono essere approfondite e valutate.

Il pubblico europeo ospita necessariamente la tensione tra diritto, politica ed oggi l'inedito interlocutore della *governance*. Le strutture europee costituiscono sia una intermediazione regionale del controllo globale di problemi ad alta complessità, sia un baricentro indipendente da cui l'Europa può prepararsi a un significativo ruolo futuro: il compito di offrire ai popoli europei una *chance* di relativa autonomia sia rispetto al determinismo economico globale sia rispetto al managerialismo senza uscita che ne consegue. Per un tale compito, essa acquisisce credibilità quanto più la *governance* regionale sappia essere un interlocutore dei popoli e osare il confronto con i grandi regimi regolativi mondiali.

Come un baricentro di per se stessa, l'Europa può porre in primo piano il tema fondamentale del mondo globalizzato: la *non necessaria coincidenza tra globalizzazione e universalità (o universalizzabilità)*. Esse non coincidono: *l'una è un dato, l'altra un criterio normativo (morale)*. Una cosa è l'estensione *di fatto* globale del potere decisionale di quei regimi sovranazionali, un'altra sono le condizioni *normative* (in senso non solo di correttezza giuridica, ma di giustizia) che devono essere definite e soddisfatte, attraverso il medium giuridico, per legittimarne la pretesa di universalità. L'Europa può dunque sottoporre la pur provvidenziale tecnocrazia globale al *dover essere*, al test della giustificazione e dell'universalizzabilità (su cui ad esempio cfr. *supra*, cap. III), e pretendere l'armonizzazione di universalità e diversità, soprattutto innanzi agli eccessi della globalizzazione[64].

[64] Questo può essere inteso come un contributo europeo ad accrescere

A questo corrisponde dunque uno tra i suoi principali compiti, vent'anni dopo, in una costellazione decisamente postnazionale (e ultrastatale).

Nelle tre aree che ho richiamato, la costituzione del diritto pubblico, la trasformazione dei diritti e il regno della *governance*, restano essenziali le cornici di analisi che ho indicato in apertura: la sensibilità per un approccio *giuridico* agli equilibri istituzionali e politici, la legittimazione sociale, e infine il nodo storico della neutralità politica, oggi trasferito dalla Commissione all'intero apparato della *governance*. In gioco, comunque, è il potenziale che insieme diritti e *governance* posseggono nel percorso che deve ridefinire la dimensione del «pubblico nel diritto» dell'Unione. Una tale questione eccede in gran parte l'orizzonte visibile due decadi orsono. Nei termini del suo movimento relativo, forse l'Europa si è effettivamente allontanata dal senso dei suoi ideali fondativi, e ha perseguito più o meno consapevolmente itinerari alterni: ma il presente appare ancora aperto, forse abbastanza per sospendere il giudizio su una malattia non necessariamente incurabile.

l'accettabilità, attraverso la comunicazione, e la correttezza delle procedure dei regimi globali, che si tratti di diritti umani, o di mutamento climatico, di sicurezza, salute o anche delle loro interconnessioni.

INDICE DEI NOMI

INDICE DEI NOMI

Finito di stampare nel mese di febbraio 2014
dalle Arti Grafiche Editoriali Srl, Urbino

STUDI E RICERCHE

ultimi volumi pubblicati:

625. Riccardo Bellandi, *Il Consiglio supremo di difesa. Storia, organizzazione, attività*
626. Agostino Bistarelli, *Gli esuli del Risorgimento*
627. Riccardo Rosolino, *Il giusto prezzo. Mercati e giustizia in una città d'ancien régime. (Corleone, secoli XVI-XVII)*
628. Carlotta Ferrara degli Uberti, *Fare gli ebrei italiani. Autorappresentazioni di una minoranza (1861-1918)*
629. *Decisioni ed emozioni. Come la psicologia spiega il conflitto tra ragione e sentimento*, a cura di Guglielmo Bellelli e Raffaella di Schiena
630. Daniela Piana - Antoine Vauchez, *Il Consiglio superiore della magistratura*
631. Stefano Giubboni, *Diritti e solidarietà in Europa. I modelli sociali nazionali nello spazio giuridico europeo*
632. Fabrizio Di Mascio, *Partiti e Stato in Italia. Le nomine pubbliche tra clientelismo e spoils system*
633. Michela Balconi, *Far capitare le cose. Pensiero e azione nelle neuroscienze cognitive*
634. Paolo Magaudda, *Oggetti da ascoltare. HiFi, iPod e consumo delle tecnologie musicali*
635. *Disuguaglianze diverse*, a cura di Daniele Checchi
636. Giacomo Bosi, *Fondi mutualistici. Un'analisi giuridica ed economica*
637. Valeria Ottonelli, *I principi procedurali della democrazia*
638. Cristian Vaccari, *La politica on line. Internet, partiti e cittadini nelle democrazie occidentali*
639. *Partite Iva. Il lavoro autonomo nella crisi italiana*, a cura di Costanzo Ranci
640. Fabio Merusi, *La legalità amministrativa. Altri sentieri interrotti*
641. *La finanza pubblica italiana. Rapporto 2012*, a cura di Alberto Zanardi
642. Barbara Alemanni - Gianni Brighetti - Caterina Lucarelli, *Decisioni di investimento, assicurative e previdenziali. Tra finanza e psicologia*
643. *Nord. Una città-regione globale*, a cura di Paolo Perulli
644. Carlo Barone, *Le trappole della meritocrazia*
645. Gianluigi Palombella, *È possibile una legalità globale? Il «Rule of*

law» e la governance del mondo

646. Enrico Francia, *1848. La rivoluzione del Risorgimento*
647. Matteo Motolese, *Italiano lingua delle arti. Un'avventura europea (1250-1650)*
648. Francesco Prota - Gianfranco Viesti, *Senza Cassa. Le politiche di sviluppo del Mezzogiorno dopo l'Intervento straordinario*
649. Elena Papadia, *Di padre in figlio. La generazione del 1915*
650. Alberto Casadei, *Dante oltre la «Commedia»*
651. Antonio Andreoni - Marco Sassatelli - Giulia Vichi, *Nuovi bisogni finanziari: la risposta del microcredito*
652. Federico Russo, *Gli Onorevoli. Cosa fanno e come ci rappresentano i nostri parlamentari*
653. Marco Menin, *Il libro mai scritto. La morale sensitiva di Rousseau*
654. Angela De Benedictis, *Tumulti. Moltitudini ribelli in età moderna*
655. Aldo Geuna e Federica Rossi, *L'università e il sistema economico. Conoscenza, progresso tecnologico e crescita*
656. *La qualità della democrazia in Italia. 1992-2012*, a cura di Leonardo Morlino, Daniela Piana e Francesco Raniolo
657. Aurelio Musi, *L'impero dei vicerè*
658. Francesco Valagussa, *L'età della morte dell'arte*
659. Manuela Caiani - Linda Parenti, *Web nero. Organizzazioni di estrema destra e Internet*
660. *Distretti culturali: dalla teoria alla pratica*, a cura di Gian Paolo Barbetta, Marco Cammelli e Stefano Della Torre
661. Paolo Acanfora, *Miti e ideologia nella politica estera DC. Nazione, Europa e Comunità atlantica (1943-1954)*
662. Maurizio Ambrosini, *Immigrazione irregolare e welfare invisibile. Il lavoro di cura attraverso le frontiere*
663. *La finanza pubblica italiana. Rapporto 2013*, a cura di Alberto Zanardi
664. Stefano Brugnolo, *Strane coppie. Antagonismo e parodia dell'uomo qualunque*
665. Gianluca Cuozzo, *Dentro l'immagine. Natura, arte e prospettiva in Leonardo da Vinci*
666. *Oltre la sfera pubblica. Lo spazio della politica nell'Europa moderna*, a cura di Massimo Rospocher
667. *La gestione del patrimonio culturale. Una prospettiva internazionale*, a cura di Luca Zan
668. Paola Rudan, *L'inventore della Costituzione. Jeremy Bentham e il governo della società*
669. Alfredo Stussi, *Filologia e linguistica dell'Italia unita*
670. *Diritto del lavoro in trasformazione*, a cura di Luisa Corazza e Roberto Romei